山东省社会科学规划研究项目文丛·重点项目
山东政法学院经济发展与数据科学协同创新团队研究成果

U0505623

供给侧结构性改革：

基于技术资本与技能劳动关系的视角

A Study on Supply-side Structural Reform
from the Perspective of the Relationship between
Technological Capital and Skilled Labor

刘　涛　油永华　著

中国财经出版传媒集团

经济科学出版社
Economic Science Press

图书在版编目（CIP）数据

供给侧结构性改革：基于技术资本与技能劳动关系
的视角/刘涛，油永华著．—北京：经济科学出版社，
2021.11

ISBN 978 - 7 - 5218 - 3179 - 5

Ⅰ．①供… Ⅱ．①刘…②油… Ⅲ．①中国经济 - 经
济改革 - 研究 Ⅳ．①F12

中国版本图书馆 CIP 数据核字（2021）第 249540 号

责任编辑：于　源　侯雅琦
责任校对：隗立娜
责任印制：范　艳

供给侧结构性改革：基于技术资本与技能劳动关系的视角
刘　涛　油永华　著
经济科学出版社出版、发行　新华书店经销
社址：北京市海淀区阜成路甲 28 号　邮编：100142
总编部电话：010 - 88191217　发行部电话：010 - 88191522
网址：www. esp. com. cn
电子邮箱：esp@ esp. com. cn
天猫网店：经济科学出版社旗舰店
网址：http：//jjkxcbs. tmall. com
北京季蜂印刷有限公司印装
710 × 1000　16 开　19.75 印张　290000 字
2021 年 12 月第 1 版　2021 年 12 月第 1 次印刷
ISBN 978 - 7 - 5218 - 3179 - 5　定价：79.00 元
（图书出现印装问题，本社负责调换。电话：010 - 88191510）
（版权所有　侵权必究　打击盗版　举报热线：010 - 88191661
QQ：2242791300　营销中心电话：010 - 88191537
电子邮箱：dbts@ esp. com. cn）

前言
Preface

>   >   >   >   >   >

在习近平新时代中国特色社会主义思想的指引下，从技术资本与技能劳动关系的视角分析供给侧结构性改革的路径选择和动力机制，理论上丰富了供给经济学的微观基础，实践上有利于指导企业配置技术、资本和劳动力，提高全要素生产率；为宏观政策制定者提供建议，促进产业结构调整和经济高质量发展。

本书分析的基本思路是从供给侧方面提出问题，基于要素结构和动力结构分析问题，为改革提出理论支持和建设性意见。在供给侧方面，本书发现要素错配、"技工荒""就业难"、技术研发投入少、成果转化率低、创新动力不足等诸多问题；从替代弹性关系和配置水平等要素结构探讨分析技术资本与技能劳动的关系，基于外商直接投资和研究与开发等倾向于从提升技术资本比例的视角、"干中学"和股权激励等提高技能劳动的视角以及税收优惠政策等制度供给的视角进行供给侧动力结构分析，并对应提出改革建议。

本书的主要研究内容如下：

第一章，分析讨论了新经济时代面临的要素投入和供给侧存在的问题，阐述该研究的理论意义和实践价值、主要内容、研究思路、研究方法、重点和难点、创新之处。

第二章，界定和分析了技术资本、技能劳动、要素替代弹性、要素错配、全要素生产率等相关概念；阐述和概括了经济增长理论、供给经济学理论、供给侧结构性改革等基础理论，简要论述了资本技能互补假说、技术雇佣资本假说以及技能溢价理论。

第三章，从技术资本与技能劳动要素替代弹性的角度对要素供给结构进行分析。基于921家上市公司7年财务数据，构建要素替代弹性估计模型，估算了非技术资本、技术资本、非技能劳动、技能劳动四要素之间的偏替代弹性和影子替代弹性，并探索要素替代弹性的特征，对资本技能互补假说进行检验，实证分析各要素之间的替代弹性对全要素生产率、企业绩效和企业价值影响的大小，重点分析了技术资本与技能劳动替代弹性对其的影响程度。

第四章，从技术资本与技能劳动要素错配的角度对要素供给结构进行分析。构建超越对数生产函数模型，分别从行业层面和企业层面测度非技术资本、技术资本、非技能劳动和技能劳动等要素错配程度；将产出变动分解为自身全要素生产率的变动贡献、产业结构和产出弹性的影响、要素错配变动的贡献和各投入要素数量变动的贡献四部分，测算各部分变动贡献大小和变动趋势；实证分析各行业要素错配程度对各部分变动分解的具体影响大小；分别采用企业数据和行业数据实证分析各要素错配程度对全要素生产率、企业绩效和价值的影响大小。

第五章，基于技术资本提高的视角进行供给侧动力结构性分析。理论分析并实证检验以外商直接投资为代表的技术引进和以研究与开发为代表的技术创新两种技术进步方式对企业生产的影响，主要从生产效率提升、要素之间替代关系改变、要素配置改善以及对全要素生产率的影响进行讨论。从外商直接投资的影响来看，技术资本要素配置和非技术资本与技术资本替代弹性等中介效应导致了其直接效应较大幅度的降低；外商直接投资与其他要素替代弹性对全要素生产率存在调节效应；外商直接投资显著正向影响技能溢价。另外，采用独立样本均值T检验方法和倾向得分匹配分析研究与开发支出及其资本化对全要素生产率的影响和作用效果。研发支出资本化比例对全要素生产率的效应受到技术资本要素配置中介效应和要素替代弹性调节效应的显著影响。

第六章，基于技能劳动提升的视角进行供给侧动力结构性分析。界定技能和技能劳动、"干中学"和股权激励的基本概念，探寻技术进步和技能提升的有效渠道和路径，分析"干中学"的成本和效益，讨论股权激励标的和激励方式、委托代理关系和作用机制等。实证分析"干中学"对要素替代互补关系的改善和要素配置的完善，探讨股权激励对生产效率、企业绩效和价值影响的中介效应。

第七章，理论分析制度供给结构性改革对企业创新策略的影响，以税收优惠政策为例进行实证分析，重点论述研发资助和研发费用加计扣除的作用效果。从有无研发资助和资助数额大小两方面，实证分析研发资助奖励制度的政策效应显著程度。采用独立样本均值 T 检验方法实证分析研发资助的效应是否显著，以及研发资助对企业生产、绩效、要素配置的影响大小；采用双重差分模型实证分析研发费用加计扣除的效应。

第八章，基于技术资本和技能劳动的视角提出供给侧结构性改革建议，具体从要素供给、动力结构供给、制度供给三个方面分析促进技术资本增加和技能劳动提升的相关措施。

目 录

Contents

>   >   >   >   > ·   >

第一章

绪　论

第一节　问题提出：基于供给侧方面的分析

一、中国制造强国战略与低劳动生产率

2011年，美国启动"先进制造伙伴计划"；2013年，德国提出"工业4.0"战略；2015年，我国推进制造强国战略……其共同特征是倡导制造自动化、数字化和智能化，提倡技术创新和人力资本投入。2015年11月召开的中央财经领导小组第十一次会议强调："着力加强供给侧结构性改革，着力提高供给体系质量和效率，增强经济持续增长动力，推动我国社会生产力水平实现整体跃升。"[①] 这引起了专家和学者对技术、技能劳动，以及与资本关系的讨论和广泛关注。

德国"工业4.0"战略目标是增加产品的技术含量和提高智能化水平，通过提升劳动者技能水平改进精益生产方式，促进脱离基本生产制造环节，劳动者应主要从事于研发设计和更新保养；重点强调机器设

① 中国中共党史学会. 中国共产党历史系列辞典［M］. 北京：中共党史出版社、党建读物出版社，2019.

备，以及先进技术等技术资本投资与技能劳动之间的互补关系，即技能劳动促进机器用途变更和工序调整，这也是德国和日本自动化生产演进路径，即大力发展技能劳动，提高技能劳动者的报酬，实现与设备的互补，解决设备技术落后的缺陷，鼓励劳动者提高技能和多学技能，积累和总结丰富经验，给予劳动者充分肯定和奖励，进而调动其工作积极性。美国"先进制造伙伴计划"的自动化路径与德国的智能化路径存在较大不同，美国倡导计算机数字技术和模拟技术结合的自动化的生产线，减少劳动者干预对自动化生产的干预和更新改进，劳动者技能含量较低，从而其薪酬、报酬也相对降低，生产的技术和知识被嵌入机器设备中，劳动跟随机器运动而操作，机器设备与技能劳动表现为显著的替代关系，从而影响劳动者的积极性并且导致了劳资关系的相对紧张。

将我国与制造业强国的制造业状态和创新研发能力进行对比分析，结果如表 1 – 1 所示。

表 1 – 1　　　　　我国与制造业强国的制造业差距

制造业比较项目	德国	美国	日本	中国
人均 GDP（2014 年，人民币，万元）	5.02	3.59	5.14	0.79
工业制造竞争力（2014 年，名次）	1	3	2	5
制造行业劳动力成本（2011 年，人民币，元，每小时）	300	231	233	20
工业用电价格（2011 年，人民币，元，每度）	1.02	0.44	1.20	0.48
制造业劳动生产率（2011 年，人民币，万元/人）	210	260	273	69
研发人员数（2012 年，每万人数）	5.3	4.7	7.1	1.1
创新指数（2012 年）	56.1	57.5	51.6	45.3
人均制造业 GDP（2012 年，人民币，万元/人）	28.2	44.3	29.0	9.2
百万人口专利数（2012 年）	857	612	2258	66

注：表中数据来源于联合国工业发展组织网站（www.unido.org）相关的统计分析，笔者根据数据统计汇总整理而得。

从表 1 – 1 中可以清晰看到，与主要制造业强国相比，我国制造行业劳动力成本、经济增加值和生产值、研发人员数、百万人口专利数和创新指数等均远远低于德国、美国和日本。从制造行业劳动力成本来看，我国的劳动力成本为每小时 20 元，美国和日本的劳动力成本均在每小时 230 元以上，而德国的劳动力成本高达每小时 300 元。同样地，关于制造业劳动生产率，我国为平均 69 万元/人，日本、美国和德国分别为 273 万元/人、260 万元/人和 210 万元/人，分别是我国的 3.96 倍、3.77 倍和 3.04 倍。由此来看，就劳动的投入成本和产出，我国制造业与其他三个国家均存在较大的差距，这需要从投入要素上寻找根源，以便更好提升生产效率和劳动报酬份额。

中国制造业的劳动生产率与制造业强国的差距不仅仅表现在战略性制造产业上以及装备制造产业上，就传统的制造业生产率差距也较大（见表 1-2）。

表 1-2　　　　　我国和美国制造业劳动生产率的比较　　　单位：万元/人

年度	装备制造		战略新兴		传统产业	
	我国	美国	我国	美国	我国	美国
2011	17.36	85.54	20.16	265.16	14.14	100.24
2012	19.32	86.10	21.00	267.61	14.84	101.01
2013	19.67	86.45	21.70	263.55	16.38	100.66
2014	20.37	86.73	23.80	260.61	17.64	102.27

注：表中数据来源于联合国工业发展组织网站（www.unido.org）相关的统计分析，笔者根据统计汇总整理而得。

我国 2011~2014 年装备制造业的劳动生产率在 20 万元左右，而美国装备制造业的劳动生产率均超过了 85 万元；我国战略新兴制造业的劳动生产率均超过了 20 万元，而美国远超 260 万元。由此可以发现，其一，我国与美国的差距较大；其二，我国战略新兴制造业的劳动生产率与装备制造业的差距较小，而美国的这两类制造业之间的劳动生产率差距较大，差距达到了 3 倍左右。就传统制造业来看，我国与美国的差距也较大，我国劳动生产率不到美国的 1/5。

根据张杰等（2017）的假定情景测算，通过供给侧结构性改革和技术创新驱动，促进制造业的产业结构变革，优化资源配置，能够使得制造业的规模在 2006～2020 年有巨大增幅，其中，传统制造业每年国民生产总值增加为 3900 亿～5100 亿元；战略性制造业的每年国民生产总值增加为 3800 亿～4660 亿元；生产装备制造业的每年国民生产总值增加为 7050 亿～9300 亿元。

所以，考虑分析资本与劳动的关系，以及非技术资本、技术资本、非技能劳动和技能劳动四者之间的相互关系，探寻较为合适的自动化路径和制造业改革方向，改变产业结构。要素分配份额、要素流动方向以及技术进步偏向性等经济理论和实践问题均与要素替代弹性大小密切相关。

二、技工荒、就业难与供给侧结构性改革

2015 年 11 月，在中央财经领导小组第十一次会议上，习近平总书记首次提出："着力加强供给侧结构性改革"[①]；同年 12 月，在中央经济工作会议上，习近平总书记明确了："去产能、去库存、去杠杆、降成本、补短板"[②] 等供给侧改革的五大任务；2016 年 1 月，中央财经领导小组第十二次会议专门研究了供给侧结构性改革的具体措施和实施方案，这次会议标志着供给侧结构性改革进入具体实施阶段。我国进入了新时代，在经济上显著表现为新常态下的供给决定性经济时代。所谓供给决定性经济就是指经济体产量由劳动、资本设备和技术等生产要素供给及其产生的生产能力来决定，不再由投资、消费和出口等需求方面因素来决定。若从企业微观视角分析供给侧结构改革，即主要是从要素投

[①] 习近平．习近平谈治国理政（第二卷）［M］．北京：外文出版社，2016．
[②] 习近平．习近平谈治国理政（第三卷）［M］．北京：外文出版社，2020．

入的角度分析，考察要素的配置、要素间的替代互补关系、要素价格变化，也包括技术进步对各类生产要素的具体影响，这就需要我们结合要素替代弹性的大小、特征和效应对供给侧机构性改革进行分析和探讨。

从企业生产制造的角度来看，发展中国家与发达国家的区别，以及同类国家之间的区分主要表现为人均产量之间的差异。我国的人均产量（或劳动生产力）较低，其主要原因在于人均拥有的各类资本相对较低，我国的生产方式主要采用劳动密集型生产模式，技术水平相对落后，技术含量相对较低。若采用资本密集化和知识（技术）密集化的生产模式就可以明显提高生产力水平和效率，最终会引致人均产出水平的显著提升。一个经济体的资源、劳动、资本、技术等生产要素在短期内一般不易产生较大的变化，但是我们可以优化要素的配置关系，改变要素的生产利用效率，特别是通过体制机制改革与政策调整等改变针对要素所有者的激励约束条件和生产组织方式，以便提高生产要素的利用效率和全要素生产率。当前情况下，主要考察的方面为：资本投资结构的调整，劳动者技能水平的提升，资本、非技能劳动与技能劳动如何有效配置等。

在企业生产经营过程中，购买先进机器设备和引进或研发无形资产等技术资本投资会对劳动市场的就业结构和劳动报酬份额比例等产生较为重要的影响。例如，提升企业的技术水平将导致技能劳动者工资相对提高，资本与技能表现为较为显著的互补关系，但是非技能劳动者较容易被先进技术和设备所替代，这也是江浙地区"技工荒"的原因之一；再如，大学生刚毕业时仅有所学的专业基本知识，缺乏工作经验和技能积累，难以寻得心仪的工作，导致大学生就业相对难；另外，先进技术设备难以融入企业生产制造，阻碍了生产效率的提高，技能劳动者难以适应新的技术环境。通过估计当前制造业的资本、非技能劳动与技能劳动之间的关系，探寻其特征和分析其效应，有利于指导企业生产经营决策和供给侧改革。

三、技术资本投资和技术研发现状

我国技术资本投资相对较少，技术资本积累偏低，带来的经济效益和要素生产率提高不够明显。查阅我国 2013 年制造行业相关上市公司的财务报告，通过计算可以看出，科技媒体和通信、汽车制造、生物医药制造等行业的技术资本积累较为突出，也导致该类行业经济利润增长得较大，例如比亚迪的利润增幅为 1 倍，嘉应制药的利润增加为原来的 15 倍；技术积累较低的行业的利润普遍下降，钢铁制造和有色金属等行业的业绩明显减少。技术创新型企业绩效较高，其技术积累较为雄厚，为未来发展储备了力量和潜力。虽然 2013 年大多数企业的技术研发投入、技术购买、专利申请有所增加，甚至有的企业处于国际领先水平，但是企业要素之间的配置和融合还不完善，行业内企业之间的技术资本差距明显。

从财务报表数据还可以看出，一些高新科技制造企业的技术研发投入相对较低，有的企业甚至为零，技术资本积累很少。例如，2013 年年度财务报告显示，南京高科、烽火电子、精伦电子等的研发支出均为零。根据会计核算，我们知道研发支出分为研究支出和开发支出，多家企业的研发支出均处于研究阶段，相关支出和费用全部计入单位管理费用，接近于应用或者试生产阶段的开发支出较少，开发支出转为技术资本的更少。同时也能看出，高达 65% 以上的企业无形资产（形成了技术资本的）中的较大比例是土地使用权与特许权等，而专利和非专利技术的比重较低，在专利中较多记录了外观设计和实用新型的专利的价值，而发明创造的比重较低。企业的土地使用权和特许权原本就由政府授予资源垄断所形成，存在技术资本错配现象，从而导致一些企业的利润水平较低、发展动力不足。当然，依据会计核算，企业的一些技术资本可能无法进行确认和正确记录，如技术奖励、质量声誉、品牌效应等。详细分析研发支出中各项具体要素的比例，可以看出脑力劳动投入技术研发的核算成本较小，研发支出中高比例记录了投入仪器设备价值和耗材，而研发人员工资薪酬比重较低。

根据《齐鲁晚报》2016 年 12 月 2 日报道，山东省多数企业通过产学研结合、产业链协同等方式加强创新、转型升级①。例如，威高集团每年拿出销售收入的 5% 以上作为研发经费，与科研院所建立产学研联盟，研发世界独有的可实施生物和非生物人工肝治疗技术。但多数企业喜欢花钱买技术、买设备，而科技创新投入不足。山东省全省规模以上工业企业具有研发活动的仅占 13.9%，比全国平均水平低 3 个百分点，比江苏省、广东省分别低 11.1 个和 6.1 个百分点。规模以上工业新产品开发经费支出只有江苏省的 65.6%、广东省的 61.3%。山东省重化工业占全部工业的 70% 左右，传统产业在全部工业中的比重也在 70% 左右。钢铁、化工等传统行业是山东省支柱产业，但传统行业企业通过智能化改造、技术引进与创新，也可以使公司效益不断提高。看似传统的行业和企业，一旦突破关键技术，就完全能够进入新兴领域。在转型升级中，企业家要有足够的危机感、前瞻性和改革意识，要清楚自身所处行业的定位，要朝前赶。

四、技术进步与技能劳动的不匹配

截至 2017 年，我国专利技术闲置率为 90%，而日本和美国的专利技术闲置率分别约为 30% 和 50%，明显低于我国，并且我国专利技术的失效比重也很高，技术产权纠纷也在增加，无用途、无技术含量的垃圾性专利呈现出逐年增长趋势②。而且，一些由技术纠纷导致的违约赔偿数额较大。在中国，企业管理者或者所有者以及企业家，很少将技术的研究开发和创新激励等纳入企业的发展规划，很多企业的生产经营仅仅是"制造"，缺乏"创造"，虽然企业在使用很多先进技术，但却没

---

① 习惯于买技术　山东仅一成多企业注重搞研发 [N]. 齐鲁晚报，2016 - 12 - 2.
② 国家知识产权局知识产权发展研究中心 . 2017 年中国专利调查报告 [R/OL]. （2017 - 12）. http：www. //hbipdc. com/zhishi/incoming/photo/2018/ff808081639d26860163ac8cae690135 [2].pdf.

有该技术的产权。制造业是一国工业经济的主导力量，巨大的制造业总量使中国成为名副其实的"世界工厂"。制造业的要素配置、技术创新和技能劳动的提升关系到一国是不是制造强国。另外，全要素生产率增长不仅取决于生产厂商的各种投入要素之间的配置效率，也取决于生产厂商的技术进步及其方向，这些均与要素间的替代弹性密切相关。

不同的技术进步应当有与之相匹配的技能劳动，选择怎样的技术进步与技能劳动自身的特征和劳动要素的供给密切相关。在我国现代化工业实践中，技术进步与技能劳动之间的匹配存在诸多问题，例如有的企业盲目追求技术的先进性，不考虑对技能劳动的吸收与掌握能力，两者的关系未能清晰明确，既影响技术潜力和效应的充分发挥，也导致技术引进的过度依赖。此外，技能劳动者缺少技能提升和创新开发的动力，就不能充分发挥技术效应并产生增值。

前面已经提到，发展中国家落后于发达国家的一个主要表现在于人均产量显著差异。当前我国的人均产量（或称之为劳动生产力）相对较低的主要原因在于，人均所拥有的诸如机器设备等资本相对较低，生产方式主要表现为劳动密集型，技术水平相对落后。劳动生产力的提高可以通过生产方式上的资本密集化和知识（技术）密集化而得以实现。经济的自然资源、劳动力、资本、技术等生产要素在短期内可能无法发生较大的改变，但生产要素的利用效率及其在各生产部门之间的配置却是可以不断变化和提升的，即可以通过体制机制改革和政策调整来改变要素所有者面临的激励约束条件和生产组织方式，提高生产要素的利用效率并优化生产要素的配置结构。

技术纠纷导致的赔偿，引起不少企业家的反思，但真正把技术研发纳入企业发展规划、开展技术研究的企业屈指可数，很多企业处在有"制造"无"创造"、有"技术"无"产权"的状态。从要素错配的视角研究企业之间全要素生产率的差异已经取得了理论和实证上的突破，然而，根据经济增长的相关文献，全要素生产率增长不仅来源于企业的要素配置，也来源于企业的技术。在生产技术结合生产要素的过程，要素错配导致了企业之间全要素生产率的差异。是否存在技术错配，技术错配是否也是导致企业之间全要素生产率差异的原因，这是值得思考的问题。

资源配置主要靠价格机制形成初次分配。如果要素错配和技术错配，说明要素价格存在扭曲，这会导致宏观上要素收入份额即国民收入分配格局出现问题。自改革开放以来，我国经济快速发展了 40 多年，各类经济结构矛盾已经表现出来，国民收入分配格局不均衡就是其主要表现形式，并成为社会、政府、学术界关注的焦点话题。自 2000 年以来，我国劳动收入份额下降的趋势较为明显，已经由 2000 年的 60%下降到 2013 年的 45%（倪旭君，2017）。张杰（2016）主要采用企业竞争力报告中有关资金流量表的数据进行测度，也得到同样结论。党的十八大报告中明确提出"实现发展成果由人民共享，必须深化收入分配制度改革，努力实现居民收入增长和经济发展同步、劳动报酬增长和劳动生产率提高同步，提高居民收入在国民收入分配中的比重，提高劳动报酬在初次分配中的比重。初次分配和再分配都要兼顾效率和公平，再分配更加注重公平。完善劳动、资本、技术、管理等要素按贡献参与分配的初次分配机制"。"两个同步"和"两个提高"，以及四要素如何按贡献参与分配是本书研究的出发点。中共十八届三中全会再次强调"形成合理有序的收入分配格局，着重保护劳动所得"；然而，实际现象与党的要求和目标却存在一定差距，因此迫切需要对其进行研究。劳动，特别是技能劳动的收入份额是否合理？其决定机理何在？各个层面有哪些影响因素？影响程度如何？技术资本的收入份额多少？如何决定？怎样补偿？一系列的问题将成为讨论的焦点。

第二节　选题理论和实践意义

一、研究理论意义

我国人均产量和劳动生产力较低的主要原因在于人均所拥有的资本

较低，以劳动密集为主的生产方式使得技术水平相对较为落后。劳动生产力的提高可以通过生产方式上的资本密集化和知识技术密集化予以实现。一个经济体的自然资源、劳动力、资本、技术等生产要素供给在短期内可能不易发生较大的改变，但生产要素的利用效率及其部门间的配置却是不断变化的，所以可以利用机制改革和政策调整来改变要素所有者所面临的激励约束条件和生产组织方式，提高生产要素的利用效率和优化生产要素的配置结构以提升全要素生产率。

产业结构调整、技术进步偏向性、劳动收入份额高低、供给侧结构性改革等论题，均与资本与劳动的替代弹性和要素配置密切相关。估算资本与劳动要素替代弹性大小，有利于指导企业配置技术、资本和劳动力结构，避免企业要素错配，降低全要素生产率。从宏观方面来看，该研究可以促进政府合理制定资本与劳动配置政策并引导投资方向，影响企业进入和退出行业的要素配置机制，避免行业风险等；从微观方面来看，可以引导投资者和管理者配置企业的技术、技能、资源等，调整要素结构，提高生产效率，促进要素效能的充分利用。

德国"工业4.0"战略和中国制造强国战略均强调资本与技能的平衡问题需要探索和分析资本与技能的关系，但有关这两者关系的相关研究却寥寥无几。谢和克莱诺（Hsieh & Klenow，2009）开创性地提出了企业要素错配和全要素生产率损失的理论分析框架，强调要素错配是影响全要素生产率的重要因素，其重要性与技术进步旗鼓相当。探寻资本错配、劳动错配、技术错配及其形成机理和对全要素生产率的影响机制，有助于更好地理解经济增长的过程，从微观实践上找出国家经济增长缓慢的原因，帮助我们更深入地理解经济增长的动力机制。

各类能源和原材料价格的不断攀升，使得经大量资源投入的粗放式经济增长难以为继。探寻新的经济增长动力已经成为经济学者和政策制定者最为关注的问题。因此，有必要从技术资本投资、技能劳动的提升，以及两者之间关系的角度分析和探讨经济新动力，这将有助于加深对于企业要素错配和技术错配问题的认识，以及相关产业政策的制定。

二、研究实际意义

供给侧结构性改革是从供给侧存在的问题入手，针对结构性的原因而提出改革措施，以促进经济稳定增长，主要解决两个问题：一是要素资源的投入和配置，以及要素间的关系问题；二是由制度变革、结构优化和要素素质提高所决定的全要素生产率的提升问题，归根结底是要素供给关系的改善和新动能培育问题。

探讨分析供给侧结构性改革的路径和动力机制，在理论上丰富了供给经济学的微观基础。本书从企业生产理论出发，系统分析要素配置、要素替代等结构变化对全要素生产率和绩效的具体影响和作用机制，从技术创新的视角分析如何促进技术资本和人力资本的形成，为价值创造提供源源不断的动力。此外，若有效实现劳动报酬在初次分配中的比重显著提高，则需要探讨劳动和资本要素之间是如何进行分配的，以及技术资本与技能劳动收入份额的大小及其影响因素，从而丰富该研究领域的理论和经验成果。

在实践应用上，制造业供给侧结构性改革的关键是提升企业的技术创新能力，即通过提高企业技术创新能力，增强其竞争力，提升要素使用效率，改变要素和资本的重新分配，实现新旧动能的转换，从而解决供需矛盾、化解产能过剩问题。企业可以从要素投入角度寻求经济增长和绩效提升的动力；政策制定者可引导投资者和管理者配置企业的技术资本和技能劳动，调整要素结构，促进要素效能充分利用。

第三节　研究主要内容

本书的研究基本思路是提出问题、分析问题和解决问题，即从供给侧方面提出问题，基于要素结构和动力结构分析问题，为改革提出理论支持和建设性意见。本书选择了921家上市公司7年的财务数据进行实证分析和论证，主要研究内容如下。

首先，分析讨论要素投入和供给侧存在的问题，阐述该研究的理论意义和实践价值、研究思路和创新之处等，界定和分析技术资本、技能劳动、要素替代弹性、要素错配和全要素生产率等相关概念，阐述相关经济理论基础等。

其次，基于样本企业的微观数据，估计非技术资本、技术资本、非技能劳动和技能劳动等投入要素之间的偏替代弹性和影子替代弹性，分析要素替代弹性的特征，检验资本技能互补假说，实证分析各要素之间的替代弹性对全要素生产率、企业绩效和企业价值的影响程度。从行业层面和企业层面，分别估算各要素错配程度大小，并对企业产出变动进行分解，实证分析要素错配系数对全要素生产率、企业绩效和企业价值的影响程度。

再次，从倾向于技术资本提高的视角，分析外商直接投资和研究与开发等运行机制及其效应；从倾向于技能劳动提升的视角，分析"干中学"和股权激励作用机制及其效应；从制度供给的视角，分析结构性改革对企业创新策略的影响程度，并以税收优惠政策为例进行实证分析。

最后，基于技术资本和技能劳动的视角提出供给侧结构性改革建议，具体从要素供给、动力结构供给、制度供给三个方面分析促进技术资本增加和技能劳动提升的相关措施。

第四节　研究的思路和研究方法

一、研究思路和技术路线

本书的基本思路是提出问题、分析问题和解决问题，即从供给侧方面提出问题，基于要素结构和动力结构分析问题，为改革提出理论支持和建设性意见。具体理论脉络：陈述现实存在的供给侧方面问题→抽象核心因素和决策目标→界定关键概念→构建理论模型→直接和间接效应分析→改进建议和对策。实证分析过程：理论模型和计量模型构建→指标变量选择和样本确定数据来源→估计和检验方法及模型优化选择→实证结果分析→实践与理论对比分析。

二、基本框架

将研究内容结合研究思路和实证分析过程，形成本书的研究框架（见图 1 - 1）。

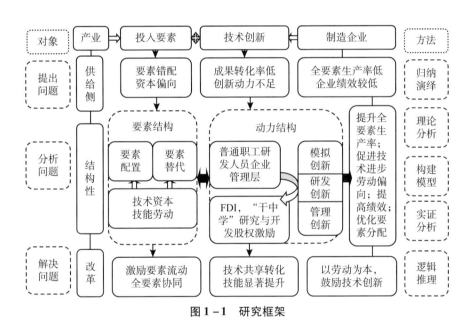

图 1 - 1 研究框架

从研究框架来看，本书共分为三个篇章。一是理论部分，研究框架中的"提出问题"，包含绪论、基本概念、理论基础和文献综述等相关内容；二是从要素结构和动力结构探索分析问题和解决问题的途径，前者主要包含要素替代弹性和要素配置，后者主要包含倾向于技术资本投资的外商直接投资和研究开发、倾向于技能劳动提升的"干中学"和股权激励及制度供给动力等；三是解决问题的具体办法和建设性改革意见。

三、具体研究方法

1. 定性分析和定量分析

根据研究需要，探讨技术资本和技能劳动的相关理论和概念、构建模型及推理演算、分析要素替代理论和要素错配概念等属于定性研究；基于微观企业数据和产业数据进行技术资本与技能劳动的替代弹性和要素错配程度的估算及其因素影响分析，以及要素替代弹性和错配程度对全要素生产率、企业绩效和价值的影响程度估计等属于定量分析。

2. 规范分析和实证分析

无论是替代弹性大小、要素配置效率、决定机制分析，还是模型构建时所选择和考虑的相关因素等，均为"应该是什么"的问题，属于规范分析；基于微观上市公司财务数据进行回归分析、中介效应和调节效应的估算等，均为回答"是什么"的问题，用以探索经济现象的客观规律，属于实证分析。

3. 模型推理和归纳演绎

构建和修正内生经济增长模型和成本函数模型时，讨论要素弹性大小、要素配置效率、收入份额的相关决定因素和机理，以及要素分配模型进行泰勒级数展开等，属于模型推理；而在分析问题和提出决策建议时，则使用归纳演绎方法。

第五节　研究的重点、难点和创新之处

一、研究重点

从研究思路来看，本书的研究重点在于从要素结构和动力结构分析

供给侧问题并提出解决问题的具体途径。重点研究内容如下:

(1)技术资本与技能劳动的替代弹性大小估算和其产出效应的分解。主要是要素替代弹性与有偏技术进步理论分析,从行业层面对技术资本与技能劳动替代弹性进行估算,从微观企业视角对技术资本与技能劳动替代弹性进行估算等。

(2)技术资本与技能劳动的要素配置测算(即要素错配系数估计)和影响因素分析。主要基于行业视角、微观企业视角测算要素错配系数、估算全要素生产率大小等,以及技能劳动错配理论及其影响因素分析。

(3)实证分析要素结构(含要素替代弹性和要素错配系数)对全要素生产率、企业绩效和企业价值等影响大小。主要包括技术资本与技能劳动替代弹性对全要素生产率、企业绩效和价值的影响,技术资本和技能劳动要素错配系数对全要素生产率、企业绩效和价值影响,基于全要素生产率和要素错配对企业产出变动的分解效果等。

(4)分析动力结构,寻求解决问题途径。主要基于技术资本投资的视角分析外商直接投资和研究与开发的绩效及其路径,基于技能劳动提升的视角分析"干中学"和股权激励的绩效及其路径。

二、研究难点

在分析问题和解决问题的过程中,本书的主要研究难点如下:

(1)包含技术资本和技能劳动关系的基本模型的构建及其推导。以内生经济增长理论为基础,综合考虑技术资本和技能劳动关系构建经济增长模型,推导要素替代弹性的计算公式。全要素生产率、要素错配系数估计、企业产出变动分解等模型的构建等也是难点。

(2)基于上市公司企业财务数据,解释分析符合经济统计概念的计量数据,并以此数据选择合理的计量模型实证分析。短面板数据分析和微观计量分析应当考虑的问题,均是研究中的难点。

(3)恰当考虑将外商直接投资、研究与开发、"干中学"和股权激励等包含到基本分析模型，基于技术资本与技能劳动关系的视角实证分析作用效果，是实证分析的难点。

三、创新之处

本书创新之处的主要表现如下：

（1）将资本要素分为非技术资本和技术资本，将劳动要素分为非技能劳动和技能劳动，技术资本和技能劳动均促进了技术进步与发展，并将技术资本和技能劳动引入生产函数，构建内生经济增长模型。

（2）基于内生经济增长模型，估算技术资本与技能劳动的替代弹性，分析技术资本和技能劳动等要素配置情况，并实证分析要素替代弹性和要素错配系数对企业生产效率和绩效的影响程度。

（3）将外商直接投资、研究与开发、"干中学"和股权激励等包含到基本分析模型，基于技术资本与技能劳动关系的视角实证分析其对全要素生产率、企业绩效和价值等的作用效果。

（4）实证分析均以微观企业数据为基础，以此测算行业的相关特征，探索宏观经济或者产业的发展规律，并对比分析其与产业或宏观数据分析结论的差异。首次根据企业员工数据，按照工作类别和岗位分工将劳动划分为非技能劳动和技能劳动。

本 章 小 结

本章分析讨论了新经济时代面临的要素投入和供给侧存在的问题，阐述了该研究的理论意义和实践价值、主要内容、研究思路、分析方法、重点和难点，以及创新之处。

第二章

概念界定、理论基础与文献综述

第一节　技术资本、技能劳动与经济增长理论

一、生产要素与经济增长

促进经济增长的主要投入要素包括资本、劳动、以土地为代表的自然资源和技术等。每个生产投入要素与经济增长的关系相关理论如下：

自然资源是指在一定的时间和技术条件下，能够产生经济价值和提高人类现在和未来福利的自然环境因素的总称，它是人类社会生产的自然基础，也是形成地区间劳动分工的重要原因[①]。威廉·配第（William，1675）提出土地是财富之母的观点，当土地变得相对稀缺，就会导致劳动的边际报酬递减。而现代经济增长理论忽略了自然资源要素对经济增长的影响，把自然资本这一增长要素简化为单纯的"生产成本"问题，而更多关注制度和技术等要素，自然资源不断地被开采和利用，会使资源利用的成本增加。在制度经济学的框架下解读资源禀赋对一国

---

① 《环境科学大辞典》编委会．环境科学大辞典（修订版）［M］．北京：中国环境科学出版社，2008．

经济增长的影响成为新的研究方向。

人口数量对一国经济发展的影响主要通过人口数量对消费需求、劳动力就业、经济增长方式和产业结构等途径来发挥作用。人口数量在一个劳动力资源稀缺的国家（例如老龄化严重的国家）中会增加劳动力供给，并增加社会需求，因此其积极影响占主导地位；而如果是在劳动力资源丰富的国家，则可能带来劳动力就业状况恶化，人均收入水平下降等消极影响。马尔萨斯（Malthus，1798）认为，当人口按几何级数增长时，固定的生产要素和土地的报酬递减，人口的增加导致贫穷。而西斯蒙第（Sismondi，1997）却认为人口规模越大，就越能产生更多的企业家和富有技术创新精神的人，他们将对解决人类面临的难题作出巨大贡献。劳动力要素一般被视为同质要素，而实际上，因为劳动者通过教育培训对自身进行不同程度的投资，劳动者生产率存在较大差异，所以劳动力要素逐步被作为异质要素引入增长理论。舒尔茨（Schultz，1990）首先提出人力资本的概念，即以劳动者的数量和质量所表现出的非物质资本，认为任何状况下人力资本的投资报酬率均比物质资本的投资报酬率高出许多，强调人力资源的开发和知识积累对人力资本的作用。

每个经济学派均强调资本要素对经济增长的重要性。亚当·斯密（Adam，1776）认为，当劳动投入量不变时，增加物质资本可以提高资本劳动比率，进而提高生产率和产量。李嘉图把资本积累看作是国民财富增长的基本源泉。哈罗德—多马模型将资本看成是促进增长的唯一因素，以索洛为代表的新古典经济学家将模型修正为资本和劳动可以相互替代，并假定生产要素边际收益递减。新经济增长理论认为，技术进步的存在可以提高投资的收益，并使要素收益递增。

自熊彼特（Schumpeter，1932）提出创新经济理论后，技术被纳入经济学的分析框架，新古典经济学承认技术是重要的生产要素，可以促进经济增长，但却是在假设技术不变的条件下构建经济一般均衡性，随着技术进步和技术创新的发展，技术被纳入经济增长分析的框架体系中。索洛（Solow，1957）将技术作为外生变量（认为技术是外生的）

考虑到经济增长模型中；罗默（Romer，1986）构建了技术进步内生化的经济增长模型，并强调技术进步在微观企业生产中的重要作用。埃伦和爱德华（Ellen & Edward，2010）提出了技术资本命题并进行了详细的分析和解释。

制度指人际交往中的规则及社会组织的结构和机制。最早以李斯特为代表的历史学派以及以凡勃仑和康芒斯为代表的旧制度学派，将制度作为经济增长的因素进行分析，立足于个人之间的互动来理解经济活动，以制度为视角研究经济问题，将人与人之间的关系作为研究的起点，而不是以人与物关系作为起点。科斯和诺斯分别将交易成本和制度变迁引入经济学，通过边际分析和边际交易成本分析，使得各种具体制度的起源、性质、演化和功能等的研究可以建立在以个人为基础的比较精确的实证分析上，创立了新的制度分析方法。

传统经济增长理论将经济增长速度和效率归结为生产率，生产率越高，经济增长越快，从而影响生产率的因素也就必然影响经济增长，包括自然资源禀赋、区位优势、劳动力技能和熟练程度、企业组织制度等。从生产角度讲，经济增长决定因素又可以分为两大组成部分：资本和劳动等要素投入以及生产率，而最影响生产率的是技术进步和制度约束。经济增长归结为四大要素的发展：劳动、资本、土地等自然资源和技术进步。

二、经济增长理论

经济学的发展史其实就是经济理论的发展历史，以拉姆齐模型（1928年）为分界点，经济理论可以分为两个阶段，其前阶段为经济增长理论的奠基阶段，称为古典增长理论；其后阶段为经济增长理论成熟阶段，主要是新古典增长理论和内生经济增长理论。在经历了古典经济学派、新古典经济学派和新增长理论学派的演变后，我们对经济增长理论可以得出一些基本结论：早期经济增长的重要源泉是劳动；随着经济的发展，劳动力让位于资本积累；到了新古典增长时期，资本积累又让位于技术进步，接着是技术资本以及人力资本溢出等。

古典经济增长理论内容十分丰富，包括很多特征完全不同的增长理论，例如亚当·斯密分工促进经济增长的理论，马尔萨斯的人口理论，马克思的两部门再生产理论；也包含一些新兴的新古典范式，例如熊彼特的创新理论，杨格的斯密定理等。

现代经济增长理论的起点是哈罗德—多马模型，该模型是将凯恩斯的思想动态化的典型例子，在短期分析中整合经济增长的长期因素，并强调资本积累在经济增长中的重要性。

现代经济增长模型的核心理论是内生经济增长理论，将技术内生化；在劳动投入过程中包含着因正规教育、培训、在职学习等而形成的人力资本，以及在物质资本积累过程中包含着因研究与开发、发明、创新等活动而形成的技术进步，从而将技术进步内生化。新增长理论从人力资本、研发、知识的积累与外溢等角度，解释了发达国家为什么能保持强劲的增长势头。

三、技术资本

在经济领域，技术是界定在资本、劳动和土地等自然资源之外的生产要素。不同学者对技术内涵的理解存在差异，有的学者认为技术包含专利、版权、知识和商品以及商业秘密等，有的学者将非专利技术、软件和管理、信息和工艺等纳入技术的范围。技术是生产过程中的技能、技巧和技艺及其使用载体。技术的载体和形态可以是高技术含量的人工制品、人工文件以及人的特别行为。其实技术的范围较为广泛，包含狭义技术、信息和知识等，具体有专利、非专利技术、软件、生产工艺和新产品、单位组织管理经验和服务、知识和信息等。企业是由一些有劳动能力的人，以及有特定用途的设备、土地、自然资源、货币、技术等要素，融合而成的一个开放性组织系统（罗福凯，2010）。企业价值取决于收益、增长和风险。任何生产要素，只要其能在一定的风险可承受条件下驱动当期收益及预期增长，就应作为企业价值的重要驱动力。技术对宏观经济增长的推动作用已被反复证明。从微观视角来看，技术应被视作价值创造的重要来源。罗默（Romer，1986）认为，技术资本具有一定的边际报酬递增性，随着技术投入量的增加，边际产出呈现递增的态势，这意味着基于技术的发展模式能够实现可持续增长。技术之所以具有私有商品的性质，在于技术同企业的其他生产要素一样具有排他性和竞争性。在经济过程中，高技术含量人工制品、人工文件和特别行为被企业组织购买后，便形成企业组织的技术资本。作为物质资本载体的生产设备，其更新换代和批量生产的前提是新技术已商品化。市场里作为物质资本存在实体的机器设备和自然资源等，在本质上不存在发明性质。

技术投入生产与应用的过程，实质上是技术转化为资本的过程，其理论基础是新兴要素资本理论。该理论认为，新的生活方式、新兴产业的兴起会激发人们对新技术的需求与探索，各种技术被研制出来之后，经过产权确认，被不同的主体自由选择、买卖、交易并投入生产领域，转化为技术资本，与其他要素一起投放到经营管理各环节，参与价值的创造（罗福凯，2010）。技术资本是投入生产过程中的各种技艺、技能、技巧以及技术载体，例如，高技术含量的人工文件、人工制品以及人的特别行为等（罗福凯，2010）。从企业对外披露的信息内容来看，其包括研发形成的技术诀窍、系统软件以及相对独立的研发中心、开发性支出、技术使用权等（罗福凯，2014）。技术诀窍是指生产中的实用技巧、技能、秘方、工艺方法，集中体现为各种专利和非专利技术（许秀梅，2016）。技术成果的生产是以智力为主的精神创造活动，是信息构建活动，投入的是庞杂的散乱信息，生产出来的却是新颖的、可以用于明确目的并能与一定的物质条件相结合而产生巨大利益的信息，它与投入的劳动及时间、资金等并不具有对称关系；技术成果能否研制成功或者能否生产更多的技术成果在很大程度上取决于研发人员的知识水平、知识结构以及研究集体的智力构成等（许秀梅，2016）。技术资本按筹集渠道可以分为原创技术与外购技术。原创技术由专利、非专利技术、研发中心与开发支出组成，这部分技术难以被模仿和替代，最具稀缺性；外购技术包括系统与软件、技术使用权，多为二手成熟技术，排他性较低，但易于被掌握与运用，依据"干中学""用中学"的理论，此类技术在应用过程中能够产生直接与间接的学习效应，提升技术开发人员、技术操作人员的设计、办公水平与生产技能，改善研发与管理效率，拓展生产可能性边界，上移生产函数（许秀梅，2016）。黄群慧（2014）认为，经济新常态下，微观企业开始从规模扩张转向创新驱动以谋求发展，技术与人力是创新经济的根本推动力。唐未兵等（2014）认为，人力通过研发、模仿、技术外溢与吸收，影响技术积累速度，且在技术应用中通过"干中学"改善自身质量，两者体现出明显的互动关系，即替代或互补，并进一步影响企业价值增值。

技术资本理论主要经历了萌芽阶段（1912~1956年）、外生技术资本理论阶段（1956~1986年）和内生技术资本理论阶段（1986年至今）。在萌芽阶段，经济学家们主要定性分析了技术对经济增长和企业发展的重要作用和效果。在索洛增长模型中，索洛（Solow，2000）测算了美国1909~1949年的技术进步率，提出了著名的外生技术资本理论，即技术是经济发展中的突变因素，且具有较大偶然性，应把技术看作独立静止的外生变量来构建技术进步增长模型，并证实技术进步的利润贡献远超资本与劳动。舒尔茨（Schultz，1961）长期研究美国农业问题，认为技术进步是20世纪上半叶美国农业产量和生产力迅速提高的主要动力之一，突出论证了技术的生产潜能，并将技术突破性地看作资本。罗默（1986）首先提出技术的内生增长理论框架，认为技术具有外部性特征，能够使经济生产规模报酬显著递增。技术如同资本和劳动，是一种生产要素，而且是"内生的"。阿吉翁和霍伊特（Aghion & Howitt，1992）将研发理论与不完全竞争整合，认为技术是有目的的研发活动的结果。格雷斯曼和赫尔普曼（Grossman & Helpman，1997）认为分析资本积累实际上应考虑技术进步的作用，两者的关系密不可分。技术进步能促进全要素生产率的提高，而不仅仅是资本的积累。技术资本的研究重心开始向微观转移，由重视外部技术的转移、扩散与吸收，转向关注企业内部技术的生成。

技术的资本化过程按照其产生机理分析，具体过程为：新兴产业和生活方式孕育对技术的需求、技术被组织生产、确认技术成果为产权、进行技术交易或者内部消费、资本化后投入生产应用等。技术资本的生产和交易为技术确认产权的核心，也就是技术资本生成的关键。宋琪（2003）认为技术资本化是指技术被技术所有者投入企业生产中转化为现实生产力，并与企业的其他要素相互作用，实现为企业增值的全过程。孙海鹰（2001）则认为技术资本化实质上就是企业运用技术的具体过程，在这个过程中，技术实现了其价值创造的功能，也给企业带来了收益。二位学者充分肯定了生产过程对技术资本化的意义，却忽略了交换领域，没有意识到市场交易在技术资本形成中的作用。企业发展的驱动力是技术创新，技术创新包括原始创新、自主创新和系统集成。技术资源转化为技术资本，就是技术成果转化为市场价值的过程。

技术怎样被企业利用，如何创造价值呢？根据经济学增长理论，技术是内生在机器设备、专利软件和技术工人上进行分析，也就是物质资本型、资本体现型技术进步和技术体现型技术进步，但是考虑技术资本，因此不包括物质资本型。

艾伦和爱德华（Ellen & Edward，2009）、罗伯特和基思（Robert & Keith，2010）等在经济增长理论的基础上考虑了技术资本概念，将技术资本从其他资本中分离出来，透过技术资本解释知识经济背景下的企业价值驱动力。一些专家和学者关注技术资本的生成与内涵体系构建。徐欣和唐清泉（2010）主要集中于信息系统、信息技术、专利等技术形态的贡献测度；程惠芳和陆嘉俊（2014）讨论了全要素生产率与技术资本的关系；罗福凯和周红根（2014）主要分析了股权特质与技术资本存量等的关系和作用。新的生活方式激发了人们对新技术的需求，各种技术被研制出来，经过产权确认，被不同的主体自由选择、买卖、交易并生产应用，转化为技术资本，参与价值的创造。罗福凯（2010）认为，技术资本是投入生产过程中的各种技艺、技能、技巧以及使用载体，如高技术含量的人工文件、人工制品以及人的特别行为等，其包括研发形成的技术诀窍、系统软件以及相对独立的研发中心、开发性支出、技术使用权等。

依据资源基础理论，企业通过提升技术资本的核心优势能够获取超额的剩余价值，并且其排他性较低，容易被职工学习、掌握和生产运用，同时技术在应用过程中能够产生直接与间接的学习效应，提升技术研究和开发人员设计水平、投稿办公水平与生产技能水平，改善研究开发与管理效率。资本扣除技术资本后剩余的均为非技术资本，主要表现为机器仪器设备、生产线，以及各类建筑物等。

四、技能劳动

对劳动的划分概念较多，例如，低技能劳动、高技能劳动、熟练技能劳动和非熟练技能劳动等，本书统一称之为非技能劳动和技能劳动。非技能劳动具有社会平均的知识存量和一般能力水平，对应的社会分工角色为一般社会劳动者。技能劳动是具有某项特殊技能的人力资本，人力资本的专用性体现得尤为明显，所拥有的知识、技能只对某个特定领域有价值。技能劳动只有掌握运用制造技术和制造设备作用于劳动对象的能力，才能高效、优质、低耗、成批地生产出合格的创新产品，为企业提供现实的和潜在的创造性劳动，其价值是以知识存量（技术、信息）为物质内容、通过一定的技能和能力表现出来的。技能劳动具体包括：具有某种专业知识和操作技能，并能通过这些知识和技能的合理使用完成特定活动的各级各类技能员工；具有某方面特殊知识和专长，并能在特定领域利用这些知识和专长从事技术应用与运作的各级各类技术人员；凭借资源的配置与组合能力为企业提供创造性劳动，为企业现在和未来带来收益和服务的资本的管理人员；面对不确定市场，具有决策、配置资源能力的构建新生产函数的企业家等。

不同的专家学者按照不同的标准将劳动划分为不同的类别，即便划分为非技能劳动和技能劳动，也会受到数据获取难易程度以及对技能劳动者的认知等因素影响，划分标准也存在差异。参考卡塞利和科尔曼（Caselli & Coleman, 2002）的方法，若把初中及以下学历的就业人员

（包括初中学历）视为低技能劳动，把初中以上学历的就业人员视为高技能劳动，则低技能劳动为"无学历者等价"，是无学历、小学和初中学历三种就业人员的加权和，而高技能劳动为"高中学历者等价"，是高中和大专及以上学历两种就业人员的加权和。

董直庆等（2013，2014）、王林辉和袁礼（2014）等均以受教育年限为标准，以是否受过高等教育为划分依据，将大学生（含本科和专科）及其以上学历的劳动者视为技能劳动。有的专家学者甚至将受过高中以上教育的人员认定为技能劳动，也有以工作的年限作为划分标准，将工作年限超过 3 年的人员划为技能劳动，用全国就业人员受教育程度中大专及以上教育程度人口比例表示。由于在实际生产过程中，高技能劳动力所获得的劳动收入要高于低技能劳动力所获得的劳动报酬，因此产生了技能溢价，技能溢价水平用二者之间的工资比值来表示。董直庆和王林辉（2011）构建了技术进步耦合模型，结果表明技术进步偏向于技能劳动或偏向于非技能劳动主要取决于三方面因素：劳动力结构（即技能劳动与非技能劳动相对供给规模）、技能溢价（即技能劳动与非技能劳动相对工资水平）以及生产技能型产品与非技能型产品相对资本投入。

姚先国等（2005）初次采用工作的性质区分技能劳动和非技能劳动，将包含管理人员和技术人员的非生产性工人定位为技能劳动者，生产性工人为非技能劳动者。企业职工按照工作性质可以分为行政管理人员、财务人员、技术人员、研发人员、生产人员和销售及其他人员等，本书以微观企业这种具体岗位统计为依据，将前述四类人员划分为技能劳动，剩余人员为非技能劳动。

随着信息通信技术的迅猛发展，技术进步呈现出物化性特征，技能型和非技能型劳动需求结构发生改变并且出现技能溢价现象。在资本规模扩张和经济增长的同时，加大教育投资使人力资本质量提高并且更容易适应新的生产环境。在新增长理论中，新技术的应用被认为是无条件的，只要产生新技术就能立即对经济增长发挥作用。新技术的开发需要具备相应技能的人力资本来操作，其工资结构变化时，技能偏向型技术进步提高了对技能型劳动力的需求，同时减少了非技能型劳动力的需求，从而会导致非技能型劳动力的失业率上升。阿西莫格鲁（Acemoglu，2002）指出，劳动力中技能供给的增加在短期内会降低技能劳动力与非技能劳动力的收入差距，若长期来看，技能供给的增加会影响技术进步的技能偏态性特征，使得技能劳动力和非技能劳动力的收入差距进一步扩大，最终扭转了初始的降低效应，即技能偏向型技术进步导致了技能劳动需求分化和技能溢价现象。短期来看，技能偏向型技术进步能够产生工资不平等现象，而长期来看将会改善这一现象，使技能溢价水平趋于平稳。技能偏向型技术进步将会导致技能型劳动力与非技能型劳动力之间的不断替代和技术与人力资本之间的互补。教育水平提高、知识经验积累以及初始禀赋等个体差异造成了人力资本非同质性，使得生产活动中对技能劳动力的需求增加，技能需求和技能溢价同步增长，而且二者呈现出对人力资本共同增长的趋势。有学者分别从外生和内生的角度侧重分析了技术进步是否偏向于技能劳动。卡茨和墨菲（Katz & Murphy，1992）认为，受过教育且具有技能的劳动力的供给变动能够影响工资结构，以美国为例能够说明技能溢价的现象。

阿西莫格鲁（Acemoglu，1998）将技术进步内生化，分析技能型劳动和非技能型劳动与技术进步的变动关系，研究认为，技能型劳动供给的提高会引起与其互补的技术扩大市场规模，导致长期内技能偏向型技术进步和技能溢价的增加。布拉蒂和马图奇（Bratti & Matteucci，2004）尝试验证意大利的制造业是否存在技能偏向型技术进步，结果发现研究与开发对技能劳动与非技能劳动比有影响，同时存在技能偏向型技术进步。卡扎维兰和奥兹斯基（Cazzavillan & Olszewski，2009）建立了技能偏向型技术进步与内生的劳动供给变化的联系，以美国和波兰的数据研究技能偏向型技术进步的作用。国内也有相关研究。潘士远（2008）认为技能劳动和非技能劳动分别与技能密集型和劳动密集型产业的技术专利相匹配，劳动力禀赋结构通过最优专利制度的传导进而能够影响技术进步偏向性。邵敏和刘重力（2011）利用中国工业行业的数据证明：外资的进入会通过偏向非技能劳动力技术外溢对我国技能劳动力相对需求产生显著负向作用。宋冬林等（2010）构建新古典经济增长模型，探讨技能需求和技能溢价与技术进步的作用过程，结果验证了中国1978～2007年不同类型技术进步的偏向性特征都是技能偏向的。董直庆等（2012）通过省际面板回归模型分析，认为人力资本、国际贸易、全要素生产率等都影响技术进步偏向性的变化。董直庆和蔡啸（2013）认为技术进步存在技能偏向性，且这种偏向性导致了技能溢价现象，并以中国的经验事实证明了技能偏向型技术进步引发技能溢价，导致劳动收入不平等现象趋于严重。

第二节　供给经济学理论与供给侧结构性改革

一、供给经济学理论

需求和供给是现代经济学中两个最为基本的概念，李嘉图最早将这两个术语联系在一起使用。在微观层面，供给和需求分别是生产者或厂商和消费者对特定产品或者服务的供给和需求，受生产力条件约束和要素资源配置影响，在以价格为主的市场机制下，自动反馈调节实现瓦尔拉斯一般均衡。在宏观层面，总供给是各种总量投入要素在一定就业水平下的总产出供给水平；总需求是通过市场的产品、服务和资本与货币市场的实际货币需求形成的一般价格水平下的总需求。萨伊定律认为"供给创造自身的需求"，承认市场机制自动调整能力的发挥，认为在充分就业的均衡水平下的经济学是供给经济学，主张政府不要干预或者尽可能少干预市场，让其充分发挥作用。凯恩斯及其相关经济学家构建了以需求侧为重点的需求经济学，主要维持经济的平稳增长和充分就业，重点关注消费、投资和出口三个需求，形成三驾马车理论，增加社会福利和保障，增强消费倾向而鼓励消费；政府通过税收优惠以及开展基础设施和公共领域建设等促进投资；鼓励加工贸易和出口推进外向型经济发展等。典型代表理论有马尔萨斯消费需求论、凯恩斯的有效需求不足理论，以及哈多模型等。以供给侧为重点的经济学理论，主要从包含四个要素供给的经济增长理论展开讨论。以索洛等为代表的新古典综合增长理论和以罗默等为代表的新经济增长理论认为，经济供给能力来源于劳动、资本、土地（自然资源）和技术四个要素，但是对技术要素的认可存在差异。其一认为，技术是三要素之外的部分，即索洛剩余；其二认为，技术分别通过教育培训、运用和改良等附加在劳动、资本和土地之上。

供给经济学是研究现代市场经济运行尤其是当前社会主义市场经济运行中有效供给的产生、发展及其运行规律的学科，因强调在生产环节的供给在经济中的重要性而得名，包括以美国经济学家孟德尔、万尼斯基、图尔和罗伯茨为代表的激进派供给经济学，以费尔德斯坦为代表的温和派供给经济学等。其政策的核心观点是：第一，加大税收费用的减免力度，削减边际税率，降低生产成本从而增加总供给，缓解经济膨胀的压力；第二，在生产要素供给以及资源配置等，反对政府对经济的直接干预，建议政府简政放权和做好服务，更多为社会服务和提供法律支持和保障，经济价值创造主要靠个人和企业；第三，需求包含在企业的创造性生产和供给之中，生产暂时过剩仅是经济表面现象，是"劣等产品"过剩，经济主体可以通过自主创新，不断提高生产效率，提高产品科技含量，创造高端产品，增加新供给，以促进经济高质量发展。

在我国，比较有代表性的供给经济理论观点有：

滕泰（2017）以"新供给创造新需求"为核心，论证供给在供需关系中的主导地位，得出供给自动创造自身等量需求是一种理想状态的结论，认为只有新供给才能持续创造增量的需求，提出"培育新供给、新动能"的建议。同时，滕泰（2017）认为经济增长的五大财富源泉为劳动、土地等自然资源、金融与资本、技术创新和制度供给，并从供给侧视角划分出多种具体的增长模式，挖掘经济增长的供给扩张原理。

贾康（2016）认为，经济社会发展的动力体系在关于需求是原生动力的认识基础上，强调人类经济发展中的创新成果均发生在供给侧，决定着人类社会发展不同阶段、不同时代的基本特征，具体表现为"农业革命—工业革命—信息革命"的文明进步。"三驾马车"认识框架未完成对经济增长动力体系的认知任务，而是把框架的认知逻辑延伸、传导到供给侧，在"非完全竞争"假设下聚焦于"有效市场＋有为、有限政府"的复杂性，从而把握复杂的结构问题及其优化机制问题。

肖林（2016）提出"供给侧结构性改革将提升全要素生产率，实现经济增长从要素驱动向创新驱动转变"的基本理论。供给侧结构性改革将有效推进人口红利向人才红利转变，并能提升人力资本优势，进而加快推进资本、土地、技术等领域的制度改革，提高全要素生产率，进一步激发创新动力和创新活力。扩大有效供给和中高端供给，推进传统产业的技术改造升级，提高服务业和制造业生产效率，可以有效促进产业生产方式转变。创新宏观调控理念与方法，将强化供给侧改革与需求侧管理协同运用，实现经济运行平稳有序。

二、供给侧结构性改革

改革开放以来，我国经济保持高速和稳健的发展，2009 年 GDP 达到 335353 亿元人民币，超过日本，世界排名第二，人均可支配收入显著增加，社会主要矛盾发生变化，我国经济进入新常态[1]。2015 年 11 月，习近平在主持中央财经领导小组第十一次会议时指出："在适度扩大总需求的同时，着力加强供给侧结构性改革……"[2] 2016 年 1 月，习近平在《在省部级主要领导干部学习贯彻党的十八届五中全会精神专题研讨班上的讲话》中强调："解决这些结构性问题，必须推进供给侧改革。"[3] 习近平在《在中央财经领导小组第十二次会议上的讲话》中强调："从生产领域加强优质供给，减少无效供给，扩大有效供给，提高

---

① 上海财经大学世界经济发展报告组．2010 世界经济发展报告［M］．上海：上海财经大学出版社，2010．
② 在中央财经领导小组第十一次会议上的讲话［N］．人民日报，2015 - 11 - 10．
③ 习近平．习近平谈治国理政（第二卷）［M］．北京：外文出版社，2016．

供给结构适应性和灵活性，提高全要素生产率。"① 2016 年 5 月，习近平在中央财经领导小组第十三次会议上，从时代背景、根本目的、主攻方向和本质属性等方面全面阐述了供给侧结构性改革。供给侧结构性改革是从供给侧存在问题入手，针对结构性问题而推进的改革措施，以促进经济稳定增长，其主要解决两个问题：要素资源的投入和配置以及要素间的关系问题；由制度变革、结构优化和要素素质提高所决定的全要素生产率的提升问题（刘志雄，2019）。2016 年 12 月和 2017 年 1 月，习近平分别在中央经济工作会和中央政治局第三十八次集中学习时，更为深入地论述和完善了供给侧结构性改革的内涵。

供给侧结构性改革的根本目标在于促使我国供给能力更好地满足物质文化和生态文明的需要，实现社会主义生产，即：以人的全面发展为中心，解放和发展社会生产力，提升供给能力和供给质量，实现经济平稳和高质量发展。2015 年 11 月~2016 年底，习近平丰富并完善了供给侧结构性改革的具体实践内容，从期初的四大关键点，即促进过剩产能有效化解、降低成本、化解房地产库存、防范化解金融风险，到五大任务，即去产能、去库存、去杠杆、降成本、补短板（即"三去一降一补"），再到四项重大举措，即深入推进三去一降一补、深入推进农业供给侧结构性改革、着力振兴实体经济、促进房地产市场平稳健康发展。

中共中央政治局于 2017 年 1 月就深入推进供给侧结构性改革进行第三十八次集体学习，习近平强调"推进供给侧结构性改革，要处理好几个重大关系"，一是"要处理好政府和市场的关系""既要遵循市场规律、善用市场机制解决问题，又要让政府勇担责任、干好自己该干的事""增强企业对市场需求变化的反应和调整能力，提高企业资源要素配置效率和竞争力"；二是"要处理好短期和长期的关系""战略上要坚持稳中求进，搞好顶层设计，把握好节奏和力度"；三是"要处理好

---

① 郝全洪，梁盛平，袁辉，等. 新时代经济关键词（2019）［M］. 北京：人民出版社，2019.

减法和加法的关系""做减法，就是减少低端供给和无效供给，去产能、去库存、去杠杆，为经济发展留出新空间。做加法，就是扩大有效供给和中高端供给，补短板、惠民生，加快发展新技术、新产业、新产品，为经济增长培育新动力"；四是"要处理好供给和需求的关系""供给侧和需求侧是管理和调控宏观经济的两个基本手段""推进供给侧结构性改革，要用好需求侧管理这个重要工具"。

供给侧结构性改革的政策主张为：稳健的宏观经济政策营造稳定的发展环境，宏观政策预见性和针对性予以提高，有针对性的宏观调控创新，如降税、降费、降准和降息等，增加常备借贷便利、短期抵押贷款和中长期融资债券等工具；采取准确的产业政策定位结构化改革和优化的方向，把握要素配置和供给流向，引导向薄弱和关键领域调整，采取普惠性和功能性产业政策而不是直接干预性质的产业政策；通过以"放活"为核心的微观政策激发市场主体的动力和活力，政府转变职能简政放权，吸引生产要素自由流入，给予中小企业政府扶持，拓展其融资渠道等；社会政策应以守住民生底线为托底，奠基社会基础。

供给侧结构性改革的具体实施进展和业务开展体现在：钢铁煤炭产业存在明显的生产过剩现象，提高生产质量增加效率进行去产能；在房地产市场，因城因地实施分类调控，重点解决三四线城市的房地产库存过多问题，通过新型城镇化、棚改货币化安置以及跨地域产业发展安排等进行去库存。针对杠杆率较高，特别是企业降低率较高的情况，通过债转股和兼并重组方式优化融资结构、发展股权融资；通过财政安排的季节化差异、基础设施建设资金来源多样化以及缩减地方债规模等，改善政府部门的杠杆率。出台一系列措施降低企业各项成本，减轻了企业的税费负担，缩减了人工成本和制度性交易成本，实体性经济融资成本明显下降，电气基本生产和物流成本明显降低等。精准发力补齐短板，具体包括基础设施建设、教育文化卫生、生态环境、战略性新兴产业、脱贫攻坚和农业农村发展、人才储备和科研开发等方面的短板逐步完善补充，同时补充与其相关的制度保障和政策。农业经济供给侧结构性改革开局良好，农业机构开始调整，从农业产品结构调整开始，稳步推进土地经营权流转，加大规模化经营力度，优化区域产品结构，逐步补齐农业基础设施建设、科技发展以及人力资源引进等各方面短板，实施农业经济体制改革，推进绿色农业发展等。创新宏观调控方式，营造稳定的宏观经济发展环境，稳定市场运行，有效防范市场风险，建立"有为政府"保障有效市场的运营，合理分担各项成本，实现新旧动能转换。在体制机制创新方面，加强基础性制度建设，为市场充分发挥资源配置作用提供制度保障和供给；深化要素市场改革，为要素流动提供更好的制度安排，深化财政体制改革和国有企业改革，提供更好的、公平竞争的市场。

供给侧结构性改革提出以来，一些专家和学者对其进行了阐述。理论研究方面，贾康等（2016）认为供给侧结构性改革建立在发展经济学理论的基础上，创新形成系统化、建设性的改革思路和政策建议；滕泰（2017）以制度经济学理论为基础，制度合理安排可以有效化解经济发展中的体制障碍，激发市场活力；洪银兴（2017）从马克思关于生产分配交换理论、价值规律理论、劳动价值理论和社会再生产原理寻求其理论基础，认为其源于马克思主义政治经济学；李稻葵（2015）、迟福林（2016）从生产、供给滞后与市场需求脱节严重以及供给释放需求的作用没有得到有效利用的角度讨论其必要性；而范必（2016）等则从生产要素、产品服务、劳动和社会发展领域的供给约束和供给抑制视角讨论其必要性。

政策应用和具体改革方面，郭田勇（2016）指出金融在供给侧结构性改革推进过程中具有引导和支撑作用，因此要构建、完善多层次金融市场服务体系，鼓励金融模式创新，满足客户潜在需求；欧阳慧等（2016）认为，激发企业创新活力是供给侧结构性改革的核心任务，供给侧结构性改革的基本内容就是为释放企业创新活力创造条件；方晋（2016）主张通过以减税为主的财政政策推进供给侧改革，减税要注重永久性、普惠性以及减税效应和财税体制改革并举；曾宪奎（2016）主张供给侧结构性改革主要着眼于推进市场竞争提升技术创新动力，完善技术创新环境；蔡昉（2016）建议调整生育政策，加大教育和培训，培育人力资本，配置资源，以便提高全要素生产率；李雪冬等（2018）通过对比分析长江三角洲和珠江三角洲的制造业要素扭曲和生产率来论述供给侧结构性改革；肖林（2016）认为，供给侧结构性改革的核心是创新，推进包括科技创新、技术创新和商业模式创新在内的全面创新，构建富有活力的协同创新体系。

第三节　要素替代弹性、要素配置和全要素生产率

一、要素替代弹性

希克斯（Hicks，1932）提出要素替代弹性的概念，直接替代弹性表示资本和劳动投入比例变化与资本和劳动的边际技术替代率变化之比，用以表示两要素的相互替代关系和难易程度。自阿罗（Arrow，1961）等推导了 CES 生产函数后，对替代弹性进行估计的研究和文献逐渐增加，分析替代弹性与经济增长和技术进步方向的话题也就随之展开，国内外专家和学者多从宏观数据出发测算弹性大小以及估计替代弹性对生产和经济的作用效果。伯恩特（Berndt，1975）等在讨论分析能源在生产投入和产出中的价格以及技术进步的具体特征时，测算估计了能源与资本和劳动的相互替代弹性大小。阿西莫格鲁（Acemoglu，2010）基于内生经济增长理论，并考虑企业决策机制和市场规模以及技术进步等多个因素来定义技术进步偏向性，充分解释要素替代弹性对生产和经济发展的作用。莱昂 – 莱德斯马等（Leon – Ledesma et al.，2010）通过论证得出资本与劳动替代弹性以及技术变革的方向是经济增长的主要因素，并采用蒙特卡洛方法和非线性 CES 生产函数对各种估计测算替代弹性的方法进行直接估计，发现研究面临较高弹性假设的识别问题。佐藤和莫里塔（Sato & Morita，2009）另辟新径，采用指数方法分别测量美国和日本的技术进步的速率，分析要素的弹性大小及其对

经济增长的作用大小。有关技能劳动与非技能劳动以及资本与技能劳动的替代弹性研究和测算的文献很少，奥特等（Autor et al.，1998）重点从具体生产方式来分析技术资本和技能劳动的互补关系，并探寻其起源。布拉蒂和马图奇（Bratti & Matteucci，2004）分析讨论美国技术进步偏向于资本与技能劳动是互补关系的结论。

国内有关资本与劳动等替代弹性大小估计测算和作用效果的研究相对较晚。张明海（2002）认为，我国宏观要素替代弹性随年代逐渐增加：从中华人民共和国成立初期的小于 1 到改革开放初期的等于 1，再到 20 世纪末的大于 1 的发展趋势。戴天仕和徐现祥（2010）首次使用要素增强型 CES 生产函数，采取供给面标准化系统方法构建多方程联立模型，计算出我国资本劳动替代弹性为 0.74。鲁晓东和连玉君（2012）估计省际资本劳动替代弹性的均值为 0.83，得出省际之间差异较大的结论。雷钦礼（2013）基于利润最大化理论估计替代弹性为 0.38，劳动效率明显提升而资本效率相对下降；而郝枫（2014）基于成本最小化理论估计我国宏观经济资本劳动替代弹性为 0.23。郝枫和盛卫燕（2014）以要素增强型 CES 生产函数为基础，选取省际面板数据构建变系数面板计量模型得出中国替代弹性在 0.23 ~ 0.55，劳动报酬份额下降的主要原因在于技术进步的资本偏向。郝枫（2015）发现原有文献基于超越对数生产函数计算替代弹性存在问题，认为基于超越对数成本函数计算替代弹性较为准确。马红旗和徐植（2016）以接受中学教育为界，将技能劳动划分为"低""中""高"三个档次，认为"中"档（中学教育）技能资本互补性最强。申广军（2016）重点考察并分析金融发展和融资约束对资本技能互补性的影响。王永进和盛丹（2010）基于技能劳动一次和二次项，分析技术进步的偏向性，研究技能与资本的互补关系对劳动份额的影响大小。

分析三个投入要素之间替代弹性的研究主要是估计测算关于资本、能源和劳动之间的替代弹性，例如陈晓玲等（2015）基于嵌套 CES 生产函数、采用工业行业宏观数据估计资本、能源和劳动之间的替代弹性，发现高能耗、高资本行业的资本、能源替代弹性接近 1，两者与劳动的替代弹性为 0.68，其他类行业的资源与劳动替代弹性接近 1。周晶等（2015）就工业大类行业以资本与劳动的比例为门限变量，也是采用嵌套 CES 生产函数，认为多数行业拒绝替代弹性等于 1，资本能源组合后与劳动的替代弹性平均大于 1。在技术进步偏向和经济增长等研究中，关于技能劳动的定义和分类多是考虑劳动者的受教育程度或者企业专业技术人员的比重，例如董直庆等（2011）以及徐舒（2010）。虽说有姚先国（2005）基于工作性质划分高技能劳动（主要是指非生产性工人）和低技能劳动，划分方法较为简单。白重恩等（2008）、戴天仕和徐现祥（2010）采用我国年度宏观数据分析资本劳动的替代关系对 GDP 的贡献大小。杨中东（2007）把能源要素引入生产函数分析我国制造业 1978～2005 年的资本、劳动和能源三者的替代弹性，发现能源与另外两个因素的替代关系较强。祝华军等（2003）分析农业生产领域土地、技术和劳动的多种替代关系，发现自动化对替代效应的影响程度较大。

国外已有少数文献基于企业微观数据计算替代弹性，奇林科（Chirinko，2008）基于微观数据测算美国替代弹性在 0.5 左右，公司交易调整成本的变化对其产生较大作用。杨（Young，2013）同样基于要素增强型 CES 生产函数估计美国制造业替代弹性，发现其在 0.24～0.32 的范围内，而服务业替代弹性大于制造业替代弹性。国内基于微观数据估计替代弹性的文献极少。油永华（2017）选取 2005～2015 年深、沪两市 327 家典型制造类企业作为样本，构建微观面板数据计量模型估计制造业的替代弹性，其值在 0.42～0.77，资本与劳动之间替代关系较弱，存在一定的互补性，行业之间以及个体之间替代弹性大小存在差异。罗福凯（2014）通过分析企业的物质资本、人力资本、货币资本和知识资本等多要素的替代关系，发现技术在替代人力资本的突出表现和作用效果。

通过前述文献综述可以发现，基于宏观时间序列数据估算各类替代弹性的文献较多，估计不同国家或地区、不同时期的并采用不同生产函数和各类估计方法测算资本劳动替代弹性，得出的结果多为互补关系；

而基于微观企业数据估计测算替代弹性的文献较少，利用以宏观数据为基础的企业数据估计各类企业各时期资本劳动替代弹性并总结其规律性是有价值的研究方向。估计资本劳动两要素的替代弹性的文献较多，估计多要素之间的替代弹性的文献相对较少，多数文献侧重于估计资本、劳动与能源或者技术的替代弹性关系，而测算估计非技术资本、技术资本、技能劳动以及非技能劳动的替代弹性大小的文献更少，且对技能劳动和非技能劳动的划分大多基于学历水平的差异。

二、要素配置和要素错配

在经济学中，要素有效配置是指在完全竞争的经济中，要素的边际收益产品等于要素价格。要素错配的概念是相对于要素有效配置来定义的，如果要素在市场上得不到充分反映，要素的边际收益产品偏离了要素价格，就存在要素错配现象。要素有效配置即指资源能充分地在有需要的部门之间合理流动和利用，以获得整体的最大效益，实现帕累托最优。根据陈永伟（2013）、钟廷勇等（2014）的研究表明，根据"生产技术是否是凸性"、通过两种方式来定义要素错配。

谢和克莱诺（2009）在凸性生产技术假设下，认为各投入要素的截面报酬不相等，如果企业的生产技术是凸性的，在要素有效配置的情况下，企业之间生产要素的边际产出应该相等，否则就存在要素错配现象，此类错配称为"内涵型要素错配"。如图 2 – 1 所示，若要素配置有效，两个生产企业的资本边际产出曲线的交点为 B，对应的分割点为 A，两个企业的资本投入量分别为 Q_1A、Q_2A，两家企业的总产量分别为 Q_1ABF 和 Q_2ABG。假如存在金融市场不完善，资本要素不能有效配置，两者资本配置分割点为 E，则资本投入量分别为 Q_1E、Q_2E，两家企业的总产量分别为 Q_1EDF 和 Q_2DCG，此时，两者产量之和低于之前有效配置情况下的产量，即为面积 BCD。

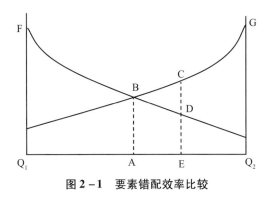

图 2 - 1　要素错配效率比较

当企业之间的要素边际收益产品都相等时，通过重新配置要素，仍可以提升总产量，这类要素错配被称为"外延型要素错配"，分为两种情况：其一是按照边际收益产品相等的原则进行要素配置，由于要素投入不足，规模报酬递增的企业未能充分利用其潜在的生产力，而规模报酬递减的企业却要素投入过度，导致经济总体上错配，企业之间按照等边际收益产品来配置要素就不能实现产出的最大化，而给规模报酬递增的企业配置更多的要素就能够获得更高的产出；其二是如果市场存在进入壁垒，就会阻碍生产效率较高的潜在企业进入市场，使市场中全要素生产率较低的企业配置了更多的要素，从而导致经济整体潜在全要素生产率水平的下降。即使市场中所有企业要素的边际收益产品都相等，要素也并非实现了最优配置。

要素错配的衡量方法分为直接测算法和间接测算法。直接测算法是指提前考虑、确定好一些可能造成要素错配的因素，并将其纳入企业异质性模型中，依据相关研究数据定量测算要素错配水平和全要素生产率损失情况；而间接测算法则对要素错配产生影响的不能确切性进行估算，综合考虑了所有可能对全要素生产率的影响和造成要素错配的因素，该方法的核心是企业对一阶最优条件的偏离程度，即资源错配的程度。间接测算资源错配的方法有变量替代法、投入产出法、生产函数法、增长率分解法等。谢和克莱诺（2009）采用生产函数法从资源配置角度引领了分析企业全要素生产率及经济增长的方向，基于全要素生产率离散度构建了核算要素错配水平的模型和生产率缺口的理论框架。塞尔昆（Syrquin，1986）对索洛的核算模型进一步分解来测度全要素生产率的来源，提出要素配置效应模型，认为全要素生产率的提升并不完全只取决于技术的研发和使用效率，各个要素在产业的合理投入与有效配置决定了经济增长的质量和产出水平。这两个方法常被用来测度要素错配程度和分析其与全要素生产率的关系。

要素错配的形式较多。第一，资本的错配，主要与市场不完备不恰当的政策及体制性因素相关。金融市场的不完备包括金融摩擦、金融可及性、银行系统运作失常、信贷市场所有制歧视等，造成资源错配。中国资源错配的来源是多方面的。金融市场是否完善直接影响资本在企业之间的配置效率。阿吉翁和霍伊特（1992）等通过探讨金融发展对资本配置的影响，发现资本错配导致了微观企业之间全要素生产率的差异。谢和克莱诺（2009）认为，在规模报酬递增的情况下，企业之间的资本边际收益产品应该相等，否则就存在资本错配，从而导致全要素生产率的损失。

鄢萍（2012）采用 SMM 方法，选择微观制造企业数据作为样本，分别研究了资本调整成本、投资不可逆程度及企业间的利率差异对资本错配的影响，认为企业的所有制性质对利率大小的影响较大，信贷市场的所有制歧视造成了企业之间的资本错配。油永华（2012）通过因子分析计算偿债能力和企业规模等综合指标，实证分析得出结论：企业规模的大小对银行贷款产生正而显著影响且程度较大，中小企业更为明显，中小企业资产收益率越高；其收益多用于内源积累融资，减少银行贷款，验证了中小企业的优序融资现象。张佩和马弘（2012）选取微观工业企业的数据通过实证分析得出，我国全要素生产率损失源自微观层面上的信贷错配，而并非是缺乏充足的廉价信贷。易贷企业存在过度投资的现象，导致企业之间的资本错配和经济整体全要素生产率的损失。资本错配的研究低估了微观金融扭曲在发展中国家的作用。王林辉和袁礼（2014）通过对中国 1978～2010 年八大产业的面板数据研究发现，金融系统的垄断抑制了资本的自由流动，进而导致产业之间资本出现了较大程度的错配，造成了八大产业的全要素生产率平均下降2.6%。

第二，劳动市场的扭曲错配，由于劳动力市场的扭曲程度较低以及研究问题的简化，导致早期劳动错配研究文献较少。袁志刚和解栋栋（2011）利用一个要素错配对全要素生产率影响的核算框架估算中国农业部就业比重过大对全要素生产率的影响，发现劳动力自由流动的户籍等制度性障碍使得过多的劳动力被"错配"到了农业部门，造成了2%~18%的全要素生产率损失。盖庆恩等（2013）在封闭的两部门经济中引入劳动力市场扭曲，使用非位似的Stone‐Gary效用函数从理论上说明了劳动力市场扭曲同劳动生产率之间的关系，通过实证研究发现劳动市场扭曲显著迟滞了中国经济结构的调整，造成的全要素生产率损失年均达到16.34%。董直庆等（2014）利用1978~2010年产业层面的数据考察了我国分行业的劳动力错配程度及其对全要素生产率的影响，发现无论是传统农业还是现代金融业，所有行业均出现劳动力错配现象，且不同行业劳动力错配分化趋势明显，抑制了全要素生产率的增长，平均使全要素生产率降低20%左右。

此外，还就劳动的内部结构间的错配进行研究，例如技能或非技能劳动的错配。人力资本理论研究认为，不同层次人力资本投资与否取决于教育投资收益净值。在人力资本的发展过程中，由于制度、技术进步及人力资本的异质性，产业经济结构从农业向工业、从工业向信息技术产业方向转变，不同类型的人力资本经常会发生与岗位技能需求不匹配的现象，即错配现象。由于职业和教育通常各自具有不同的特征，劳动力错配更多表现为技能水平与岗位的不匹配，主要指技能水平或类型与工作岗位技能需求不匹配性或技能劳动相对于非技能劳动更稀缺。过度教育文献提出了教育和工作匹配性及教育年限的工资决定模型，为经验研究检验教育和工资关系提供了一个可供检验的理论框架。

第三，技术错配。在内生增长理论中，技术进步相对于有效劳均资本存量对经济长期增长的影响更为重要。雷钦礼（2013）认为在现实的经济增长过程中，生产技术既不是外生的，也不是希克斯中性的，而是分别作用于生产过程中所使用的资本装备投入和劳动投入之中。陈晓玲和连玉君（2012）认为，资本增强型技术是指生产技术使得资本的效率水平提高更快，资本—劳动相对效率水平提高；而劳动增强型技术是指生产技术使得劳动的效率水平提高更快，资本—劳动相对效率水平降低。关于企业的可制造性设计理论认为，降低企业的生产成本、缩短生产时间、提高产品的可制造性和生产效率，是企业有效运作的关键方法。关于企业生产的灵活性认为，较高的生产灵活性可以改善企业的竞争力。生产技术的灵活性即为资本增强型要素投入和劳动增强型要素投入之间的替代弹性。常建新（2015）提出生产技术的灵活性（资本增强型要素投入和劳动增强型要素投入之间的替代弹性），定义企业的技术错配：面对市场的不确定性，在不同的要素投入组合下，如果企业不能灵活地选择最具盈利潜力的生产技术，就会产生技术选择的扭曲，从而导致技术错配；认为企业的生产决策分为两类，一类是与标准的新古典生产框架一致的资本和劳动由需求决定，另一类是从凸性技术菜单中选择适当的生产技术组合进行生产，并分析企业技术错配的形成机理及其对行业加总全要素生产率的影响机制。

第四，政府的干预行为导致要素错配。聂辉华和贾瑞雪（2011）认为国有企业是造成资源错配的重要因素。朱喜等（2011）指出，要素配置的扭曲程度主要取决于农村非农就业机会、金融市场和主地规模，并认为促进社会转型是提高农业全要素生产率的主要途径。陈勇兵等（2014）认为，出口退税等生产补贴在促进出口的同时，也造成了资源错配。陈斌开等（2015）认为，高房价使得资源过多地向房地产及相关产业集中，降低了配置效率。钱颖一（2001）提出，市场有"好的市场"和"坏的市场"之分，"坏的市场"并不能保证资源的最优配置。此外，贸易壁垒、不良的产权保护状况、企业所有制差异、信息不完全等原因也是要素错配的主要影响因素。诸如产业聚集、对外直接投资、基础设施建设等因素在一定程度上可以改善要素的配置，促进全要素生产率的提高。

要素错配的效应分析主要体现在三个方面。一是经济增长的影响效果分析。王林辉和高庆昆（2013）认为发展中国家较发达国家而言，由要素错配形成的效率损失更为严重，短期来说，同时减少要素流动的障碍和价格扭曲能有效消除要素错配，从而提高全要素生产率。周新苗和钱欢欢（2017）认为要素扭曲导致的行业资源错配会损失效率，使得实际产出偏离有效产出，而要素价格扭曲在依靠廉价要素的行业中更为严重。戴小勇（2016）对工业企业的研究发现，各企业之间的资源错配经常表现为边际收益产品的离散化分布，这将直接导致宏观层面的全要素生产率损失。王文等（2015）对上市公司的研究表明，不同类型内部资源错配和不同类型之间资源错配大致可以分别解释总体工业上市公司一半的全要素生产率损失。

二是对技术创新的影响。罗良文和张万里（2018）认为资本和劳动错配势必会直接影响企业的生产效率和研发能力，资源错配对制造业企业创新能力影响显著为负，错配情况下企业生产效率并非最优，企业要素成本上升，研发经费投入相对不足，创新能力效果被削弱。王湘君（2018）通过研究发现，土地资源错配对创新的负面影响较大且显著，具体表现为土地资源错配的抑制作用越强，企业专利申请数量和授权数量下降得越快。李静等（2017）直接从创新本身分析，认为创新效率低下的重要原因之一来源于创新资源错误配置以及薪酬激励等因素，人才在部门间存在严重不匹配，缺少高质量人力资本的流入导致创新部门要素报酬降低。

三是对出口、环境福利和资本回报率等的影响。刘竹青和佟家栋（2017）认为企业出口决策在总体上遵循自愿选择效应，由于存在要素市场扭曲，企业的出口生产率关系会发生改变，从而提升劳动力密集型企业出口动机。祝树金和赵玉龙（2017）通过研究发现劳动资源错配会降低出口概率和强度，而资本扭曲则会大大改善企业出口概率，融资约束与资源错配对出口选择存在交互影响。林伯强和杜克锐（2013）通过研究发现要素市场的扭曲明显抑制了我国能源效率的提升，因扭曲造成的能源损失量占总能源损失的 24.9% ~ 33.0%，若能纠正要素市场扭曲，每年约能提高能源效率10%，并可以减少14500万吨标准煤的浪费。余泳泽等（2018）认为土地资源错配会加深水污染、空气污染等环境污染的恶化，原因在于政府以低廉价格转让给工业企业用地，中低端企业以降低的生产成本挤占新兴企业资源并得以继续生存，该现象阻碍了企业清洁生产的进一步技术创新，使得生产环境无法持续得到改善。班纳吉和杜弗洛（Banerjee & Duflo，2005）通过分析对资本回报率的影响，异质企业资源配置存在差异，发达国家企业的资本配置效率明显优于发展中国家企业，从而导致企业资本回报率的显著不同和生产效率的差异。

三、全要素生产率

生产率是指生产要素经过生产过程转变为实际产出的效率，由于研究角度不同，可以将生产率分为部分要素生产率、全要素生产率和总生产率。全要素生产率作为衡量单位总投入与总产量的生产率指标备受专家和学者的关注，对其具体含义、测量方法以及影响因素或者对其他方面影响等的研究日益增多。

全要素生产率作为衡量单位总投入的总产量的生产率指标，具有单要素生产率无可比拟的优越性。全要素生产率是在解释传统生产要素对产出的贡献所不能解释的那部分产出增长，不仅包含非要素体现的技术进步，而且包含体现的技术进步及其他不可观测的因素的贡献。全要素生产率涵盖知识提升、技术进步和机制体制创新等作用于投入要素而提高要素质量和配置有效性的所有因素。

从微观角度分析全要素生产率，即基于生产函数，从企业角度分析各类生产率水平，企业生产率在估计过程中常常出现内生性问题以及因遗漏价格引起的误差问题。企业组织生产时，根据自身特征选择各个要素，要素投入与随机项可能在某种程度上存在一定相关关系；企业层面的数据收集及企业自身的财务报表往往存在缺失和不准确情况，这就使得生产函数系数估计出现偏差。从宏观角度讨论全要素生产率，即从整体的角度探究经济体在目前投入的要素组合上所能得到的最大产出，主要涵盖全要素生产率的加总及全要素生产率的分解。从微观的企业生产率角度出发，加总层面的全要素生产率与总产出和总投入之比求得的全要素生产率相等。对于全要素生产率分解的研究方法为贝利等（Baily et al.，1992）提出的 BHC 分解方法等。全要素生产率理论的研究脉络主要是从索洛的新古典生产函数，到乔根森的超越对数生产函数，再到法雷尔的前沿生产函数等几个阶段。生产率与资本、劳动等要素投入都贡献于经济的增长，是企业技术升级、管理模式改进、企业结构升级等共同作用的结果，是经济增长理论研究的主要内容。

全要素生产率的估算方法大致可归结为增长会计法和经济计量法两类，其中，索洛余值法和 DEA（数据包络分析）指数法的应用最为广泛。索洛余值法的基本思路为：全要素生产率被定义为总产出与综合要素投入的比例，综合要素投入是所有要素投入的某种加权平均。在估算总量生产函数的基础上，通过产出增长率扣除劳动与资本投入要素增长率后的残差来测算全要素生产率，该法在测算过程中需要考虑的因素较少，因此相对简单，常被采用。DEA 指数法是由 DEA 法与 Malmquist 指数法相结合来测算全要素生产率的方法，主要利用线性规划技术和对偶原理，并通过比较非 DEA 有效的生产单位偏离 DEA 有效生产前沿面的程度来评估各单位相对效率。该法分析样本的容量较低，可在一定程度上忽略测度误差。但是测算结果为相对效率的评估，并且只是一种数学规划方法，无法识别随机因素的影响。此外，自从米乌森和范·登·布洛克（Meeusen & van den Broeck，1977）等提出随机前沿生产函数模型以来，采用随机前沿生产函数来测度全要素生产率的相关文献增多，该方法不用假定完全有效市场，不要求成本最小化和收益最大化假设。

通过多种全要素生产率增长的测算方法显示，中国技术进步对全要素生产率增长有着显著的促进作用。传统的全要素生产率分析均是在希克斯中性技术进步的假定下，而现实中的技术进步是有偏向的，这意味着技术进步分为中性技术进步和偏向型技术进步。相关学者开始研究偏向型技术进步与全要素生产率增长之间的关系。宋冬林等（2010）认为技术进步呈现技能偏向性特征，并且该特征存在于资本体现式、中性和非中性等不同类型的技术进步中。王林辉和董直庆（2012）利用DEA方法测算工业行业的全要素生产率，结果表明中国制造业中的资本体现式技术进步对生产率增长具有重要的影响。钟世川（2014）将全要素生产率增长分解为偏向型技术进步和要素增长效率，发现资本生产效率下降的速度大于技术进步偏向资本的速度、劳动生产效率的上升速度小于技术进步偏向资本的速度是导致全要素生产率增长减缓的主要原因。

我国专家和学者主要从企业层次、行业层次和省级层次进行全要素生产率测量的相关研究。企业层次和行业层次方面，主要从工业企业和工业行业来开展全要素生产率测量研究。夏良科（2010）将我国大中型企业Malmquist生产率指数分解为技术效率和技术进步，发现全要素生产率增长主要来源于技术进步的贡献，技术效率反而有所恶化；徐正革和肖耿（2005）运用DEA模型测算我国37个工业行业全要素生产率增长；李胜文和李大胜（2008）基于随机前沿生产函数分别测算工业及其细分行业全要素生产率；柴志贤和黄祖辉（2008）的研究结果表明各行业的生产率增长都呈现出不同程度的收敛特征；龚关等（2015）基于半参数估计法，分别测度了国有企业和非国有企业每年的总全要素生产率。

要素错配对全要素生产率的变化的影响如何？相关研究仍比较欠缺。从政策的角度来看，找出要素错配的形成原因更为重要，因此需要进一步探讨要素错配的扭曲来源，尽可能理清其产生机制。虽然王文等（2015）等少数学者通过研究发现，制定有效的产业政策、促进行业竞争可以降低企业的要素错配程度、提高制造业各行业的全要素生产率水平。但有关如何制定有效的产业政策以消除要素错配的探讨还比较欠缺，所以有必要探讨如何制定以及制定怎样的产业政策以消除要素市场的扭曲、纠正要素错配。另外，学术界还缺乏对技术错配的形成机理及其对全要素生产率的影响机制的理论分析。对技术错配的研究大多停留在国家或地区的宏观层面，而没有对微观企业层面的技术错配进行探讨。考虑到影响技术进步、技术资本投资以及技能劳动水平和数量提高的相关问题，如研究与开发、"干中学"股权激励、外商直接投资等。引入技术错配后，分析对其替代弹性和要素错配的影响。

要素错配与全要素生产率的关系存在两类相悖观点。第一，资源配置的改善对全要素生产率提升贡献很小。涂正革和肖耿（2005）、姚战琪（2009）、聂辉华和贾瑞雪（2011）以及袁堂军（2009）等的研究认为资源再配置效应很弱，要素配置并不是我国全要素生产率提升的主要来源。第二，与第一种观点相悖，第二种观点认为要素资源配置提升完善对全要素生产率的增长作用很大。谢千里等（2008）、张军等（2009）、史宇鹏和丁彦超（2010）、简泽（2011）以及陈永伟和胡伟民（2011）等的研究认为资源再配置效应很明显，是中国加总全要素生产率提升的主要或者重要推动力。

纵观现有要素错配和全要素生产率损失的相关研究，谢和克莱诺（2009）的研究最被大家接受并被广泛引用，后续的相关研究基本上都是对其理论框架和实证方法的借鉴和拓展。

第四节　技术雇佣资本假说、资本技能
互补假说和动能转换驱动

通过分析技术资本与技能劳动各要素相关关系及其对生产效率、企业绩效、企业价值的影响等，一些专家学者的研究中形成了相关假说或者理论，如技术雇佣资本假说、资本技能互补假说、要素供给和动能转换驱动论等，本节将对其进行简要归纳和解释。

一、技术雇佣资本假说

人类社会的雇佣关系迄今主要表现为资本雇佣劳动，人们理想社会状态的雇佣关系是劳动雇佣资本。而凡勃伦（Veblen，1899）在强调科学技术对经济增长的重要性时，认为未来经济社会发展离不开科学技术的发展，企业的实际控制权被能控制资本的资本家转至掌握技术的技术阶层手中，一些专家和学者将其称为"技术雇佣资本假说"。凡勃伦（1899）主要根据要素稀缺度进行判断：拥有奴隶的奴隶主控制着劳动力，掌握权力；进入封建社会，生产工具改进，土地稀缺，拥有土地的土地主则把握权力；新大陆的发现，土地富有了，却缺少了资本，拥有资本的资本家掌控社会进步和发展。现在以及不久的将来，稀缺的将是专门知识和生产技术等，拥有该项权利的将是控制者，技术阶层首当其冲。考查技术雇佣资本假说理论上是否成立、考虑雇佣关系的形成条件或者判断标准是什么，需要从资本雇佣劳动理论谈起。

劳动价值论的提出者斯密在《国富论》提到，产品的价值由资本家、土地所有者和劳动者共同分享，萨伊将其明确为资本得到利息、地主得到地租和劳动获得工资的论述，其收益份额按照各自的贡献分配。科斯明确提出了资本劳动相互雇佣的观点，生产要素拥有者在平等互惠的条件下签订契约构成了企业，要素拥有者之间在契约的要求下相互雇佣。魁奈则认为是资本雇佣劳动，通过农业资本家和农业工人之间的关系进行论证，农业资本家控制了农业生产的生产活动，决定了工人工资的多少。马克思基于剩余价值论系统全面论述了资本雇佣劳动的关系，财富逐步集中到资本家手中，工人仅有劳动力，只能出卖劳动力才能生存，工人创造的剩余价值被资本家所占有，表现为资本雇佣劳动。

判断雇佣关系不在于投入要素稀缺，而在于生产控制权和剩余占有权，拥有两权者即为雇主。生产控制权是指对各类资源的控制权力，即决定生产什么商品、生产商品的数量以及怎样组织生产等；而剩余占用权是指企业收入扣除按照契约规定支付相关成本后的价值的归属权。美国 1968 年设立纳斯达克市场，拥有技术的企业上市寻求资本的支持，微软、谷歌和英特尔等技术拥有者在市场上雇佣了资本，此外，美国硅谷近一半的企业进行技术创新和发明并寻求资本的加入，也说明了技术雇佣资本的现象。我国当前资本稀缺，但是存在着一些企业拥有先进生产技术在市场上寻求资本的支持，最终依靠技术控制企业的生产经营和发展，目前还没有形成一定规模以及社会生产组织的常态。

若判断企业是否掌握了生产控制权，需要分析生产要素的稀缺程度，而稀缺程度的衡量来源于供需关系，特别是要素供给市场一方的供给能力等。市场供需能力在一定程度上受要素的资产专用性等影响。工业化后期，技术阶层逐步掌握了技术的供应，特别是一些技术的专用性较强，逐步为技术阶层带来了控制能力，而资本自身资产专用性较差，同时资本市场上的资本不再稀缺，其供应量足以满足各类投资和生产的需要。判断剩余占有权需要考虑要素的价值创造能力，即带来收益的多少，以及拥有方的谈判力量与该要素的稀缺性等。对要素创造价值能力的衡量是个难题，特别是比较技术、资本、劳动等要素之间的价值创造力和贡献大小更为麻烦。对技术、资本和劳动的价值衡量和贡献大小一旦能够科学合理地衡量，并被要素控制者所接受，就意味着技术雇佣资本，甚至理想的劳动雇佣资本社会将要到来。现阶段，根据技术阶层的报酬以及技能劳动者的薪酬等逐步提升，能够看到未来的希望。

为促进技术雇佣资本的逐步深化和实现，企业需要或者正在面临着几个变化。第一，企业的治理结构发生着改变。企业的股东不再是企业的高管，逐步由技术阶层拥有，技术阶层组成董事会，授权或者聘用经理负责公司的运营。当前，已经出现了技术阶层进入董事会或者监事会，参与企业决策或者监督企业高层决策和运营的现象。第二，融资方式发生一定程度的改变。技术阶层所掌握的专利和非专利技术，其价值难以得到较为合理的衡量和估价，更不用说以此为抵押物进行贷款，间接融资渠道受到较大的制约。另外，由于资本的约束和限制，寻求直接的风险投资更为普遍，现在我国资本市场也已经有了创业板块，即提供了技术雇佣资本的平台。第三，要素分配机制发生变化。在资本雇佣劳动的企业中，劳动和技术只能按照契约获取相关的报酬或者恒定收入，剩余价值归资本所有者。而在技术雇佣资本的企业中，技术阶层将拥有剩余价值分配权，近年来一些上市公司特别是创新板块，出现的诸如"股票期权激励计划""技术员工持股计划""薪酬战略计划"等，均是技术阶层参与剩余价值分配的表现。为了更好促进技术雇佣资本获取相应收益，需要提供相关法律保障以及有效开放更大的创新版证券市场，让更多的技术合法合理获取资本支持并雇佣资本。

二、资本技能互补假说

格里利切（Griliches，1969）首次提出资本技能互补假说并进行论证，其含义是资本与技能劳动的互补性强于资本与非技能劳动的互补性。其计算比较时所使用的替代弹性是偏替代弹性（AES），所谓互补性较强，即替代弹性较弱或者说替代弹性较低，是个相对的概念，后来专家和学者证明了存在绝对互补性的可能，即资本与技能也是互补的。该假说说明引进先进设备或者自行研发先进技术，需要拥有高技能、高学历的劳动者与之匹配进行操作应用，将会减少非技能劳动者的需求，即先进设备替代了非技能劳动。究其原因，首先，阿西莫格鲁（Acemoglu，2003）和徐建国（2013）从资本自身特性出发，发现先进设备等资本投入内化着先进技术，技能劳动者能够较快熟悉或者更快学习、应用该技术，有利于提高两者互补性提高；其次，基于生产方式考察，先进的自动化程度较高的设备分解生产制造过程，特殊的节点岗位或者过程操作需要特别的技能操作配合，以替代弹性的方式讨了劳动的异质性问题；最后，先进自动化设备投入促使非技能劳动者离岗或者提高技能转变工作岗位，从生产制造过程转向设备维修和运行维护岗位，这一过程必然提高资本与技能的互补。该假说从资本与技能结合的角度研究劳动异质性，分析替代弹性的异质性以及工资结构的变革，为技能溢价找到了缘由。

国内外专家和学者采用各种生产或成本函数，运用多类实证方法检验资本技能互补假说的存在性，由于较为容易获得各类技能劳动工资数据，国外专家多从超越对数函数法检验假说。奥特等（1998）主要分析了技术资本与技能劳动互补关系的起因，寻找该假说存在的原因，通过比较制造企业具体生产方式的变革，如由手工作坊到流水线生产、再到自动化水平的提升，得出其具体原因为动力转换和技术的提升，具体表现为：包含技术在内的资本投资促进了资本深化，并通过生产技术等与技能劳动形成一定的互补关系；犹如生产设备等非技术资本改变了劳动具体分工的方式促进了生产效率的提升以及更完善的技能培训等，也促进了具体职业和岗位的转换，最终影响了产业结构的变化等。这几个方面的改善和变更均是该假说成立的原因。

海莫默什（Hamermesh，1993）和达菲等（Duffy et al.，2004）均以受教育程度作为划分技能劳动的界限，检验分析资本技能互补假说，由于缺乏各类技能劳动工资的宏观统计数据或者较难获取相关数据，因此均采用生产技术组合法检验假说，以劳动者受教育程度区分技能与非技能劳动，且划分界限存在差异。卡塞利和科尔曼（2000）采用特殊的数据处理方式将劳动划分为非技能劳动和技能劳动，采用各个阶段的教育回报率为权重的加权处理方法得到赋权劳动力数据，代表技能劳动，未赋权处理的原始数据代表非技能劳动，估计资本与两类劳动的替代弹性大小证明了该假说是成立的。

王永进和盛丹（2010）认为技能劳动对技能溢价的影响与教育回报率是同步的，并验证了该假说，发现技能偏向的技术进步在提高技能劳动者工资的同时，提高了互补投入要素资本的收益，进而导致整体劳动收入所占份额比重明显下降；技能劳动对技能溢价的影响表现为驼峰状，与高等教育收益率的变动趋势高度吻合；此外，随着技能劳动不断增加和转换，导致了劳动收入份额表现为先减小后增加的 U 型变化趋势。马红旗和徐植（2016）以是否接受中学教育为界，将技能劳动划分为"低""中""高"三个档次，并认为"中"档（中学教育）技能资本互补性最强；将我国省际样本数据分为东部、中部和西部三个经济区域以及八个具体经济区域，分析资本技能互补假说区域特性和区域间差别，通过检验得出结论：东部沿海等经济发达区域验证了该假说，而相对落后的西部地区和中部地区却不存在该现象；进而分析了经济发展水平高低与假说之间的门槛效应关系以及互补性对技能溢价的影响程度。宋冬林等（2010）则是用技能偏向型技术进步来解释技能需求和技能溢价与人力资本同步增长的趋势。申广军（2015）首先重点考察分析资本技能互补假说的经济应用问题，包括该假说对于两类不同劳动的分配份额影响以及该分配份额在资本深化情况下的变动；其次将其作为生产函数的一个特征进而分析经济增长问题，认为技能劳动的边际产出增加明显比非技能劳动的更快，技能溢价以及教育回报率的增加促使生产更多地投资于人力资本，解释了"人力资本之谜"；再次该假说的研究分析对就业和产业结构的研究也有重大意义，城市规模的大小与技能劳动的需求及其工资水平有关，影响了一个城市或者区域的经济产业布置；最后还分析了金融市场发展是否滞后以及融资约束对资本技能互补性的影响。油永华（2017）采用微观企业数据将劳动按照职业岗位划分为非技能劳动和技能劳动，计算资本与非技能劳动以及资本与技能劳动的偏替代弹性和影子替代弹性，采用独立数据样本 t 检验直接配比比较两要素替代弹性之间的大小，基本验证了资本技能互补假说的成立。

三、要素供给和动能转换驱动论

党的十九大报告提出："加快建设制造强国，加快发展先进制造业，推动互联网、大数据、人工智能和实体经济深度融合，在中高端消费、创新引领、绿色低碳、共享经济、现代供应链、人力资本服务等领域培育新增长点、形成新动能。"[①] 我国制造业的高质量发展是我国经济的基石，要素供给和产业结构调整是关键，最终的目标是新旧动能转换。

---

① 习近平. 决胜全面建成小康社会 夺取新时代中国特色社会主义伟大胜利——在中国共产党第十九次全国代表大会上的报告［M］. 北京：人民出版社，2017.

研究的着手点是制造业劳动生产率的动能转换。具体转化过程和动能如图 2 - 2 所示。工业劳动生产率明显高于农业劳动生产率，工业劳动的相应报酬与农业部门相比明显提高，有利于促进农业部门剩余的劳动力转移到工业生产的行业。如 A 阶段所示，工业制造行业的劳动力充裕，成本相对较低，企业制造多是劳动密集型企业，随着企业的资本积累，企业扩大再生产，充裕的劳动力积累得以释放，劳动报酬随之增长，劳动生产率提高到一定水平，增长动能释放到一定程度，会逐渐衰退。企业资本得以积累后，购置自动化水平较高的机械设备以及向资本较为密集的行业转移，该类行业劳动生产率更高，制造企业转型升级，到达 C 阶段，即资本密集型制造业。在 A 和 C 两阶段之间存在一定规模和一定期间的资本密集和劳动密集制造的共存阶段为 B 阶段。在 C 阶段，虽说劳动生产率也得到一定程度的提高，但是资本投入是其主要的动能。随着企业规模的扩大，资本投入也将会达到一定极限，边际报酬开始递减，部分企业可能进行技术创新和研发，再次获得新的增长动力；部分企业或者行业的边际报酬未递减到一定程度，报酬总额还在上升，存在技术密集型企业和资本密集型企业共存的 D 阶段。在该阶段，资本与技术并存，出现资本积累与技术研发有机融合和相互促进的现

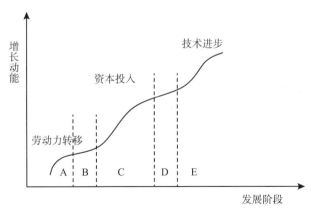

图 2 - 2　制造业动能转换阶段

象，技能劳动充分自由发挥并获得相应报酬，全要素生产率得以显著提升。技术进步是新旧动能转换的来源，未来继续发展，在技术拥有控制权和剩余价值索取权后，技术和技能劳动成为主要动能，进入技术密集型阶段，即图中的 E 阶段。

在当前新经济和经济新常态下，仅仅靠要素数量供给难以提升制造业的制造效率，因此要充分考虑要素之间的优化和合理配置，挖掘要素的替代关系和替代要素，改变要素供给结构以及充分发挥创新动力获取更多更加先进的技术，发挥其驱动作用，变资本驱动为技术驱动，永葆劳动生产率的活力，实现经济高质量发展；充分发挥技能劳动生产动力和劳动的能动性，技术创新和研发能够弥补投入要素的禀赋。此外，劳动生产率在空间上存在异质性，行业要素可以在不同行业或者区域进行重新配置，最终达到行业集聚或者空间聚集效应，充分发挥其规模效应。在当前经济环境下，便捷通畅的交通和通信以及物联网、先进的计算机技术促使我们投入更多精力和成本到技术创新和研发；欠发达地区可以通过模仿和学习发达地区的经验和技术，相互促进和推动产业的升级和转型；技术先进的制造行业可以将其技术推广应用到非先进的制造领域，实现共享共进；另外，政府应在制度供给服务和法律保障等方面给予支持和规范。

本 章 小 结

促进经济增长的主要投入要素包括资本、劳动、以土地为代表的自然资源和技术等。技术进步的存在可以提高投资的收益，并使要素收益递增。制度指人际交往中的规则及社会组织的结构和机制。科斯和诺斯分别将交易成本和制度变迁引入经济学，创立新的制度分析方法。现代经济增长理论的起点是哈罗德—多马模型，核心理论是内生经济增长理论，将技术内生化。技术资本的生产和交易被视为技术确认产权的核心，也就是技术资本生成的关键。

　　技能劳动只有掌握运用制造技术和制造设备作用于劳动对象的能力，才能高效、优质、低耗、成批地生产出合格的创新产品，为企业在生产方面提供现实的和潜在的创造性劳动。"技术雇佣资本假说"为技术资本与技能劳动关系的论述做好了铺垫。

第三章

要素结构分析之一：技术资本
与技能劳动要素替代弹性

第一节 要素替代弹性估计方法和模型

希克斯（1932）对直接替代弹性的定义，即表示资本和劳动投入比例变化与资本和劳动的边际技术替代率变化之比，其公式表示为：

$$DES = \frac{d(x_i/x_j)/(x_i/x_j)}{dMRTS_{ji}/MRTS_{ji}} = \frac{dln(x_i/x_j)}{dlnMRTS_{ji}} \tag{3.1}$$

将其扩展到多要素生产函数时，估计要素之间的替代弹性变得较为复杂，主要原因在于如何假设其他要素的数量和价格的不变，在何种函数下进行分析。艾伦（Allen，1938）首先提出偏替代弹性（AES）概念，对于多要素生产函数，表示一种投入要素价格变化导致另一种投入要素数量变动的程度，基本形式为：

$$\sigma_{ij}^A = AES_{ij} = \frac{\sum_{i=1}^{n} x_i f_i}{x_i x_j} \cdot \frac{|B_{ij}|}{|B|} \tag{3.2}$$

其中，$|B|$ 是加边海瑟矩阵 B 的行列式，B_{ij} 是对应的余子式。替代弹性大于 0 表示要素间是替代关系，而小于 0 表示是互补关系。麦克法登（McFadden，1963）提出了影子替代弹性（SES），表示产出或者总

成本不变且其他要素价格不变时，要素价格的变化引起投入要素数量的变化幅度。估计公式为：

$$\sigma_{ij}^{S} = SES_{ij} = \frac{\partial \ln \dfrac{C_i(y, p)}{C_j(y, p)}}{\partial \ln \dfrac{p_j}{p_i}} = \frac{\dfrac{2C_{ij}}{C_i C_j} - \dfrac{C_{ii}}{C_i C_i} - \dfrac{C_{jj}}{C_j C_j}}{\dfrac{1}{C_i P_i} - \dfrac{1}{C_j P_j}} \qquad (3.3)$$

AES 和 SES 常用来分析多投入要素两两之间的替代互补关系。

超越对数生产函数是变弹性生产函数，具有易于估计和包容性强等优点，常用来分析多要素生产特征。在估计非技术资本、技术资本、非技能劳动和技能劳动等投入要素生产中的两两要素之间替代弹性的大小时，采用超越对数生产函数或超越对数成本函数。

企业生产制造以实现利润最大化或者成本最小化为目标。成本最小化问题：

$$\min \quad C = \sum_{k=1}^{n} X_k P_k \qquad (3.4)$$

$$s.b. \quad Y = f(X_1, X_2, \cdots, X_n)$$

最小化一阶条件是：

$$f(X_1, X_2, \cdots, X_n) - Y = 0 \qquad (3.5)$$

$$P_k - \lambda f_k = 0 \qquad (3.6)$$

对一阶条件进行全微分，并重新排列为：

$$\lambda \begin{pmatrix} 0 & f_1 & \cdots & f_n \\ f_1 & f_{11} & \cdots & f_{1n} \\ \vdots & \vdots & \ddots & \vdots \\ f_n & f_{n1} & \cdots & f_{nn} \end{pmatrix} \begin{pmatrix} d\lambda/\lambda \\ dX_1 \\ \vdots \\ dX_n \end{pmatrix} = \begin{pmatrix} \lambda dY \\ dP_1 \\ \vdots \\ dP_n \end{pmatrix} \qquad (3.7)$$

即：

$$\begin{pmatrix} d\lambda/\lambda \\ dX_1 \\ \vdots \\ dX_n \end{pmatrix} = \frac{1}{\lambda} f^{-1} \begin{pmatrix} dY \\ dP_1 \\ \vdots \\ dP_n \end{pmatrix} \qquad (3.8)$$

则：

$$\frac{\partial X_j}{\partial P_i} = \frac{1}{\lambda}(f^{-1})_{ij} \qquad (3.9)$$

根据艾伦（1938）定义，偏替代弹性 AES 为：

$$\sigma_{ij}^A = \frac{\sum\limits_k X_k f_k}{X_i X_j}(f^{-1})_{ij} \qquad (3.10)$$

同时考虑：$\lambda = \dfrac{P_k}{f_k}$，则：

$$\sigma_{ij}^A = \frac{\sum\limits_k X_k P_k}{X_i X_j} \cdot \frac{\partial X_j}{\partial P_i} \qquad (3.11)$$

根据谢泼德引理：

$$\frac{\partial C}{\partial P_j} = X_j \qquad (3.12)$$

针对该式，对 P_i 求偏导：

$$\frac{\partial C^2}{\partial P_j \partial P_i} = \frac{\partial X_j}{\partial P_i} \qquad (3.13)$$

则：

$$\sigma_{ij}^A = \frac{\sum\limits_k X_k P_k}{X_i X_j} \cdot \frac{\partial C^2}{\partial P_j \partial P_i} = \frac{\sum\limits_k X_k P_k}{X_i P_i} \cdot \frac{\partial X_j}{\partial P_i} \frac{P_i}{X_j} = \frac{CPE_{ji}}{S_i} \qquad (3.14)$$

超越对数成本函数是：

$$\ln C = \beta_0 + \sum_i \beta_i \ln X_i + \sum_i \gamma_i \ln P_i + \frac{1}{2}\sum_i \sum_j \beta_{ij} \ln X_i \ln X_j$$

$$+ \frac{1}{2}\sum_i \sum_j \gamma_{ij} \ln P_i \ln P_j + \sum_i \sum_j \theta_{ij} \ln P_i \ln X_j \qquad (3.15)$$

简化为：

$$\ln C = \beta_0 + \beta_y \ln Y + \sum_i \gamma_i \ln P_i + \frac{1}{2}\sum_i \sum_j \gamma_{ij} \ln P_i \ln P_j + \sum_i \gamma_{iy} \ln P_i \ln Y$$

$$(3.16)$$

再简化为：

$$\ln C = \beta_0 + \beta_y \ln Y + \sum_i \gamma_i \ln P_i + \frac{1}{2} \sum_i \sum_j \gamma_{ij} \ln P_i \ln P_j \tag{3.17}$$

$$\gamma_{ij} = \frac{\partial^2 \ln C}{\partial \ln P_i \partial \ln P_j} = P_j \frac{\partial \left(\frac{\partial C}{\partial P_i} \cdot \frac{P_i}{C} \right)}{\partial P_j} = P_j \left(\frac{\partial^2 C}{\partial P_i \partial P_j} \cdot \frac{P_i}{C} - \frac{P_i}{C^2} \cdot \frac{\partial C}{\partial P_i} \cdot \frac{\partial C}{\partial P_j} \right)$$

$$= \frac{P_i P_j}{C} \cdot \frac{\partial^2 C}{\partial P_i \partial P_j} - \frac{P_i P_j}{C^2} \cdot X_i \cdot X_j \tag{3.18}$$

则：

$$\frac{\partial^2 C}{\partial P_i \partial P_j} = \frac{C}{P_i P_j} (\gamma_{ij} + S_i S_j) \tag{3.19}$$

$$\sigma_{ij}^A = \frac{\sum_k X_k P_k}{X_i X_j} \cdot \frac{\partial C^2}{\partial P_j \partial P_i} = \frac{\sum_k X_k P_k}{X_i X_j} \cdot \frac{C}{P_i P_j} (\gamma_{ij} + S_i S_j) = \frac{1}{S_i S_j} \gamma_{ij} + 1 \tag{3.20}$$

因为：$\sigma_{ij}^A = \dfrac{1}{S_i S_j} \gamma_{ij} + 1 = \dfrac{CPE_{ji}}{S_i}$，$\gamma_{ij} = \gamma_{ji}$，

得到：

$$CPE_{ij} = \frac{\gamma_{ij}}{S_i} + S_j , \quad \sigma_{ij}^A = \sigma_{ji}^A \tag{3.21}$$

同理得到：

$$\sigma_{ii}^A = \frac{1}{S_i^2} (\gamma_{ii} + S_i^2 - S_i) \tag{3.22}$$

$$OPE_{ii} = \frac{\gamma_{ii}}{S_i} + S_i - 1 \tag{3.23}$$

根据 MES、SES 的定义，可以推导其公式：

$$\sigma_{ij}^M = MES = \frac{\partial \ln \left(\frac{X_i}{X_j} \right)}{\partial \ln P_j} = \frac{\partial \ln \left(\frac{C_i}{C_j} \right)}{\partial \ln \left(\frac{P_j}{P_i} \right)} = P_j \left(\frac{C_{ij}}{C_i} - \frac{C_{jj}}{C_j} \right)$$

$$= CPE_{ij} - OPE_{jj} = S_j (\sigma_{ij}^A - \sigma_{jj}^A) \tag{3.24}$$

$$\sigma_{ij}^{S} = SES = \frac{S_i}{S_i + S_j} MES_{ij} + \frac{S_j}{S_i + S_j} MES_{ji}$$

$$= \frac{S_i}{S_i + S_j} (S_j (\sigma_{ij}^{A} - \sigma_{jj}^{A})) + \frac{S_j}{S_i + S_j} (S_i (\sigma_{ij}^{A} - \sigma_{ii}^{A}))$$

$$= \frac{S_i S_j}{S_i + S_j} (2\sigma_{ij}^{A} - \sigma_{ii}^{A} - \sigma_{jj}^{A}) \tag{3.25}$$

针对四种投入要素，具体估算公式为：

根据偏替代弹性的概念，得到偏替代弹性（AES）计算公式为：

$$\sigma_{ij}^{A} = AES_{ij} = \frac{\sum_k X_k P_k}{X_i X_j} \cdot \frac{\partial C^2}{\partial P_j \partial P_i} = \frac{\sum_k X_k P_k}{X_i X_j} \cdot \frac{C}{P_i P_j} (\gamma_{ij} + S_i S_j)$$

$$= \frac{1}{S_i S_j} \gamma_{ij} + 1$$

$$i, j = G, J, N, H, i \neq j \tag{3.26}$$

$$\sigma_{ii}^{A} = AES_{ii} = \frac{0.5\varphi_{ii} + S_i^2 - S_i}{S_i^2} = \frac{0.5\varphi_{ii}}{S_i^2} + 1 - \frac{1}{S_i}$$

$$i = G、J、N、H \tag{3.27}$$

同样根据影子替代弹性（SES）的概念，其估计公式为：

$$\sigma_{ij}^{S} = SES_{ij} = \frac{S_i S_j}{S_i + S_j} (2\sigma_{ij}^{A} - \sigma_{ii}^{A} - \sigma_{jj}^{A}) \tag{3.28}$$

考虑到估计系数 γ_{ij} 和计算要素收入份额 S_i，可以估计要素成本份额方程。根据谢泼德引理：

$$C_i = \frac{\partial C(Y; P)}{\partial P} = X_i(Y; P) \tag{3.29}$$

将式（3.15）变换为成本份额函数：

$$S_i = \frac{P_i X_i}{C} = \frac{P_i}{C} \frac{\partial C}{\partial P_i} = \frac{\partial \ln C}{\partial \ln P_i} = \gamma_i + \sum_j \gamma_{ij} \ln P_j + \sum_j \theta_{ij} \ln X_j \tag{3.30}$$

针对式（3.30）相关系数，选取制造业样本，对其进行估计。

第二节　样本选择、指标选取和数据来源

一、样本选择

在样本选择时，考虑以下三个因素：①短期内制造类企业的资本和劳动等投入具有相对稳定性，技术进步演进路径相对平稳；②劳动投入按照工作性质和岗位划分较为明显，生产、销售等于研发和管理人员易于区分，便于分析计算要素替代弹性和发现其规律；③制造业年度财务报告数据及其附注较为详细并且易于获得。因此，选择《国民经济行业分类标准（GB/T4754－2011）》中制造业（C 类）上市公司作为分析的样本。

经自行统计，截至 2015 年底，沪深两市制造业（C 类）上市公司共计 1655 家。基于以下几个方面考虑，对样本进行进一步筛选。第一，选取样本 7 年间数据以便于进行微观面板数据分析，选取年度为 2009 ~ 2015 年，7 年内上市公司均存在并且公司所属行业没有变化或者行业变化差异较小的样本为 965 家；第二，去掉上市公司相对较少的行业以及非典型的制造行业的上市公司；第三，去掉个别指标数据缺失以及 7 年中超过 3 年（含）存在亏损的上市公司。最终选择 921 家上市公司作为具体分析样本，样本个数选择和过程如表 3 - 1 所示。

表 3 - 1　　　　　　　样本选择过程和样本数

样本选择过程	样本数（个）
制造类上市公司（截至 2015 年 12 月 31 日）	1655
上述公司中 2009 ~ 2015 年 7 年间均存在的上市公司	965
去掉个别指标数据（超过 2 个指标）缺失的上市公司	20

样本选择过程	样本数（个）
去掉个别行业（该行业上市公司个数相对较少）的上市公司	13
去掉 7 年内超过 3 年（含）存在亏损的上市公司	11
选择的典型制造类行业的上市公司个数	921

注：本表为笔者根据研究需要分析汇总整理。

对所选择的 921 家企业再次分类，为相对集中并凸显行业的规律性，将生产制造较为相近的行业归为一类，此外，个别制造类行业的上市公司数量相对较少，将其归类集中。将选择的 921 家上市公司样本分为 13 个制造业类别，具体分布如表 3 - 2 所示。

表 3 - 2　　　　　　　　样本分类及上市公司个数

代码 j	行业编号	行业名称	公司个数（个）
1	C13、C14、C15	食品加工制造	65
2	C17、C18	纺织服装制造	48
3	C22、C23、C24	造纸和文教印刷	43
4	C25、C26	石油加工炼焦和化学制品	117
5	C27	医药制造	93
6	C28、C29	化学纤维和橡胶制品	39
7	C30	非金属矿物质制品	48
8	C31、C32、C33	金属炼制及压延制品	92
9	C34	通用设备制造	48
10	C35	专业设备制造	58
11	C36	交通运输设备制造	44
12	C37、C38	电气机械及器材制造	111
13	C39、C40	通信、计算机等电子设备	115

注：本表为笔者整理而得，行业名称为制造业行业分类合并后综合命名。

二、指标选取

在国民经济核算体系中，基于收入法核算国内生产总值（GDP），是通过归集汇总各类企业和单位的会计核算资料计算而得，指标数据加总时出现亏损企业与盈利企业的净利润相互抵消，也可能出现少数效益良好企业被多数绩效一般企业平均，所以不能准确挖掘企业异质性特征以及行业的规律性特点。

从国民经济核算的视角出发，考虑统计指标的含义，详细分析会计核算的账簿和财务报表的记录，特别是分析上市公司的年度财务报告数据，可以提高分析结果的准确性，发现其规律性相关信息。

依据国民经济核算的思维，企业主要投入要素是资本和劳动，经过生产经营带来资本收益和劳动报酬。会计在资本投入核算时，将其分为债务资本和所有者资本等，体现在资本占用上主要表现为固定资产和无形资产的净值，在分析制造企业时，暂不考虑企业的金融资产及其带来的收益。劳动者主要通过投入体力劳动、脑力劳动以及技能和经验等获得相应的报酬，具体报酬的范围包括工资、津贴、奖励以及相关的福利待遇等。在会计核算时，不同工作性质的劳动者的报酬被记录在不同的账户；在编制现金流量表时，对公司当期支付职工的所有报酬均记入项目"支付给职工以及为职工支付的现金"中，再通过对"应付职工薪酬"账户期末余额的加减调整后，即可计算出全部劳动者报酬，即人工成本。

上市公司行政管理、财务和技术人员的工资直接计入管理费用，并单独给予披露。研发人员的工资在会计核算时，主要有三个去向：第一，研究阶段的工资报酬计入管理费用；第二，开发阶段未形成无形资产的工资计入开发支出；第三，形成无形资产的研发支出计入其无形资产的成本。后两个去向不易从会计报告的信息披露中得到，从而技能劳动成本不易直接计算。考虑从计算非技能劳动成本入手推算技能劳动成本水平，销售人员的工资等计入销售费用，在明细账中单独列示销售人员的工资薪酬。生产制造劳动成本根据营业成本的会计核算进行推算，具体方法为：营业成本包含直接人工成本、直接材料费用、直接折旧费用、直接燃料和动力以及间接费用等，其中，间接费用包含车间管理人员报酬（间接人工成本）、间接折旧费和间接材料、动力等。总累计折旧扣除管理费用和销售费用中的折旧剩余的部分为直接和间接折旧费用。直接材料费用、直接燃料和动力、间接材料和动力等可以通过现金流量表中"购买商品支付的现金"列示。营业成本扣除上述两项后剩余的为生产制造人工成本，再加上销售人员的工资薪酬，即为非技能劳动成本，总人工成本减去非技能劳动成本得到技能劳动成本。

基于以上分析，汇总要素替代弹性估计所用的指标以及会计核算中的计算方法如表 3 - 3 所示。

表 3 - 3　　　　　　　　　　　　指标及其计算方法

符号	含义	基于会计核算的计算
y	产出	营业收入
g	非技术资本投入	机器设备、房屋等固定资产净值
k	技术资本投入	专利、技术和软件等无形资产净值
n	非技能劳动投入	生产人员人数 + 销售人员人数
h	技能劳动投入	研发和技术人员人数 + 行政管理人员人数 + 财务人员人数
cg	非技术资本成本	累计折旧
ck	技术资本成本	累计摊销
cl	劳动成本	支付给职工以及为职工支付的现金 + 应付职工薪酬增加数
cn	非技能劳动成本	销售费用中的工资薪酬和生产制造中的劳动成本
ch	技能劳动成本	$cl - ch$
s_i	i 要素成本份额	$i = g,\ k,\ n,\ h;\ S_i = ci / \sum c$
wn	非技能工资率	CN/N
wh	技能工资率	CH/H
rg	非技术资本成本率	CG/G
rk	技术资本成本率	CJ/J

续表

符号	含义	基于会计核算的计算
TBQ	托宾 Q	公司的市场价值/资产重置成本
roa	资产收益率	净利润/总资产
roe	净资产收益率	税后利润/净资产
alv	资产负债率	负债/资产
kvl	资本深化	资本总额/职工总人数
gxl	高学历职工比例	大专以上职工所占比例

注：该表为笔者根据理论分析和研究需要汇总整理而得。

三、数据来源

根据确定的样本和选择的指标，考虑指标数据的具体来源。所用样本中相关指标的数据或者计算基础主要有三个来源渠道：第一，根据所选择的制造行业样本 2009～2015 年的年度财务报告、CCER 经济金融数据库中的《一般企业财务数据库》和《上市公司治理数据库》中的数据等整理而得；第二，管理费用中的工资薪酬和折旧、销售费用中的工资薪酬和折旧等体现在财务报告附注中的数据等，主要根据国泰安数据库（CSMAR）中企业数据下《财务报表附注财务明细数据库》中的相关信息整理而得；第三，企业职工人数及其按照工作性质对岗位分类是根据所选择样本 2009～2015 年度财务报告中关于职工结构的披露，并经手工收集、整理汇总而得。

第三节　要素替代弹性估计和特征分析

一、要素替代弹性估计

似不相关回归模型（SUR）是由多个回归方程组成的方程组，在统计建模和参数估计等方面具备较大的灵活性，在参数估计过程中充分利用方程间误差向量的相关信息，有利于提高参数估计效率、改善估计参数的统计特性。

将非技术资本、技术资本、非技能劳动和技能劳动四个投入要素的成本份额方程［即式（3.30）］组成方程组，采用似不相关回归模型估计各方程的相关系数，参数统计特征明显优于分别对每个要素份额方程估计的结果。根据选择的 921 家制造类上市公司 7 年的财务数据计算相关指标，采用 STATA 统计软件分析结果（见表 3-4）。

表 3-4   SUR 回归结果

变量	S_g	S_k	S_n	S_h
a	0.621 *** (43.70)	0.138 *** (33.54)	0.120 *** (8.65)	0.143 *** (4.34)
$\ln r_g$	0.067 *** (35.54)	-0.003 *** (-7.73)	-0.040 *** (-27.57)	-0.018 *** (-21.41)
$\ln r_j$	-0.003 * (-1.75)	0.117 *** (41.25)	-0.014 *** (-9.53)	-0.102 * (-1.70)
$\ln w_n$	-0.043 *** (-18.61)	-0.014 * (-1.761)	0.221 *** (43.23)	-0.137 *** (-69.25)
$\ln w_h$	-0.028 *** (-16.17)	-0.100 *** (-15.56)	-0.137 *** (-47.78)	0.257 *** (90.86)
$\ln g$	0.068 *** (68.20)	-0.004 *** (-7.54)	-0.042 *** (-52.72)	-0.021 *** (-45.54)
$\ln j$	-0.004 (-1.201)	0.119 *** (48.58)	-0.010 *** (-6.77)	-0.092 *** (-3.58)
$\ln n$	-0.031 *** (-16.77)	-0.012 ** (-2.515)	0.201 *** (61.93)	-0.143 *** (-35.43)
$\ln h$	-0.032 *** (-17.56)	-0.104 *** (-3.75)	-0.133 *** (-43.58)	0.256 *** (49.87)

变量	S_g	S_k	S_n	S_h
RMSE	0.041	0.045	0.038	0.047
$Adj - R^2$	0.652	0.616	0.798	0.912
Chi2	42158 ***	45872 ***	52147 ***	65241 ***

注：*** 表示在1%的显著性水平下显著，** 表示在5%的显著性水平下显著，* 表示在10%的显著性水平下显著。

从表3-4可以看出，每个方程的RMSE值均较小，样本的测量数据偏离真实值的程度相对较小，修正的可决系数均大于0.6，各个方程组的拟合度较高，每个方程的Chi2统计量在1%的显著性水平下显著，方程组拟合较好。将似不相关回归所得系数以及各上市公司每年度相关指标数据分别代入式（3.26）、式（3.27）和式（3.28），计算得到各公司各年度的偏替代弹性和影子替代弹性，以便对制造行业上市公司的各类替代弹性进行描述统计分析和相关检验，并探索要素替代互补关系的规律性。

二、描述性统计分析

根据上述估计系数以及相关指标数据代入相关替代弹性的计算公式后，通过计算得到四个要素两两之间的6个偏替代弹性和6个影子替代弹性，对其描述性统计分析如表3-5所示。

表3-5　　　　　　要素间替代弹性描述性统计分析

弹性	均值	方差	极小值	极大值
agk	-2.7504	16.046	-7.62	0.92
agn	0.5438	1.011	-7.25	0.83
agh	0.3894	1.963	-7.72	0.87
akn	-6.1644	18.601	-5.41	-0.14

续表

弹性	均值	方差	极小值	极大值
akh	− 4.6374	13.508	− 8.8	0.95
anh	− 2.3631	4.898	− 5.53	0.06
sgk	− 1.9905	12.372	− 9.15	0.84
sgn	0.8463	1.774	− 6.3	0.63
sgh	0.6003	2.085	− 6.47	0.64
skn	− 5.9894	14.328	− 10.7	0.49
skh	− 4.0175	13.787	− 10.91	0.78
snh	− 1.0142	0.988	− 4.65	0.02

注：在替代弹性表示符号中，g，k，n，h 分别表示非技术资本、技术资本、非技能劳动和技能劳动，agk 和 sgk 分别表示非技术资本与技术资本的偏替代弹性和影子替代弹性，其他符号含义类推。

　　各类替代弹性的均值不易判断整个行业的要素之间的替代互补关系，各替代弹性值的正负表示要素间为替代关系或者互补关系，统计各类替代弹性值大于 0 的观测样本个数，汇总如表 3 - 6 所示，结合样本均值和方差，可以判定要素之间的替代互补关系。

表 3 - 6　　　　　　各要素之间 AES 和 SES 大于 0 个数统计

要素	AES		SES		关系
	大于 0	所占比例（%）	大于 0	所占比例（%）	
非技术资本—技术资本	756	11.73	911	14.13	互补
非技术资本—非技能劳动	4869	75.52	4631	71.83	替代
非技术资本—技能劳动	4600	71.35	4513	70.01	替代
技术资本—非技能劳动	0	0	788	12.22	互补
技术资本—技能劳动	1301	20.18	707	10.97	互补
非技能劳动—技能劳动	48	0.74	3	0.05	互补

从表 3 - 6 可以看出，非技术资本与非技能劳动的两类替代弹性均值均为正值，制造业两要素间整体上为替代关系，并且偏替代弹性和影子替代弹性大于 0 的观测个数均超过 70%，样本中要素间为替代关系的占大多数；非技术资本与技能劳动间的两类替代弹性均值也均为正值，并且替代弹性值大于 0 的个数均超过 70%，两要素之间的替代关系较为明显。其余四类要素间的两类替代弹性的均值均为负数，并且除了技术资本与技能劳动的 AES 个数刚超过 20% 以外，其余替代弹性值大于 0 的样本个数不超过 15%，其余四类要素间的关系基本为互补关系。此外，从均值可以看到，估计的偏替代弹性值相对偏小，而估计的影子替代弹性值相比较大，符合两类替代弹性的固有特征。

三、劳动密集型行业与资本密集型行业差异

为便于检验替代弹性的异质性，特别是分析劳动密集型企业和资本密集型企业的替代弹性差异，本书选择食品制造、纺织服装、造纸和印刷等典型的劳动密集型行业为一组，选择通用设备制造、专用设备制造和电子仪器设备制造等典型的资本密集型行业为另一组，采用独立样本均值 t 检验，判断是否存在显著性差别，检验结果如表 3 - 7 所示。

表 3 - 7　　　　　　　两类行业替代弹性独立样本检验结果

替代弹性	假设方差	F	Sig	t 值	Sig	均值差	标准误差值
agk	相等	15.5332	0.0001	- 3.4917	0.0005	- 0.5302	0.1518
	不相等	—	—	- 3.5903	0.0003	- 0.5302	0.1477
agn	相等	180.7208	0	10.6896	0	0.5121	0.0479
	不相等	—	—	12.4015	0	0.5121	0.0413
agh	相等	22.1900	0	- 2.9074	0.0037	- 0.1735	0.0597
	不相等	—	—	- 2.7643	0.0058	- 0.1735	0.0628

替代弹性	假设方差	F	Sig	t 值	Sig	均值差	标准误差值
akn	相等	47.5094	0	− 3.6886	0.0002	− 0.5620	0.1524
	不相等	—	—	− 3.9932	0.0001	− 0.5620	0.1407
akh	相等	174.7833	0	− 11.5296	0	− 0.4879	0.0423
	不相等	—	—	− 10.3252	0	− 0.4879	0.0473
anh	相等	161.7362	0	− 13.2689	0	− 0.7314	0.0551
	不相等	—	—	− 11.6291	0	− 0.7314	0.0629
sgk	相等	0.5790	0.4468	− 1.0474	0.2950	− 0.2050	0.1957
	不相等	—	—	− 1.0467	0.2954	− 0.2050	0.1959
sgn	相等	30.8870	0	6.1540	0	0.3300	0.0536
	不相等	—	—	6.5010	0	0.3300	0.0508
sgh	相等	10.2031	0.0014	− 4.4286	0	− 0.2476	0.0559
	不相等	—	—	− 4.3733	0	− 0.2476	0.0566
skn	相等	0.5404	0.4623	− 1.2073	0.2274	− 0.2401	0.1989
	不相等	—	—	− 1.2074	0.2274	− 0.2401	0.1989
skh	相等	0.1071	0.7435	− 1.7389	0.0822	− 0.3430	0.1973
	不相等	—	—	− 1.7457	0.0810	− 0.3430	0.1965
snh	相等	172.0471	0	− 14.7691	0	− 0.5016	0.0340
	不相等	—	—	− 13.1898	0	− 0.5016	0.0380

从表 3 – 7 看出，两组的非技术资本与非技能劳动偏替代弹性方差是否相等的 Levene 检验的 F 值为 15.5332，在 1% 的显著性水平下显著，拒绝了两组方差相等的原假设，接受方差不相等假设。在方差不相等的前提下，进行两组样本替代弹性均值是否相等的 t 检验，两组样本两替代弹性的均值之差为 − 0.5302，t 检验值为 − 3.5903，在 1% 的显著性水平下显著，拒绝了两组样本均值相等的原假设，说明两样本替代弹性存在显著差异。同理，针对偏替代弹性，其余四类要素间替代弹性的方

差不相等，两样本的偏替代弹性均值存在显著差异，而非技术资本与非技能劳动之间的差异为正数，即劳动密集型行业的均值较大，考虑到非技术资本与非技能劳动之间是替代关系，所以劳动密集型制造行业的机器设备仪器和生产线与非技能劳动的替代关系显著，且明显高于资本密集型制造行业。

针对影子替代弹性，采用同样检验方法，非技术资本与技术资本、技术资本与非技能劳动以及技术资本与技能劳动三类影子替代弹性在两组样本间的方差相等的原假设不能拒绝，而其余三类影子替代弹性在两组样本间比较，方差显著不相等。在两组样本之间方差是否相等的对应结论下，分别进行 t 检验，除了非技术资本与技术资本以及技术资本与非技能劳动的 t 检验不显著之外，其余两组样本要素之间的替代弹性差异显著。

从均值差可以看出，除了非技术资本与非技能劳动的两种替代弹性外，资本密集型制造行业的两种替代弹性均值均大于劳动密集型制造行业的均值，除了非技术资本与技能劳动是替代关系外，其余四类均是互补关系。因此，资本密集型制造行业各要素之间存在的互补特征较为明显，适宜选择走精益制造之路。

四、资本技能互补假说验证

前面已经对资本技能互补假说进行了概述，说明资本技能互补假说的本质为：资本与技能劳动的互补性强于资本与非技能劳动的互补性；并且已经分别估计了非技术资本和技术资本与非技能劳动和技能劳动的偏替代弹性和影子替代弹性，因此，下面可以直接对两对要素间的替代弹性进行配对 t 检验，验证探索两者之间的大小关系。具体 t 检验方法如下：

配对样本均值 t 检验方法：两组配对样本，令 $D_i = X_{1i} - X_{2i}$，称为配对样本差。当样本容量较大时，由中心极限定理得到，样本差服从正态分布，若检验样本差是否显著等于 0，提出原假设：$H_0 : \mu_D = 0$，备择假设为：$H_1 : \mu_D \neq 0$。

若已知样本差的方差，则可使用 Z 统计量检验配对样本均值差：

$$z = (\overline{D} - \mu_D) / (\sigma_D / \sqrt{n}) \sim N(0, 1)$$

当差值的总体标准差未知时，需要用样本标准差来代替，需要采用配对样本的 t 检验。检验统计量为：

$$t = (\overline{D} - \mu_D) / (s_D / \sqrt{n}) \sim t(n-1) \tag{3.31}$$

其中：

$$s_D = \sqrt{\sum_{i=1}^{n} (D_i - \overline{D})^2 / (n-1)} \tag{3.32}$$

若 $|z| \leq z_{\frac{\alpha}{2}}$ 或 $|t| \leq t_{\frac{\alpha}{2}}$，接受原假设，样本差显著为 0，两样本之间无差异；否则，拒绝原假设，样本差不显著为 0，两者存在显著差异。

将资本拆为非技术资本和技术资本，资本技能互补假说是否仍成立？采取配对样本均值 t 检验进行判定。根据前面计算的替代弹性的均值，得到非技术资本与非技能劳动以及非技术资本与技能劳动均是替代关系，并且非技术资本与非技能劳动的两类替代弹性均大于非技术资本与技能劳动的对应替代弹性，不符合资本技能互补假说；技术资本与非技能劳动和技术资本与技能劳动，虽然均是互补关系，但是技术资本与非技能劳动的两类替代弹性均小于对应技术资本与技能劳动的替代弹性，即技术资本与非技能劳动的互补性更强，这就与假说相悖。通过配对样本均值检验该差异是否显著，其结果如表 3-8 所示。

表 3-8　　　　　　　　配对样本检验结果

配比检验组	均值差	标准差	均值的标准误	t 值	Sig.
agn—agh	0.1544	1.6127	0.0817	1.8900	0.059
sgn—sgh	0.2460	6.3106	0.0214	11.4823	0
akn—akh	-1.5270	1.0671	0.0943	-16.2009	0
skn—skh	-1.9719	0.6813	1.1042	-1.7858	0.074

从表 3 - 8 可以看出，对于非技术资本与两类劳动的偏替代弹性的配对样本检验，t 统计量为 1.8900，在 10% 的显著性水平下显著，并且均值差为 0.1544，两者的替代关系差异显著；对两者的影子替代弹性配对，t 检验为 11.4823，在 1% 的显著性水平下显著。由此得到结论：非技术资本与技能劳动的互补性强于非技术资本与非技能劳动的互补性，与资本技能互补假说含义不相符。对技术资本与技能劳动的两类替代弹性分别配对检验，其互补性的差异均显著，但是技术资本与非技能劳动的替代弹性小于技术资本与技能劳动的替代弹性，结果与假说相悖。因此可以得出结论：将资本拆分为非技术资本和技术资本，基于微观数据，检验资本技能互补假说不成立。

第四节　要素替代弹性效应分析

一、效应分析模型

经济产出与要素投入、要素配置、要素间的替代互补关系以及技术进步密切相关。奥利维尔（Oliver，1989）通过研究发现，经济发展可以从资本与劳动的替代关系中获得好处，要素投入数量比例不变时，较好的替代弹性促进经济的增长和发展，专家和学者将该现象称为"德拉格兰德维尔假说"。当资本劳动的替代弹性较大时，在经济发展中所起到的作用影响相对较大，价格变化会引致企业在资本和劳动中做出合理调整，降低相关要素成本，提高边际产量，增加产出；资本劳动替代影响着资本积累以及要素份额的分配，可以促进经济高效发展，激发相对价格较高要素的创新和替代品的选择。从微观视角来看，替代弹性较大时，有利于较快促进企业绩效的增长。本书基于微观企业数据估计非技术资本、技术资本、非技能劳动和技能劳动四者中两两要素的替代弹性，并将假说扩展到微观企业层面，以此推断，各类要素间替代弹性的提升可以促进企业的业务发展和经营绩效的增加。

奥利维尔（1989）提出德拉格兰德维尔假说，从宏观角度分析并得出结论：资本劳动替代弹性较高的国家，经济增长较快；新兴发展中国家的资本劳动替代弹性较小，一般是替代关系（两要素为直接替代弹性时，大于1），经济增长速度较快；而处于稳态的发达国家的资本劳动替代弹性接近1或者小于1，经济增长速度较为平稳。薛和伊普（Xue & Yip, 2009）构建了单部门增长模型，分析替代弹性与经济增长的关系，得出与德拉格兰德维尔假说一致的结论。余恩（Yuhn, 1991）以超越对数成本函数为基础，对比分析了20世纪中期的美国和韩国的替代弹性与经济增长的关系，认为替代弹性是两国经济增长差异的重要影响因素；佐藤和莫里塔（2009）主要对比分析1960~2004年的美国与同时期日本的替代弹性与经济增长的关系，得出一致的结论。在我国，张明海（2002）最早研究该假说，将新中国成立以来的经济发展以1993年为界划分为两个阶段：1993年以前，资本劳动替代弹性小于1，表现为互补关系，替代弹性对经济增长影响不显著，资本和劳动同时快速增长对经济的影响掩盖了两者之间替代关系对其影响的程度；但是1993年以后，资本劳动替代弹性大于1，其大小的显著增加促进了经济增长的明显变化。白重恩等（2008）、白重恩和钱震杰（2009）分别以1997~2003年的宏观年度数据和省际面板数据为样本，均采用推断法分析资本劳动替代弹性与经济增长的关系，发现替代弹性小于1，两者关系的系数不显著；而戴天仕和徐现祥（2010）采用我国年度宏观数据分析资本劳动的替代关系对GDP的贡献大小，基本实证假说成立。陈晓玲等（2015）系统分析了替代弹性对GDP增长的关系，采用标准化供给面方法验证了我国地区经济符合假说的内容。油永华（2018）采用上市公司财务数据估算了资本、非技能劳动和技能劳动之间的替代弹性，发现要素之间替代基本促进了企业业务增长和效益提升，但其显著性水平存在差异。

综上所述，二者关系主要表现为：第一，替代弹性与经济增长表现为正相关关系，即替代弹性的增长效应，尤其当资本与劳动是替代关系时，更为显著；第二，经济均衡时，替代弹性与人均产出为正相关关系，说明替代弹性与劳动效率关系密切，即为替代弹性的效率效应。从微观视角来看，替代弹性的增加有利于促进企业业务的拓展和发展，营业收入的增加，以及企业效率和经营绩效的提升。下面将分析非技术资本、技术资本、非技能劳动和技能劳动四种投入要素之间的替代弹性对企业绩效的影响。

通过分析四种要素间替代弹性与企业绩效和企业价值的关系，构建实证分析模型。对企业绩效影响的回归方程：

$$\mathrm{roa}_i = b + \beta_m \sum \sigma_m + \delta_j \sum z_j + \mu_i \tag{3.33}$$

对企业价值的影响回归方程：

$$\mathrm{TBQ}_i = b + \theta_m \sum \sigma_m + \varphi_j \sum z_j + \mu_i \tag{3.34}$$

其中，TBQ 表示企业价值的托宾 Q 值，roa 是指企业绩效的资产回报率，σ 表示四种投入要素两两之间的偏替代弹性或者影子替代弹性，z 表示各种控制变量。

二、各类替代弹性对企业绩效的影响

考虑技术资本与技能劳动替代弹性以及其他替代弹性对企业绩效的影响，按照上节所述方程构建的回归模型进行计量分析，选择的企业绩效指标为资产回报率，控制变量为资产负债率、人均资本和职工高学历比例。解释变量为偏替代弹性的方程为 A1 和 A2；解释变量为影子替代弹性的方程为 A3 和 A4。采用 STATA 统计软件进行估计，汇总结果如表 3 - 9 所示。

表 3 - 9　　　　替代弹性对企业绩效影响的回归分析结果

变量	A1	A2	A3	A4
a	15.492 *** (16.94)	10.719 *** (10.05)	10.356 *** (13.77)	13.903 *** (13.80)

变量	A1	A2	A3	A4
σgk	—	−0.018 *** (−3.75)	—	−0.043 *** (−2.88)
σgn	—	−0.126 * (−1.72)	—	−0.138 * (−1.69)
σgh	—	−0.191 ** (−2.12)	—	−0.229 *** (−2.96)
σkn	—	0.053 ** (2.46)	—	0.059 *** (3.08)
σkh	−0.105 * (−1.74)	−0.177 *** (−4.11)	−0.113 * (−1.71)	−0.175 *** (−3.54)
σnh	—	0.155 *** (4.62)	—	0.179 *** (2.79)
alv	−3.563 *** (−17.24)	−3.154 *** (−20.15)	−3.864 *** (−14.95)	−3.211 *** (−17.09)
kvl	−0.619 *** (−8.66)	−0.522 *** (−7.65)	−0.544 *** (−9.40)	−0.471 *** (−5.86)
gxl	2.492 *** (16.94)	2.398 *** (7.72)	2.615 *** (12.66)	2.281 *** (7.52)
F	444.7 ***	409.88	425.2 ***	404.7 ***
Adj − R^2	0.316	0.306	0.312	0.302
DW	1.958	1.995	2.011	2.008

注：*** 表示在1%的显著性水平下显著，** 表示在5%的显著性水平下显著，* 表示在10%的显著性水平下显著。

从表3-9可以看出，A1、A2、A3和A4回归方程的F统计量均较大，在1%的显著性水平下显著，修正的拟合优度均大于0.3，拟合较好，DW值均接近于2，不存在自相关变量。各解释变量和控制变量的系数的t检验大部分在1%显著性水平下显著，四个方程的统计检验显著，可以分析经济含义。

技术资本与技能劳动替代弹性作为解释变量，在四个方程中的系数均为负数，A1 和 A3 方程中，该系数在 10% 显著性水平下显著，A2 和 A4 方程中，在 1% 的显著性水平下显著，系数的绝对值在 0.1 ~ 0.2。技术资本与技能劳动替代弹性越小，即两要素的互补关系越明显，企业绩效越高，即两要素的互补性越强，显著提升企业绩效的幅度越大。

非技术资本与其他三个要素的替代弹性的系数也为负数，并且 t 检验的显著性水平较高，非技术资本与技术资本为互补关系，互补性越强，提升企业绩效的幅度相对越大；而非技术资本与两类劳动之间为替代关系，替代弹性越大，企业绩效反而相对越低。技术资本与非技能劳动以及两类劳动间替代弹性系数为正值，互补关系越大，企业绩效越低。

三、各类替代弹性对企业价值的影响

分析技术资本与技能劳动替代弹性以及其他替代弹性对企业价值的影响，按照理论公式构建的回归模型进行计量分析，选择表示企业价值的指标为托宾 Q 值，控制变量为资产负债率、人均资本和职工高学历比例。解释变量为偏替代弹性的方程为 B1 和 B2；解释变量为影子替代弹性的方程为 B3 和 B4。汇总实证分析结果如表 3 – 10 所示。

表 3 – 10　　　　替代弹性对企业价值影响的回归分析结果

变量	B1	B2	B3	B4
a	6. 596 *** (28. 12)	7. 275 *** (26. 49)	6. 682 *** (27. 11)	6. 604 *** (25. 51)
σgk	—	0. 005 *** (3. 64)	—	0. 177 *** (4. 61)
σgn	—	− 0. 024 * (1. 68)	—	− 0. 078 *** (− 3. 49)
σgh	—	0. 354 *** (5. 50)	—	0. 208 * (1. 69)

变量	B1	B2	B3	B4
σkn	—	−0.101 * (−1.76)	—	−0.123 ** (−2.49)
σkh	−0.048 *** (−4.66)	−0.085 *** (−3.71)	−0.086 *** (−5.61)	−0.036 *** (−5.25)
σnh	—	−0.027 *** (−3.07)	—	−0.010 ** (−2.55)
alv	−0.838 *** (−10.68)	−0.843 *** (−10.76)	−0.853 *** (−10.88)	−0.846 *** (−10.78)
kvl	−0.323 *** (−17.56)	−0.377 *** (−17.47)	−0.332 *** (−17.41)	−0.321 *** (−15.55)
gxl	0.461 *** (5.98)	0.442 *** (5.53)	0.513 *** (6.80)	0.450 *** (5.77)
F	147.6 **** 	69.98 ***	144.72 ***	58.74 ***
Adj − R^2	0.284	0.290	0.283	0.257
DW	1.979	1.982	2.011	2.009

注：*** 表示在 1% 的显著性水平下显著，** 表示在 5% 的显著性水平下显著，* 表示在 10% 的显著性水平下显著。

从表 3 – 10 可以看出，B1、B2、B3 和 B4 回归方程的 F 统计量均较大，在 1% 的显著性水平下显著，修正的拟合优度均大于 0.25，拟合较好，DW 值均接近于 2，不存在自相关变量。各变量的系数的 t 检验大部分在 1% 显著性水平下显著，四个方程的统计检验较为显著，可以分析方程经济含义。

技术资本与技能劳动替代弹性作为解释变量，在四个方程中的系数均为负数，均在 1% 显著性水平下显著，技术资本与技能劳动替代弹性越小，即两要素的互补关系越明显，企业价值相对就越高，即技术资本与技能劳动的互补性越强，越能显著提升企业价值。

非技术资本与技术资本的替代弹性以及非技术资本与技能劳动的替

代弹性的系数为正数，替代弹性越大，越能促进企业价值增加。但是两者的关系不同，前者是互补关系，互补性质越弱，越可以提升企业价值；而后者为替代关系，替代关系越强，越能促进企业价值的增加。非技能劳动与其他要素的替代弹性系数为负值，即在一定程度上阻碍了企业价值的增加。

综上所述，技术资本与技能劳动的替代弹性为互补关系，其系数均为负数，即互补关系越强，企业价值和绩效越高。非技术资本与非技能劳动替代弹性的系数也均为负数，两者为替代关系，该替代关系越强，越会在一定程度上阻碍企业价值的增加和绩效的发挥。其余四个要素间替代弹性对企业绩效和企业价值影响的系数相反，例如非技术资本与技术资本替代弹性对企业绩效影响的系数为负，对企业价值影响的系数为正，调整两资本之间的短期关系将会导致成本增加、资本之间的不协调等，从而影响企业绩效发挥；但是对于整体企业价值来说，是有益的。调整劳动间互补关系有利于促进企业绩效发挥，但对企业来说毕竟是互补关系，因此会阻碍企业价值的增加。

第五节　要素替代弹性对全要素生产率的影响

一、企业全要素生产率估计

在一定的假设条件下，反映投入要素之间的资源配置和产出之间关系的函数为生产函数，是测定全要素生产率的基础。常被用来估计全要素生产率的函数是柯布道格拉斯生产函数，按照索洛提出的索洛余值法进行测定，基本思想是测定各投入要素对产出的收益贡献大小，总产出扣除要素投入收益份额后剩余的为技术进步等因素带来的贡献，即全要素生产率。

对于非技术资本、技术资本、非技能劳动和技能劳动四种要素，其柯布道格拉斯生产函数为：

$$Y = AG^{\alpha}K^{\beta}N^{\gamma}H^{\delta} \qquad (3.35)$$

全要素生产率测定办法为：

$$A = Y / (G^{\hat{\alpha}}K^{\hat{\beta}}N^{\hat{\gamma}}H^{\hat{\delta}}) \qquad (3.36)$$

或者：

$$TFP = \ln A = \ln Y - \hat{\alpha}\ln G - \hat{\beta}\ln K - \hat{\gamma}\ln N - \hat{\delta}\ln H \qquad (3.37)$$

对于选择的 13 个行业，分别对其 2009 ~ 2015 年的投入和产出数据进行回归分析，估计各个要素的产出系数，然后计算每一年每一个企业的全要素生产率。限于篇幅，下面以食品加工制造行业为例进行分析。

食品加工制造行业（行业代码是 C13、C14 和 C15）符合条件的上市公司共 65 家，考虑 2009 ~ 2015 年 7 年的面板数据，首先根据 Hausman 检验，选择是固定效应模型，还是随机效应模型。Hausman 检验结果如表 3 - 11 所示。

表 3 - 11　　　　　　　食品加工制造行业 Hausman 检验结果

变量	固定效应系数	随机效应系数	系数之差	标准差
cons	9.5244	8.5389	0.9855	0.2823
lng	0.3902	0.4136	- 0.0234	0.1447
lnk	0.1259	0.1326	- 0.0067	0.0045
lnn	0.4098	0.4393	- 0.0295	0.0289
lnh	0.0505	0.0740	- 0.0235	0.0127
chi2(5)		15.76	P	0.0076

Hausman 检验的原假设认为，适合采用随机效应模型进行回归分析，食品加工制造行业额检验的 chi2 为 15.76，其值为 0.0076，小于 0.01，即在 1% 的显著性水平下显著，拒绝原假设，接受采用固定效应模型进行短面板回归分析。

采用 STATA 软件，该行业的固定效应回归分析结果如表 3 - 12 所示。

表 3－12　　　食品加工制造行业的固定效应模型分析结果

变量	系数	标准误差	t 值	P 值
cons	9.5244	0.751	12.6823	0
lng	0.3902	0.0477	8.1803	0
lnk	0.1259	0.0736	1.7106	0.087
lnn	0.4098	0.0618	6.6311	0
lnh	0.0505	0.0301	1.6810	0.095
$\sum u$	0.7263	—	—	—
$\sum e$	0.3166	—	—	—
rho	0.8403	—	—	—
R^2	0.7709	—	—	—
F	80.88		P	0

固定效应模型的整个拟合优度较高，F 统计量为 80.88，在 1% 显著性水平下显著，非技术资本（lng）和非技能劳动（lnn）的系数分别为 0.3902 和 0.4098，产出弹性为正数，且均在 1% 显著性水平下显著；技术资本（lnk）和技能劳动（lnh）的系数也为正数，在 10% 的显著性水平下显著。另外，四个系数之和为 0.9764，约等于 1，食品加工制造行业的生产表现为规模报酬不变的现象，符合估计模型的基本假定。估计的四个系数可以代入公式估算全要素生产率，下面采用同样的方法，对其余 12 个制造行业的样本进行 Hausman 检验和面板回归分析。13 个行业的 Hausman 检验汇总如表 3－13 所示。

表 3－13　　各行业面板数据分析整体检验和模型类型选择汇总表

代码 j	行业编号	chi2	P－chi2	模型类型	F/chi2	P－	R^2
1	C13、C14、C15	15.76	0.0076	固定	80.88	0	0.7709
2	C17、C18	5.15	0.3975	随机	363.57	0	0.7001
3	C22、C23、C24	3.21	0.6681	随机	170.40	0	0.7385

代码 j	行业编号	chi2	P-chi2	模型类型	F/chi2	P-	R²
4	C25、C26	0.96	0.9654	随机	309.47	0	0.6516
5	C27	4.18	0.5235	随机	264.26	0	0.7155
6	C28、C29	2.81	0.7288	随机	58.47	0	0.5963
7	C30	1.09	0.9550	随机	54.98	0	0.6319
8	C31、C32、C33	11.86	0.049	固定	16.57	0	0.7021
9	C34	54.54	0	固定	42.13	0	0.7857
10	C35	48.13	0	固定	58.45	0	0.7865
11	C36	12.62	0.0272	固定	115.16	0	0.8639
12	C37、C38	4.67	0.4570	随机	242.55	0	0.6519
13	C39、C40	11.13	0.0489	固定	225.40	0	0.7583

从表 3-13 可以看出，在 13 个制造行业的短面板数据中，有 6 个行业适合进行固定效应模型分析，其余 7 个适合进行随机效应实证分析。各行业分别对应的 F 值或者 chi2 值，均在 1% 的显著性水平下显著。短面板回归分析模型拟合较好，具体各行业的估计系数汇总如表 3-14 所示。

表 3-14 各行业面板数据分析系数汇总表

序号 j	行业编号	lng	lnk	lnn	lnh	系数之和
1	C13、C14、C15	0.3902 *** (8.18)	0.1259 * (1.71)	0.4098 *** (6.63)	0.0505 * (1.68)	0.9764
2	C17、C18	0.4568 *** (10.82)	0.0250 *** (4.92)	0.1408 *** (3.93)	0.3234 *** (8.30)	0.9460
3	C22、C23、C24	0.3272 *** (7.32)	0.0173 * (1.58)	0.3030 *** (3.58)	0.1957 *** (2.97)	0.8432
4	C25、C26	0.4820 *** (7.18)	0.0405 (0.93)	0.2181 ** (2.30)	0.1155 * (1.75)	0.8561

续表

序号 j	行业编号	lng	lnk	lnn	lnh	系数之和
5	C27	0.3323 *** (3.47)	0.0719 (1.15)	0.3676 *** (3.68)	0.2685 ** (2.44)	1.0403
6	C28、C29	0.7855 *** (5.14)	0.0131 (1.20)	0.0674 (1.36)	0.1501 * (1.74)	1.0161
7	C30	0.1658 ** (1.83)	0.2652 * (1.59)	0.2140 (0.71)	0.3314 ** (1.98)	0.9764
8	C31、C32、C33	0.3949 *** (5.26)	0.0537 * (1.68)	0.3504 *** (2.80)	0.2876 *** (2.68)	1.0866
9	C34	0.3442 *** (5.46)	0.1704 ** (2.22)	0.2504 *** (4.25)	0.1803 *** (3.28)	0.9453
10	C35	0.2038 *** (4.00)	0.2177 *** (4.25)	0.3698 *** (6.69)	0.2145 ** (2.00)	1.0058
11	C36	0.7787 *** (13.49)	0.0145 (1.38)	0.0345 ** (2.38)	0.1333 * (1.73)	0.9610
12	C37、C38	0.3153 *** (3.71)	0.1782 *** (3.06)	0.2518 ** (2.39)	0.2240 ** (2.16)	0.9693
13	C39、C40	0.2212 *** (9.10)	0.0952 *** (4.97)	0.2695 *** (7.71)	0.4044 *** (10.02)	0.9903

注：*** 表示在 1% 的显著性水平下显著，** 表示在 5% 的显著性水平下显著，* 表示在 10% 的显著性水平下显著。

从 13 个行业的回归系数来看，除了 C25、C26、C27 和 C36 行业的技术资本系数，以及 C28、C29 行业的技术资本和非技能劳动系数的显著性水平较低，其余系数显著性水平较高，且大多数是在 1% 的显著性水平下显著。每个行业的四个投入要素的系数之和范围在 0.8432 ~ 1.0866，仅接近于 1，符合行业是规模经济不变的基本假定。

根据表 3-14 的回归系数，分别代入公式计算各个企业每年的全要素生产率，按照年度对其进行描述性统计分析，结果如表 3-15 所示。

表 3 - 15　　　　　企业全要素生产率按照年度描述性统计分析

年度	平均	标准差	最小值	最大值
2009	7.622	8.21	0.0217	31.5680
2010	6.626	7.15	0.0210	29.4668
2011	6.367	5.41	0.0221	28.3656
2012	7.261	6.16	0.0217	29.2644
2013	7.315	7.17	0.0223	32.1632
2014	6.625	5.71	0.0219	31.0620
2015	7.789	7.68	0.0258	33.9608
全部	7.145	6.88	0.0217	32.8596

如表 3 - 15，计算 921 家企业全年的全要素生产率，均值在 6.3 ~ 7.8，各年的均值存在一定程度的差异。2011 年均值最小，为 6.367，但当年企业间全要素生产率的差异相对较小，标准差为 5.41；2009 年和 2015 年的全要素生产率较高，分别为 7.622 和 7.789，但企业间全要素生产率的差异也较大，标准差分别为 8.21 和 7.68。

二、要素替代弹性对全要素生产率的影响

技术在进步，经济在发展，其中，创新是关键的因素，创新改变着要素之间的替代关系，结果是提升了企业的生产效率。不同要素之间的替代、互补关系对经济个体的全要素生产率产生一定程度的影响。改善生产的具体工艺、生产过程或者组织形式等相关创新活动，可以改变企业各要素的投入变化和替代互补程度，进而提高全要素生产率。企业在改进生产过程时，降低各种投入要素的生产成本或者要素价格，若其不变，相关的产值就会增加。生产工艺升级的创新活动，可以引起生产设备以及生产工具的发展和增加，非技术资本随之发展，与其技术资本属于互补关系，在同一市场中相互促进，改善着各自的市场结构和需求，其价格也随之变化，从而替代弹性关系变化，带动整个经济体的生产水平提升和全要素生

产率增长。探索新的产品或技术创造出新的无形资产能够为企业带来新的盈利增长可能性，在企业的研发过程中，其所积累的经验知识，将形成一定研发能力，即技能劳动的提升，也将为企业的可持续增长提供可能性。在循序渐进的研发过程中，技术资本逐步被创造出来，技能劳动得到显著的提升和改善，两者之间是互补的，最终的结果将是获得越来越丰富的异质性资源，从而有效促进企业实现长期利润最大化。

技能劳动与非技能劳动之间存在较为明显的互补关系，企业的技术提高、需要的技能劳动相对增多，才可以有效促进企业全要素生产率的改善，否则，技术资本的增加不能使得技能劳动得到明显改善。相对而言，非技能劳动较多，企业技术得不到明显发挥，效益较低。

要素间的替代互补关系会引发"生产要素的重新组合"，例如在农业经济社会时期，非技术资本（土地）要素与劳动力（多为非技能劳动）要素较为明显表现为互补关系，非技能劳动离不开非技术资本（土地），非技能劳动的增加伴随着非技术资本（土地）的开垦和发展，在技术进步的贡献程度很低时，全要素生产率会一定程度地提高。而在工业经济社会时期，资本要素与劳动力要素之间更多地呈现替代关系，企业家可以根据要素相对价格以及市场需求等因素，对资本与劳动比例进行灵活调节，特别是对技术资本与非技能劳动进行调节，实现利润最大化的目标。企业的研发投资越有效率，即技术资本的投放越多，基于生产要素重新组合的创新行为和活动越有效，有利于提高要素替代弹性、改善全要素生产率。

为分析要素替代互补关系对全要素生产率的影响程度大小，构建简单的面板回归分析模型：

$$\text{TFP}_i = \text{cons} + \phi_1\sigma_j + \phi_2\text{alv} + \phi_3\text{kvl} + \phi_4\text{gxl}_i + \mu_i \qquad (3.38)$$

其中，σ 为要素替代弹性，限于篇幅和分析重点，本书主要考虑非技术资本和技术资本、非技能劳动和技能劳动以及技术资本与技能劳动三组替代弹性对全要素生产率的影响。选择偏替代弹性，三个变量分别为 agk、anh 和 akh；为了对模型进行稳健性检验，将偏替代弹性改为影子替代弹性，对应三个解释变量为 sgk、snh 和 skh，另外，alv、kvl 和

gxl 为三个控制变量。

运用 STATA 统计分析软件，先采用 Hausman 检验是固定效应模型还是随机效应模型，然后得出相关系数。实证分析结果汇总如表 3 – 16 所示。

表 3 – 16　　　　　　　　偏替代弹性与全要素生产率关系

变量	模型 1	模型 2	模型 3
cons	11. 1846 *** （9. 33）	12. 9223 *** （12. 45）	12. 1753 *** （11. 44）
agk	− 0. 0083 *** （ − 3. 89）	—	—
anh	—	0. 0039 （1. 15）	—
akh	—	—	− 0. 0273 *** （ − 2. 83）
alv	− 0. 9338 ** （ − 2. 50）	− 0. 8829 ** （ − 2. 49）	− 0. 9921 *** （ − 2. 61）
kvl	− 0. 3847 *** （ − 4. 57）	− 0. 5430 *** （ − 7. 14）	− 0. 4952 *** （ − 6. 46）
gxl	2. 4305 ** （2. 20）	3. 2615 *** （4. 50）	3. 3550 *** （4. 62）
$\sum u$	6. 2672	6. 1891	6. 1921
$\sum e$	2. 7866	2. 7904	2. 7881
rho	0. 8349	0. 8311	0. 8314
F	17. 57	—	—
chi2	—	81. 99	90. 06
P − F/chi2	0	0	0
hau − chi2	17. 20	4. 66	4. 82
P − hau − chi2	0. 0041	0. 4593	0. 4383
类型	固定效应	随机效应	随机效应

注：*** 表示在 1% 的显著性水平下显著，** 表示在 5% 的显著性水平下显著。

如表 3 - 16 所示，非技术资本与技术资本偏替代弹性（agk）影响模型的 Hausman 检验的 chi2 为 17.20，其 P 值为 0.0041，小于 0.01，即在 1% 的显著性水平下显著，拒绝原假设，接受适合采用固定效应模型进行短面板回归分析。另外两个偏替代弹性（anh 和 akh）模型的 Hausman 检验的 chi2 为 4.66 和 4.82，对应 P 值为 0.4593 和 0.4383，显著性水平不显著，接受原假设，即适合采用随机效应模型进行分析。除了模型 2（解释变量为非技能劳动与技能劳动偏替代弹性 anh）anh 的系数不显著，其余系数均在 5% 的显著性下显著，方程的 F 值（固定效应模型时）和 chi2（随机效应模型时），在 1% 的显著性下显著，模型整体拟合较好。

根据前述分析，非技术资本与技术资本的要素之间是互补关系，其对全要素生产率影响的回归系数是负数，且在 1% 的显著性水平下显著，两者之间替代弹性越小（即互补关系越强），全要素生产率就越高，可以看出非技术资本与技术资本的供给是同方向的，这样才能更好地提高企业技术水平。同样根据前述分析，制造业的非技能劳动与技能劳动也是互补的，其对全要素生产率影响的回归系数为正值，但显著性水平较低，t 值较小，基本可以看出两者的互补性越强（互补时，替代弹性为负值，即其值越小），全要素生产率将会越低；在非技能劳动和技能劳动的供给关系上，若想提高全要素生产率，必须要求替代弹性增大，即互补性降低，并向替代方向转变。根据前述分析，技术资本与技能劳动的要素之间是互补关系，其（akh）对全要素生产率影响的回归系数是为负数，且在 1% 的显著性水平下显著，两者之间替代弹性越小（即互补关系越强），全要素生产率就越高，替代弹性每减少 1 个单位（两者的互补关系增强），全要素生产率提高 0.0273。因此可以看出，技术资本与技术劳动的供给是同方向时，才能更好地提高企业技术水平，即在技术资本供给的同时，技能劳动应当随之增加，这样才能有效提升企业技术进步空间和水平。

考虑上述分析结果的稳健性，下面改变解释变量，把三个替代弹性由偏替代弹性改为影子替代弹性，同样采用 STATA 进行分析，结果如

表 3 - 17 所示。

表 3 - 17   影子替代弹性与全要素生产率关系

变量	模型 1	模型 2	模型 3
cons	11.4960 *** (10.31)	12.9357 *** (12.55)	11.7991 *** (10.62)
sgk	-0.0393 *** (-3.36)	—	—
snh	—	0.0072 (1.13)	—
skh	—	—	-0.0313 *** (-2.73)
alv	-0.9239 *** (-2.61)	-0.8828 *** (-2.69)	-0.9133 *** (-2.60)
kvl	-0.4419 *** (-5.84)	-0.5540 *** (-7.24)	-0.4644 *** (-5.79)
gxl	3.2755 *** (4.52)	3.2608 *** (4.49)	3.2902 *** (4.54)
$\sum u$	6.1776	6.1921	6.1808
$\sum e$	2.7880	2.7904	2.7888
rho	0.8308	0.8312	0.8308
chi2	93.46	81.97	89.54
P - F/chi2	0	0	0
hau - chi2	6.39	3.82	5.95
P - hau - chi2	0.2698	0.5760	0.3116
类型	随机效应	随机效应	随机效应

注：*** 表示在1%的显著性水平下显著。

如表 3 - 17 所示，非技术资本与技术资本影子替代弹性（sgk）影响模型的 Hausman 检验的 chi2 为 6.39，其 P 值为 0.2698，大于 0.01，显著性水平下较差，接受原假设，适合采用随机效应模型进行分析。另外两个影子替代弹性（snh 和 skh）模型的 Hausman 检验的 chi2 为 3.82 和 5.95，对应 P 值为 0.5760 和 0.3116，不显著，均同样接受原假设，适合采用随机效应模型进行分析。除了模型 2（解释变量为非技能劳动与技能劳动影子替代弹性）snh 的系数不显著，其余系数均在 1% 的显著性水平下显著，方程的 chi2 值在 1% 的显著性水平下显著，模型整体拟合较好。

非技术资本与技术资本影子替代弹性对全要素生产率影响的回归系数是负数，且在 1% 显著性水平下显著，两者之间替代弹性越小（即互补关系越强），全要素生产率就越高，因此可以得出：非技术资本与技术资本的供给是同方向时，才能更好地提高企业技术水平。非技能劳动与技能劳动的替代弹性对全要素生产率影响的回归系数为正值，但其显著性水平较低，t 值较小，基本可以看出两者的互补性越强（互补时，替代弹性为负值，其值越小），全要素生产率将会降低，在非技能劳动和技能劳动的供给关系上，若想提高全要素生产率，必须要求替代弹性增加，即互补性降低，并向替代方向转变。技术资本与技能劳动的影子替代弹性对全要素生产率影响的回归系数是也为负数，且在 1% 显著性水平下显著，两者之间替代弹性越小（即互补关系越强），全要素生产率就越高，替代弹性每减少 1 个单位（两者的互补关系增强），全要素生产率提高 0.0313，可以看出技术资本与技术劳动的供给是同方向时，才能更好地提高企业技术水平，即技术资本供给的同时，技能劳动应当随之增加，才能有效地提升企业技术进步空间和水平。能够得出结论，分析结果与偏替代弹性作为解释变量的结果是一致的，也验证该结论是稳健的。

本 章 小 结

技术进步怎样转化为生产要素表现在企业绩效和价值上，需要分析技术进步如何配置在投入要素中，技术进步可以从外部购买的设备与生产线上体现出来，也可以体现在劳动者的"干中学"中，以及劳动的研究开发和管理等各个方面的创新上。将技术进步蕴含在要素中的成本提炼出来，从基本的投入要素资本和劳动中分离出技术资本和技能劳动，有利于观察技术进步与资本和劳动的配置关系。本章主要考虑界定技术资本，并对劳动进行分类。分析非技术资本、技术资本、非技能劳动和技能劳动四种要素之间的替代互补关系，并考查替代弹性的特征以及其对企业全要素生产率、企业价值和企业绩效的影响程度，重点分析技术资本与技能劳动的替代弹性对其的影响大小。

本章采用 7 年 921 家制造业企业数据，估计了四种要素之间的偏替代弹性和影子替代弹性，发现非技术资本与两类劳动之间均为替代关系，其余要素之间为互补关系。基于制造行业的微观数据，实证分析发现替代弹性存在异质性特征并通过检验得出资本技能互补假说不成立的结论；分析了要素替代弹性对企业绩效和价值的影响，得出结论：技术资本与技能劳动的替代弹性的系数为负数，即互补关系越强，越能促进企业价值提升和企业绩效增加，非技术资本与非技能劳动的替代关系越弱，存在同样效果；其他要素间替代弹性对企业价值和绩效的影响存在差异。

企业在经营决策、考虑要素之间配置时，须明确资本与劳动之间是否匹配，确保要素间的互补或替代顺畅，以防止阻碍企业效率和绩效。我国的制造业应当借鉴德国的精益制造之路，要素之间互补，资本与劳动、非技能劳动和技能劳动相互协作，促进企业业务的持续增长，提升企业绩效和企业价值。通过自身学习和经验积累，以及在技术消化吸收基础上的自主创新过程，技术更容易与技能劳动恰当匹配。企业不能偏好求稳守成，习惯于花钱买技术、买设备，而应当充分挖掘劳动的积极能动性，激励职工研发创新；而研发创新并不等于技术研制或者申请专利，而是在企业的各个环节以及生产和销售的每一个方面均可以创新。

第四章

要素结构分析之二：技术资本与技能劳动要素错配

第一节　要素错配估计方法和模型

在一定技术水平假设前提下，对生产函数设置相应的投入要素约束条件，使其合理化产出最大化，可对其进行系统化分析和定量测算。但在实际经济运行中，要素市场存在价格扭曲、要素资源错误配置，再加上制度性和政策性的障碍等影响，使得最终的资源配置并未达到理想的帕累托最优状态。谢和克莱诺（2009）在考虑要素价格扭曲原因的基础上构建了较为系统的测度要素错配的方法：将要素价格扭曲定义为单位资本、劳动及中间投入品获得补贴或被征税的比例，构建存在要素价格扭曲情况下的生产最优问题，基本思路为假定一种或多种投入要素存在扭曲，通过一个异质性企业模型计算出要素的实际价格和投入量，比较其与最优情况下的价格和投入量之间的差异，差异的程度就是企业的要素错配水平。

下面按照谢和克莱诺（2009）的研究思路分析企业要素配置和生产组织中各投入要素的错配问题，测度要素错配大小，并分析错配对全要素生产率和企业绩效的影响程度。

制造业中共有 J 个子行业，生产达到最优，基本假定如下：

（1）各个子行业的生产函数形式相同，但是其相关系数不同，在同一个子行业内部的生产函数系数相同，每个子行业即为整个制造行业的代表性企业。

（2）企业的生产投入要素为非技术资本、技术资本、非技能劳动和技能劳动，每个要素的投入总量是外生给定的，即整个制造业行业的资源约束条件为：

$$\sum_{j=1} G_j = G; \quad \sum_{j=1} K_j = K; \quad \sum_{j=1} N_j = N; \quad \sum_{j=1} H_j = H \qquad (4.1)$$

（3）在要素市场上，要素属于完全竞争市场，即企业均是要素价格接受者，其四种投入要素的价格为：P_G，P_K，P_N，P_H。

（4）要素市场上的要素存在误置，对应其要素价格是扭曲的，要素市场价格扭曲以价格税或者价格补贴的方式表现出来，具体到子行业 j 的四种要素的扭曲价格税或者价格补贴分别是：τ_{Gj}，τ_{Kj}，τ_{Nj}，τ_{Hj}。

其中，若 τ 大于 0，即为价格税，若其小于 0，即为价格补贴。

（5）假设生产函数是规模报酬不变的，四个要素的产出弹性系数为 α_j，β_j，γ_j，δ_j 则系数满足：

$$\alpha_j + \beta_j + \gamma_j + \delta_j = 1 \qquad (4.2)$$

假设生产函数形式是柯布道格拉斯生产函数，每个子行业 j 的具体生产函数为：

$$Y_j = A_j G^{\alpha_j} K^{\beta_j} N^{\gamma_j} H^{\delta_j} \qquad (4.3)$$

每个子行业的目标为利润最大化：

$$\max\{ P_j Y_j - (1 + \tau_{Gj}) P_{Gj} G_j - (1 + \tau_{Kj}) P_{Kj} K_j - (1 + \tau_{Nj}) P_{Nj} N_j$$
$$- (1 + \tau_{Hj}) P_{Hj} H_j \}$$
$$\text{s.t.} \sum_{j=1} G_j = G; \quad \sum_{j=1} K_j = K; \quad \sum_{j=1} N_j = N; \quad \sum_{j=1} H_j = H \qquad (4.4)$$

其中，P_j 是最终产品的一般价格水平，假定该产品市场不存在价格扭曲。

利润最大化的最优解为：

$$\alpha_j P_j A_j G_j^{\alpha_j - 1} K_j^{\beta_j} N_j^{\gamma_j} H_j^{\delta_j} = (1 + \tau_{Gj}) P_G \qquad (4.5)$$

$$\beta_j P_j A_j G_j^{\alpha_j} K_j^{\beta_j-1} N_j^{\gamma_j} H_j^{\delta_j} = (1 + \tau_{Kj}) P_K \tag{4.6}$$

$$\gamma_j P_j A_j G_j^{\alpha_j} K_j^{\beta_j} N_j^{\gamma_j-1} H_j^{\delta_j} = (1 + \tau_{Nj}) P_N \tag{4.7}$$

$$\delta_j P_j A_j G_j^{\alpha_j} K_j^{\beta_j} N_j^{\gamma_j} H_j^{\delta_j-1} = (1 + \tau_{Hj}) P_H \tag{4.8}$$

定义要素价格扭曲系数，即投入要素错配程度，以便分析和测度要素错配程度对生产率和绩效的影响。以非技术资本 G 的定义为例阐述：代表性企业的非技术资本要素的价格扭曲为 τ_{Gj}，非技术资本价格扭曲系数可以表示为：

$$\lambda_{Gj} = \frac{1}{1 + \tau_{Gj}} \tag{4.9}$$

λ_{Gj} 就是非技术资本的生产使用成本扭曲程度的表示方法，τ_{Gj} 为 0 时，即非技术资本不存在价格税或者价格补贴时，则 λ_{Gj} 为 1；若投入要素非技术资本存在价格税，则 $\tau_{Gj} > 0$，即 $\lambda_{Gj} < 1$，代表性企业取得非技术资本的成本高于完全竞争下的价格；若投入要素非技术资本存在价格补贴，则 $\tau_{Gj} < 0$，即 $\lambda_{Gj} > 1$，代表性企业取得非技术资本的成本低于完全竞争下的价格。所谓价格税和价格补贴是对其扭曲程度的衡量和称呼，并非真实意义上的税收和财政补贴。此外，上述定义为绝对数值，将各行业的产出价值占整个制造业的比重进行加权平均进而计算子行业 j 的非技术资本价格相对扭曲系数，反映非技术资本的要素价格扭曲相对情况，以便行业间进行对比分析和应用。定义为下：

$$dg = \hat{\lambda}_{Gj} = \frac{\lambda_{Gj}}{\sum\limits_{m=1} \left(\dfrac{s_j \alpha_j}{\bar{\alpha}} \right) \lambda_{Gj}} \tag{4.10}$$

其中，dg 表示非技术资本 g 的要素价格扭曲程度（即要素错配程度）；$s_j = \dfrac{p_j Y_j}{Y}$；$\bar{\alpha} = \sum\limits_{m=1} s_j \alpha_j$。

根据上述定义，利用样本数据可以测定估计具体扭曲程度。即：

$$G_j = \frac{s_j \alpha_j}{\bar{\alpha}} \hat{\lambda}_{Gj} G ; \quad N_j = \frac{s_j \gamma_j}{\bar{\gamma}} \hat{\lambda}_{Nj} N ; \quad H_j = \frac{s_j \delta_j}{\bar{\delta}} \hat{\lambda}_{Hj} H \tag{4.11}$$

非技术资本、技术资本、非技能劳动和技能劳动等投入要素错配程度为：

$$dg = \hat{\lambda}_{Gj} = \left(\frac{G_j}{G}\right) \bigg/ \left(\frac{s_j \alpha_j}{\bar{\alpha}}\right) \tag{4.12}$$

$$dk = \hat{\lambda}_{Kj} = \left(\frac{K_j}{K}\right) \bigg/ \left(\frac{s_j \beta_j}{\bar{\beta}}\right) \tag{4.13}$$

$$dn = \hat{\lambda}_{Nj} = \left(\frac{N_j}{N}\right) \bigg/ \left(\frac{s_j \lambda_j}{\bar{\lambda}}\right) \tag{4.14}$$

$$dh = \hat{\lambda}_{Hj} = \left(\frac{H_j}{H}\right) \bigg/ \left(\frac{s_j \delta_j}{\bar{\delta}}\right) \tag{4.15}$$

以非技术资本 G 为例，若测度 dg，首先计算分子 $\frac{G_j}{G}$，即子行业 j 的非技术资本投入占制造业的总非技术资本的比重；然后根据柯布道格拉斯生产函数估计 α_j；对所有的行业估计出 α_j 后，最后计算其平均值，即 $\bar{\alpha}$。两者的比例即为该子行业非技术资本要素错配程度。

上述测度方法只能测出每个子行业每种投入要素的错配程度。我们可以构造超越对数形式的生产函数，基于各投入要素的成本信息，测度每个企业中每个投入要素的错配程度，具体办法如下。

构建超越对数生产函数：

$$
\begin{aligned}
\ln Y_{it} = {} & \phi_0 + \phi_1 \ln G_{it} + \phi_2 \ln K_{it} + \phi_3 \ln N_{it} + \phi_4 \ln H_{it} \\
& + \frac{1}{2}(\phi_{11} \ln^2 G_{it} + \phi_{22} \ln^2 K_{it} + \phi_{33} \ln^2 N_{it} + \phi_{44} \ln^2 H_{it}) \\
& + \phi_{12} \ln G_{it} \ln K_{it} + \phi_{13} \ln G_{it} \ln N_{it} + \phi_{14} \ln G_{it} \ln H_{it} + \phi_{23} \ln K_{it} \ln N_{it} \\
& + \phi_{24} \ln K_{it} \ln H_{it} + \phi_{34} \ln N_{it} \ln H_{it} + \varepsilon
\end{aligned}
\tag{4.16}
$$

就上述模型，针对选择样本进行短面板数据回归估计相关系数。

分别对四个投入要素（G，K，N，H）求导数，得到四个投入要素的边际产出为：

$$MP_{Git} = (\phi_1 + \phi_{11} \ln G_{it} + \phi_{12} \ln K_{it} + \phi_{13} \ln N_{it} + \phi_{14} \ln H_{it}) Y_{it}/G_{it} \tag{4.17}$$

$$MP_{Kit} = (\phi_2 + \phi_{12} \ln G_{it} + \phi_{22} \ln K_{it} + \phi_{23} \ln N_{it} + \phi_{24} \ln H_{it}) Y_{it}/K_{it} \tag{4.18}$$

$$MP_{Nit} = (\phi_3 + \phi_{13} \ln G_{it} + \phi_{23} \ln K_{it} + \phi_{33} \ln N_{it} + \phi_{34} \ln H_{it}) Y_{it}/N_{it} \tag{4.19}$$

$$MP_{Hit} = (\phi_4 + \phi_{14}\ln G_{it} + \phi_{24}\ln K_{it} + \phi_{34}\ln N_{it} + \phi_{44}\ln H_{it})\,Y_{it}/H_{it} \quad (4.20)$$

根据要素市场扭曲的定义方法，各要素的错配程度可以用要素的边际产出与其要素对应实际价格相比而得到，各要素错配程度计算如下：

$$dg_{it} = MP_{Git}/rg \quad\quad\quad (4.21)$$

$$dk_{it} = MP_{Kit}/rk \quad\quad\quad (4.22)$$

$$dn_{it} = MP_{Nit}/wn \quad\quad\quad (4.23)$$

$$dh_{it} = MP_{Hit}/wh \quad\quad\quad (4.24)$$

其中，rg、rk、wn、wh 分别为每个企业的非技术资本、技术资本、非技能劳动和技能劳动的实际价格，即各投入要素成本。

第二节 要素错配程度测度和行业全要素生产率测度

一、行业要素错配程度测度

虽然采用不用的方法计算行业要素错配程度和企业要素错配程度，但所选用的样本是一样的，均是 921 家制造业上市公司 2009～2015 年的 7 年财务数据。本节将其分为 13 个子行业，分别采用短面板回归模型，进行相关系数估计和要素错配程度测度。研究所涉及的相关指标，如产出、非技术资本、技术资本、非技能劳动和技能劳动及其相关的价格等，已均在前面阐述。

对每一个制造类子行业的样本，根据 7 年短面板数据，利用 Hausman 检验选择较为恰当的固定效应或者随机效应模型，估计各投入要素的系数，按照前述方法测度各行业各要素错配程度，各个行业要素回归系数简要汇总如表 4 - 1 所示。

表 4-1 每个行业的四个要素的回归系数

代码 j	行业编号	lng	lnk	lnn	lnh
1	C13、C14、C15	0.3902	0.1258	0.4097	0.0505
2	C17、C18	0.4568	0.0250	0.1408	0.3234
3	C22、C23、C24	0.3272	0.0173	0.3030	0.1957
4	C25、C26	0.4820	0.0405	0.2181	0.1155
5	C27	0.3323	0.0719	0.3676	0.2685
6	C28、C29	0.7855	0.0131	0.0674	0.1501
7	C30	0.1658	0.2652	0.2140	0.3314
8	C31、C32、C33	0.3949	0.0537	0.3504	0.2876
9	C34	0.3442	0.1704	0.2504	0.1803
10	C35	0.2038	0.2177	0.3698	0.2145
11	C36	0.7787	0.0145	0.0345	0.1333
12	C37、C38	0.3153	0.1782	0.2518	0.2240
13	C39、C40	0.2212	0.0952	0.2695	0.4044

将每一个行业中每一年的各个投入要素数量占制造业行业全年该要素投入总量的比例，同其各系数与产出比重相乘之和进行对比，计算出各个子行业投入要素错配程度的测度值。限于篇幅，现仅将技术资本和技能劳动的每个子行业的要素错配程度测度大小进行汇总。首先进行技术资本的行业要素错配测度（见表 4-2）。

表 4-2 行业要素错配测度（技术资本）

行业代码	2009 年	2010 年	2011 年	2012 年	2013 年	2014 年	2015 年
1	0.6690	0.7873	0.6178	0.5770	0.5416	0.5329	0.5757
2	4.5999	4.5035	3.9144	3.7466	3.7557	3.4501	3.0738
3	8.8377	8.6861	8.0805	6.4303	6.1656	5.8675	5.8915
4	2.5180	2.3068	2.2705	2.2609	2.2201	2.3258	2.4531

续表

行业代码	2009 年	2010 年	2011 年	2012 年	2013 年	2014 年	2015 年
5	2.0074	2.1907	2.2150	1.9249	1.7531	1.6044	1.4885
6	6.1970	6.0328	5.1411	4.5569	4.5463	4.9893	4.7141
7	0.6142	0.6529	0.6708	0.7922	0.6734	0.6462	0.7093
8	1.3515	1.3038	1.3100	1.1877	1.2988	1.3287	1.4770
9	0.4594	0.4704	0.5105	0.6059	0.5524	0.5587	0.5422
10	0.4877	0.5055	0.4715	0.5822	0.6491	0.6817	0.7643
11	3.3284	3.5273	4.5494	5.4211	5.0863	6.4803	5.9119
12	0.6107	0.6165	0.6475	0.6234	0.6849	0.6380	0.7212
13	0.5232	0.6976	0.6667	0.6763	0.6934	0.6461	0.6808

如表 4-2 所示，代码为 2、3、4、5、6、8、11 的行业的系数大于 1，说明纺织服装制造、造纸文教印刷、医药制造以及金属制品等行业的技术资本存在相应价格补贴，即该行业从要素市场上以较低的价格获取了该要素；其他行业的技术资本要素错配系数小于 1，技术资本要素价格含有一定程度的价格税，即行业从要素市场上以较高的成本获取了该要素。下面分别将两类技术资本要素错配绘制成时间变化趋势图（见图 4-1、图 4-2）。

整体来看，2009～2015 年，技术资本要素错配系数大于 1 的各个制造类子行业，其错配系数存在逐步减小的趋势，并逐步向 1 趋近，错配程度逐年减弱。行业 3（造纸和文教印刷业）和行业 2（纺织服装制造）的技术资本错配系数逐年显著减小；行业 11（交通运输设备制造行业）的技术资本错配系数较为特殊，存在逐年上升的趋势，只是在 2015 年有大幅度降低；其余 4 个行业的技术资本错配系数整体趋势是减小的，错配程度是减弱的。

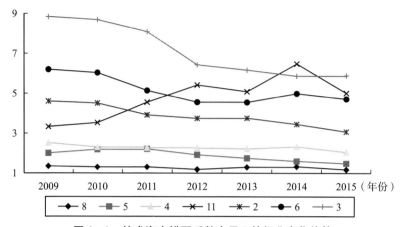

图4-1　技术资本错配系数大于1的行业变化趋势

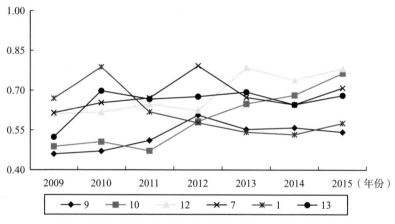

图4-2　技术资本错配系数小于1的行业变化趋势

2009～2015年，技术资本要素错配系数小于1的制造类子行业，技术资本要素错配系数整体存在逐步增加的趋势，也逐步向1趋近，错配程度也在减弱。行业1（食品加工制造业）较为特殊，2010年后大体呈减小趋势，技术资本错配程度略有增大。

如表4-3所示，技能劳动要素在各行业的配置情况，食品加工制造行业（行业代码为1）技能劳动每年的要素错配系数较大，均大于3.6，该行业在技能劳动要素市场上以较低的价格获取了该要素，产生错配并且错配程度较大，但是从7年变化趋势来看，也存在逐年减小的趋势，因此要素错配得以改善；金属炼制和金属制品行业（行业代码为8）技能劳动要素错配系数每年均小于1，即该行业在技能劳动市场上以较高的价格获取该要素，要素错配较为严重，但是该行业该要素的错配系数存在逐年增加的现象，错配程度也在逐步缩小。其余11个子行业的技能劳动错配系数在0.9～1.9，大多要素错配系数是大于1的，但是其错配幅度较小，绘制这11个子行业的技能劳动要素配置系数变化如图4-3所示。

表4-3　　　　　　行业要素错配测度（技能劳动）

行业代码	2009 年	2010 年	2011 年	2012 年	2013 年	2014 年	2015 年
1	4.8606	4.6038	4.5129	4.3343	4.3656	4.3545	3.6541
2	1.2596	1.3506	1.3411	1.2360	1.2067	1.2065	1.1287
3	1.4710	1.4553	1.6814	1.2942	1.2223	1.2307	1.0163
4	1.8151	1.5640	1.5231	1.4811	1.4340	1.4901	1.4379
5	1.5207	1.6380	1.6561	1.5101	1.3759	1.3306	1.2520
6	1.2874	1.2150	1.0773	1.0615	1.4654	1.5983	1.5322
7	1.1161	1.0753	0.9712	1.0009	0.9368	0.9221	1.0029
8	0.3801	0.3906	0.4000	0.4587	0.4591	0.4767	0.4840
9	1.2824	1.4572	1.4936	1.4978	1.4685	1.4673	1.3539
10	1.5490	1.6004	1.5157	1.5788	1.6092	1.7731	1.5500
11	1.3426	1.4685	1.7381	1.7028	1.6372	1.6784	1.3084
12	1.6517	1.7215	1.8518	1.7479	1.7597	1.6146	1.3783
13	1.0646	1.0257	1.0755	1.0287	1.0264	1.0195	0.9589

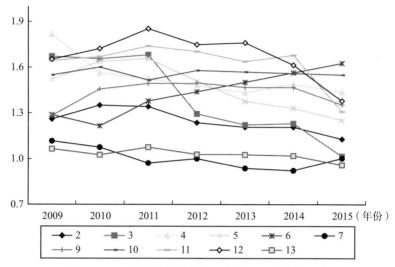

图 4 - 3　部门行业技能劳动要素错配系数变化趋势

　　就 11 个子行业的技能劳动要素错配系数变化整体来看，系数大于 1 的多数制造类子行业，其系数表现出逐步减小的趋势，即系数越来越趋向于 1，表示这些行业的要素错配程度也在减弱。但是，化学纤维和橡胶制品行业（行业代码为 6）的要素错配系数在 2009 ~ 2010 年存在减少趋势，自 2011 年逐年增加，技能劳动错配程度增加。此外，其他行业的要素错配系数在 2009 ~ 2010 年的趋势变化不明显，自 2011 年后，技能劳动错配系数逐年减小，错配程度明显逐渐减弱。

　　非技术资本和非技能劳动的要素错配系数变化幅度较大，各子行业的变化趋势存在较大差异，限于篇幅，此外不再阐述。

二、企业要素错配程度测度

　　根据前述理论分析和模型介绍，用超越对数形式的生产函数测度企业要素错配系数，选择 2009 ~ 2015 年 921 家上市企业的财务数据作为样本进行分析，对要素错配测度面板数据模型进行 Hausman 检验，统计量 chi2(14) 为 84.06，其 P 值为 0，在 1% 的显著性水平下显著，拒绝原假设，接受适合采用固定效应模型进行短面板回归分析。采用 STATA 统计软件回归分析结果如表 4 - 4 所示。

表 4 - 4　　　　　超越对数生产函数固定效应模型回归结果

变量	系数	标准误差	t 值	P 值
cons	18.7214	1.2364	15.1419	0
lng	−0.3016	0.1105	−2.7294	0.006
lnk	0.0364	0.0328	1.1098	0.253
lnn	0.4779	0.1945	2.4571	0.014
lnh	−0.7910	0.1849	−4.2780	0
lng × lng	0.0128	0.0041	3.1220	0.002
lnk × lnk	0.0052	08	6.5000	0
lnn × lnn	0.0293	0.0110	2.6636	0.007
lnh × lnh	0.0019	0.0019	1.0000	0.265
lng × lnk	−0.0105	0.0063	−1.6667	0.095
lng × lnn	0.0188	0.0132	1.4242	0.153
kng × lnh	0.0325	0.0136	2.3897	0.016
lnk × lnn	−0.0286	0.0093	−3.0753	0.002
lnk × lnh	0.0441	0.0088	5.0114	0
lnn × lnh	−0.0778	0.0146	−5.3288	0
$\sum$ u	0.6646	—	—	—
$\sum$ e	0.4612	—	—	—
rho	0.6750	—	—	—
F	245.53	P	0	
R^2	0.7866	—	—	—

注：在方法模型分析时，每个投入要素的符号是大写的字母，在实证分析统计时，采用对应小写字母进行汇总。

固定效应模型的整个拟合优度较高，F 统计量为 245.53，在 1% 显著性水平下显著。虽然 lnk、lnh × lnh、lng × lnn 三个指标系数的显著性水平较低，但是其 t 统计值均大于 1，可以进行分析；其余系数的显著性水平较高，lng×lnk 系数的 t 检验在 10% 显著性水平下显著，lnn 和 kng×lnh 系数的 t 检验在 5% 的显著性水平下显著，其余系数的显著性水平均为 1%。

根据回归系数和各指标的对数以及前述相关公式，计算各个企业每年度每个要素错配系数，对各要素错配系数进行描述性统计分析（见表 4 - 5）。

表 4 - 5　　　　　企业四个要素错配系数测度描述性统计分析

变量	均值	方差	极小值	极大值
dg	1.4696	4.3334	0.101	9.066
dk	2.3214	7.8315	0.201	9.578
dn	2.0541	6.0826	0.121	9.214
dh	1.6506	1.6737	0.098	7.811

从表 4 - 5 可以看出，非技术资本和技能劳动的要素错配系数平均值分别为 1.4696 和 1.6506，前者方差为 4.3334，企业间错配系数的差异较大，后者方差为 1.6737，相对差异较小；技术资本和非技能劳动的均值分别为 2.3214 和 2.0541，数值相对较大，方差均大于 6，要素错配程度的各企业间差异较大。

针对制造类各个子行业要素错配系数进行简单平均和描述性统计分析，结果如表 4 - 6 所示。可以看出，其平均值与每个企业要素错配系数测度结果平均数基本一致，根据行业数据测度的平均值相对较小，方差较小，最大值与最小值的极差也相对较小，符合统计量测度的基本规律，即样本较大采用同一个模型分析的结果进行测度的系数差异较大，对其分别采用面板回归分析，测度的系数差异相对较小。通过对比各个企业数据测算错配程度的均值与制造业各子行业要素错配系数的均值，验证了两种测度要素错配程度方法的一致性和稳健性。

表 4 - 6　　　　　行业要素错配系数的简单描述统计分析

变量	均值	方差	极小值	极大值
dg	1.39	2.12	0.20	7.31
dk	2.33	4.86	0.46	8.84
dn	2.19	4.04	0.51	7.02
dh	1.36	0.88	0.36	5.24

三、行业全要素生产率测度

下面分析行业要素错配程度对该行业全要素生产率的影响程度，研究行业全要素生产率变动情况，并对其分解释义，需要先测度行业的全要素生产率。按照陈永伟（2013）的处理方式，即以企业产出价值占该企业所在子行业总产出值的比重为权数，对该行业进行加权平均测度行业全要素生产率。各个企业各个时期的全要素生产率已经在前一章节测度。

加权平均的权数为：

$$s_{it} = \frac{Y_{ijt}}{Y_{jt}}, \quad Y_{jt} = \sum_{i=1} Y_{ijt} \tag{4.25}$$

则行业全要素生产率为：

$$TFP_j = \sum_{i=1} TFP_{itj} \cdot s_{it} \tag{4.26}$$

对制造业 13 个子行业的全要素生产率按照该方法进行测度，得到各个行业各年的全要素生产率如表 4 - 7 所示。

表 4 - 7　　　　　各子行业 7 年的全要素生产率测度数汇总

行业	2009 年	2010 年	2011 年	2012 年	2013 年	2014 年	2015 年
1	3.7858	3.8932	4.1686	4.3803	4.2021	3.8201	3.0876
2	4.5427	4.9814	5.6934	5.7429	5.9962	6.1590	6.5213
3	7.0542	7.1238	7.9004	9.5477	10.3463	10.3459	11.3106
4	7.0549	10.1272	13.1735	11.2038	12.1993	10.9168	9.9923

续表

行业	2009 年	2010 年	2011 年	2012 年	2013 年	2014 年	2015 年
5	7.4762	8.6363	8.6829	9.3243	9.4272	9.5538	9.7184
6	3.0560	3.0733	3.0912	3.0875	3.0857	3.0761	3.0700
7	8.8575	9.4013	11.1229	9.1353	10.3743	10.6610	9.2147
8	4.0071	4.4955	5.2928	5.4542	5.3740	5.7670	5.4007
9	7.0807	7.9461	7.9250	7.7388	8.0753	7.9970	8.6430
10	11.5945	12.5760	12.3804	9.8715	8.9439	8.6394	7.7796
11	3.5095	1.7000	3.5487	1.2608	1.3132	1.3294	1.3457
12	5.9310	7.0063	6.7692	5.9130	6.1274	6.4576	6.5452
13	15.6641	17.2577	21.3942	20.6494	20.3061	20.3476	19.9411

制造行业各个子行业的各年全要素生产率之间存在较大的差异：交通运输设备制造行业（代码 11，行业编号 C36）、化学纤维和橡胶制品行业（代码 6，行业编号 C28 和 C29）以及食品加工制造行业（代码 1，行业编号 C13、C14、C15）等的各年全要素生产率相对较小，生产效率较低，可以消除制度障碍、改变要素价格扭曲，从而改善要素配置等以提高生产效率；化学纤维和橡胶制品行业的全要素生产率相对较为稳定，变化幅度较小。对全要素生产率较小的四个行业绘制变化趋势，如图 4-4 所示。

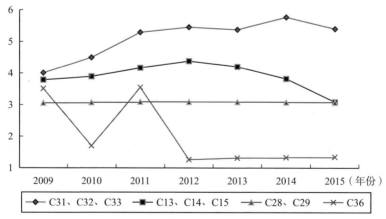

图 4-4　全要素生产率值较小子行业变化趋势

从图 4-4 可以看出，交通运输设备制造行业（C36）的全要素生产率变化幅度较大，自 2012 年后，变化趋于平稳，但是其数值较小，此由可以从供给侧视角进行改革，通过技术创新等方式改变生产要素的配置，提高其生产效率。食品加工制造行业（C13、C14、C15）的全要素生产率存在减弱的趋势，对此可以采取放开要素价格管制等措施促进生产效率的提升。金属炼制和制品行业的全要素生产率平稳上升，需要通过相关产业结构调整与资源的有效配置来进一步改善。

将全要素生产率较高的五个子行业绘制时间序列变化趋势，如图 4-5 所示。

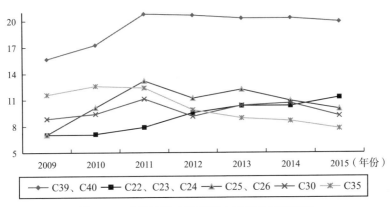

图 4-5　全要素生产率值较大子行业变化趋势

该五个行业全要素生产率相对较高，已经通过技术创新以及要素供给和产业结构调整等方式提高了其生产效率。通信和计算机等电子设备制造行业（代码 13，行业编号 C39、C40），全要素生产率最高，每一年均保持较高的生产率，在 2009~2011 年较大幅度提升，主要得益于技术创新和自主研发，2012 年之后趋于平稳发展；石油加工炼焦和化学制造行业（代码 4，行业编号 C25、C26）的发展趋势与上述行业一致，但其数值略低；专用设备制造行业（代码 10，行业编号 C35）全要素生产率存在逐步降低的趋势，相对其他行业而言，数值也较大，技术进步的后劲略显不足。非金属矿物质制品（C30）和造纸文教印刷

（C22、C23、C24）等行业的全要素生产率变化较为平稳，产业结构调整趋于稳定，要素配置趋于合理，可以看出其保持较高的生产效率进行生产制造。

将剩余的四个行业归为一类，绘制时间变化趋势如图4-6所示。

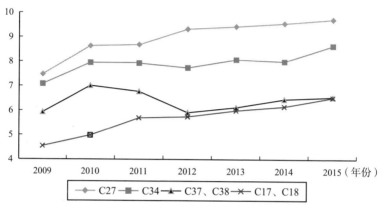

图4-6 全要素生产率值居中的子行业变化趋势

电气机械和器材制造行业（C37、C38）的全要素生产率保持中等水平稳步变化，逐步趋于稳定发展。通用设备制造（C34）、医药制造（C27）、纺织服装制造（C17、C18）等行业的全要素生产率表现为较大幅度的增长趋势，主要原因在于要素合理配置改善、技术研发和技能劳动的显著提高，当技术优势或者研发效应充分发挥后会逐步趋于稳定，待出现下降趋势时，则需要新一轮的要素配置以及技术创新的激发。

第三节 企业产出变动分解：基于要素 错配和全要素生产率分析

一、产出变动分解理论分析

根据前述对生产函数的假设，选用柯布道格拉斯生产函数：

$$Y = AG^{\alpha}K^{\beta}N^{\gamma}H^{\delta} \tag{4.27}$$

其中，$A = TFP$，将包含要素价格扭曲系数的要素参数代入生产函数，得到：

$$Y_j = TFP_j\left(\frac{s_j\alpha_j}{\overline{\alpha}}\hat{\lambda}_{Cj}G\right)^{\alpha_j}\left(\frac{s_j\beta_j}{\overline{\beta}}\hat{\lambda}_{Kj}K\right)^{\beta_j}\left(\frac{s_j\gamma_j}{\overline{\gamma}}\hat{\lambda}_{Nj}N\right)^{\gamma_j}\left(\frac{s_j\delta_j}{\overline{\delta}}\hat{\lambda}_{Hj}H\right)^{\delta_j} \tag{4.28}$$

可以分析要素价格扭曲系数（要素错配系数）、全要素生产率与产出之间的关系和影响。

对上式两边分别求对数得到：

$$\ln Y_j = \ln TFP_j + (\alpha_j\ln G + \beta_j\ln K + \gamma_j\ln N + \delta_j\ln H) + \ln\left(s_j \cdot \frac{\alpha_j}{\overline{\alpha}} \cdot \frac{\beta_j}{\overline{\beta}} \cdot \frac{\gamma_j}{\overline{\gamma}} \cdot \frac{\delta_j}{\overline{\delta}}\right)$$

$$+ (\alpha_j\ln\hat{\lambda}_{Cj} + \beta_j\ln\hat{\lambda}_{Kj} + \gamma_j\ln\hat{\lambda}_{Nj} + \delta_j\ln\hat{\lambda}_{Hj}) \tag{4.29}$$

从对数式可以看出，影响行业或者企业产出的主要因素有：该行业或者企业的全要素生产率高低；生产要素投入数量的多少；企业或者行业的要素错配程度大小，即要素市场价格扭曲程度；企业或者行业的要素产出弹性大小等。

参照塞尔昆（1986）的思路和模型，对产出变动进行分解，对含有四个投入要素的生产函数的产出变动进行分解和拓展，行业的总产值变动为：

$$\Delta\ln Y_t = Y_{t+1} - Y_t \tag{4.30}$$

其泰勒一阶展开式为：

$$\Delta\ln Y_t \approx \sum \frac{\partial\ln Y_t}{\partial\ln Y_{jt}}(\ln Y_{jt} - \ln Y_{jt-1}) = \sum \frac{Y_{jt} \cdot \partial Y_t}{Y_t \cdot \partial Y_{jt}}(\ln Y_{jt} - \ln Y_{jt-1})$$

$$= \sum \frac{p_{jt}Y_{jt}}{Y_t}(\ln Y_{jt} - \ln Y_{jt-1}) = \sum s_{jt}\Delta\ln Y_{jt} \tag{4.31}$$

将要素投入量的变化、全要素生产率的变化以及要素错配程度大小的变化等代入展开式，得到：

$$\Delta\ln Y_t = \sum s_{jt}\Delta\ln Y_{jt} = \sum s_{jt}\Delta\ln TFP_{jt} + \sum s_{jt}\ln\left(\frac{\frac{s_{jt+1}}{s_{jt}}}{\frac{\overline{\alpha}_{t+1}^{\alpha}\overline{\beta}_{t+1}^{\beta}\overline{\gamma}_{t+1}^{\gamma}\overline{\delta}_{t+1}^{\delta}}{\overline{\alpha}_t^{\alpha}\overline{\beta}_t^{\beta}\overline{\gamma}_t^{\gamma}\overline{\delta}_t^{\delta}}}\right)$$

$$+ \sum s_{jt}(\alpha_j \Delta \ln \hat{\lambda}_{Gjt} + \beta_j \Delta \ln \hat{\lambda}_{Kjt} + \gamma_j \Delta \ln \hat{\lambda}_{Ntj} + \delta_j \Delta \ln \hat{\lambda}_{Hjt})$$

$$+ \sum s_{jt}(\alpha_j \Delta \ln G_t + \beta_j \Delta \ln K_t + \gamma_j \Delta \ln N_t + \delta_j \Delta \ln H_t) \quad (4.32)$$

行业产出变动量大小记为 Z 项，即等式左边，从行业产出的变动分解公式可以看出：等式右边第一项（称为 A 项），是行业或者企业自身的全要素生产率的变动；等式右边第二项（称为 B 项），是由子行业产出价值所占总行业产出值的份额（或者企业产出所占其所属行业产出的份额）以及要素产出弹性大小决定的，反映产出份额和产出弹性对产出变动的影响，即反映产出结构与产出变动之间的关系；等式右边第三项（称为 C 项），是各子行业或者企业的各要素错配程度对产出变动的影响状况，投入要素价格的扭曲导致投入要素不能在不同的子行业之间进行高效率配置，随时间的变化，该要素错配程度随之变动，进而影响行业的产出；等式右边第四项（称为 D 项），是各投入要素自身变动对产出变动的影响大小。等式右边四项对行业产出变化的影响均是从供给侧的视角出发，探寻产业产出变动的具体影响因素及其影响程度，其中，A 项主要考虑企业生产效率高低的影响，这与行业或者企业的研发和创新投入以及产业政策等密切相关；B 项主要分析了投入要素产出弹性大小以及行业内各子行业或者企业产出结构的影响；C 项主要考虑要素配置得是否合理，要素价格扭曲情况和要素错配程度大小对产出变动的影响问题；而 D 项主要考虑要素供给数量自身变化对产业产出的影响。对于等式，则：$Z = A + B + C + D$。

二、制造业产出变动分解

前面已经对制造业 13 个子行业的相关产出和投入要素等信息进行分析，并且测度了各行业各年度的全要素生产率。根据 2009~2015 年 7 年的数据可以计算 2010~2015 年 6 年的行业产出变动数据。具体计算过程如下。

Z 项是行业产出的变动，将各行业本年的产出值取对数后与上年度的产出值的对数求差数即可；

A 项，将第三章所测度的各年度各行业的全要素生产率分别取对数，前后两个年度数据相减得出生产效率的变动值；

B 项，根据每个行业的产出进行短面板回归得到相关产出系数，分别计算每个行业产出量所占总行业产出量的比例，根据公式计算可得；

C 项，根据前述对各行业各要素错配系数的估计，取对数后与产出比例相乘，相邻两个年度相减可以得出；

D 项，可以根据各子行业投入要素数值取对数后，相邻年度相减得出，也可以通过 $Z-A-B-C$ 公式计算得到，两种方法得到的数据可以相互检验其计算是否正确。

采用上述计算过程，得到的 2010～2015 年制造业产出变动结果如表 4-8 所示。

表 4-8　　　　　　　　制造业产出变动分解汇总

t 值	2010 年	2011 年	2012 年	2013 年	2014 年	2015 年
Z	0.1684	0.1447	0.0211	0.0673	0.0346	0.0152
A	0.0737	0.0605	0.0614	0.0395	0.0458	0.0357
B	0.0620	0.0619	-0.0178	0.0159	-0.0024	-0.0133
C	0.0180	-0.0025	-0.0018	-0.0151	-0.0037	-0.0251
D	0.0147	0.0248	-0.0207	0.0270	-0.0051	0.0179

从表 4-8 可以看出，制造业产出变动在 2010 年和 2011 年产出变化的幅度较大，分别增长了 16.84% 和 14.47%，随后四年的产出增长率较低，除了 2013 年增长率为 6.73% 之外，其余三年的增长率不到 5%。绘制对产出变动产生影响的四项要素的贡献大小立体图和平面图分别如图 4-7 和图 4-8 所示。

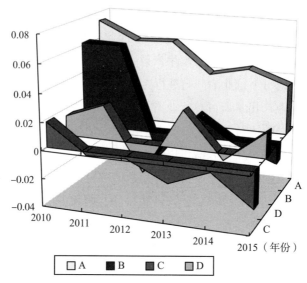

图 4 - 7   行业产出变动分解各项目贡献大小（立体图）

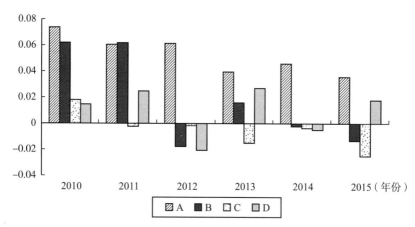

图 4 - 8   行业产出变动分解各项目贡献大小（平面图）

从图 4 - 8 可以看出：

（1）对比四个项目对产出变动的贡献大小，行业自身全要素生产率的贡献最大（即 A 项）。其六年度贡献均是正值，所占变化的比重也较大，虽说全要素生产率的贡献大小也随着产出变动的幅度而变动，但其贡献一直是重要的影响因素。全要素生产率的提升主要依据企业的研发创新和技术进步，属于企业的内部生产结构调整和提升，其直接影响到企业的未来发展动力，也就影响着对产出持续贡献的大小。

（2）B项主要反映产出结构和产出弹性的贡献大小。2009年和2011年，我国制造业产业结构发生较大调整和变动，其产出结构随之变化。前两年变动中，该项的贡献相对较大，后四年中，产出结构对变动的贡献影响幅度明显减小，其中，2013年对产出变动贡献为正值，其余三年均为负值。当产业结构调整后，对产出变化的影响减弱，在零上下小幅度徘徊，等到实施下一次较大规模的产业政策或者经济结构调整，其影响才能发生较大的变动。

（3）C项为要素价格扭曲，即要素配置效率的高低对产出变化的影响。要素配置效率影响变动的幅度相对较小，但是其在短期范围内的变化不容忽视，2010年要素配置对产出变动的贡献为正数，投入要素存在错配，也改变了要素配置效率，要素价格扭曲在一定程度上也表现为对产出变动的间接影响；在2011～2015年的五年中，要素错配程度对产出变动贡献均为负值，且影响程度存在扩大趋势。要素资源错配直接影响要素资源的充分利用和高效率配置，虽然在市场作用下，要素配置朝向高收益的行业移动，但是政府的干预以及行业政策的影响导致要素并不一定投向高效率的行业或者企业。

（4）D项反映投入要素数量变动对产出变动的贡献大小。2012年和2014年要素数量投入变动对产出变动的贡献为负数，主要是由这两个年度的要素自身数量投入总量相对较少而导致的，其余四个年度对产出贡献均为正数，反映了产出变化的一部分来源于投入要素的增加，属于粗放式的经济增长模式，若从供给侧角度考虑，要素的供给增加导致产出的增长，这种外延式的加大资源投放力度的增长方式在一定程度上并不存在积极作用。

全要素生产率的测度和特征在第四章已经详细阐述，产出结构变化不是本章分析的重点所在。本章重点分析C项和D项对产出变动的影响大小，并从投入要素的角度进一步分解和分析。

（1）要素配置效率的影响：C项。

从四个要素错配程度的角度分析其对产出变动的贡献大小。将要素错配影响产出的数值分解为四个要素错配程度的影响，结果如表 4 - 9 和图 4 - 9 所示。

表 4 - 9　　　　　　　　四种投入要素配置效率的贡献

C	0.0180	- 0.0025	- 0.0018	- 0.0151	- 0.0037	- 0.0251
C1	0.0042	0.0046	0.0012	- 0.0060	0.0008	- 0.0121
C2	0.0014	- 0.0006	0.0025	- 0.0023	- 0.0013	0.0021
C3	0.0101	- 0.0054	- 0.0031	- 0.0022	- 0.0030	- 0.0091
C4	0.0023	- 0.0011	- 0.0024	- 0.0046	- 0.0002	- 0.0060

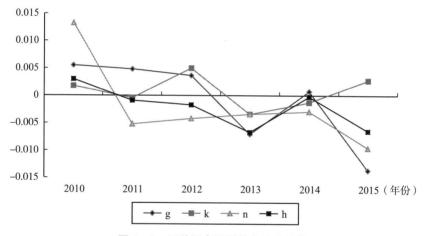

图 4 - 9　四种要素配置效率贡献趋势

非技术资本要素错配程度对产出变动的影响，变化幅度较大。2010 ~ 2012 年的影响是正向的，一定程度上促进了产出的增加，此后变化较大，影响为负方向，要素错配的负面效应逐步凸显，原因在于非技术资本多为设备和房屋等固定资产，在要素配置前期，错配的负面效应并未体现，但当其他投入要素趋于稳定时，非技术资本的错配负面效应逐步凸显。技术资本要素错配的大小对产出变化影响幅度较小，在 $-0.005 \sim$ 0.005，其原因可能在于技术资本本身资源配置效率较高，错配程度相对较小，所以对产出变动的影响也较小。

非技能劳动要素错配程度变化对产出变动影响变化幅度较大。2010 年的数值为正，非技能劳动错配可能导致产出效率降低，但其对产出变化为正，原因在于非技能劳动投入量较大，在粗放式的或者劳动密集型的制造类子行业，表现出一定的优越性，进而促进产出增加；但是在 2011 ~ 2015 年，非技能劳动要素错配程度的影响为负数，对产出的影响幅度逐年增大，对此可以基于供给侧视角，从制造业非技能劳动的要素配置解决问题，通过对其劳动者进行技能培训、转移制造业非技能劳动力等方法，使该要素的配置促进企业的产出变动显著增加。技能劳动要素错配程度对行业产出变动的影响幅度较小，六年内的幅度变化也不大，一般来说，制造业的技能劳动较为固定，自身变化幅度空间相对较小；此外，技能劳动要素错配系数自身也较小，从而对产出变动的影响幅度也相对较弱。

可以从制造业各子行业的要素配置的角度分析要素错配程度对产出变化的影响大小，即测算行业要素错配程度大小对产出变动的贡献大小。下面选取 2010 年和 2015 年的制造业 13 个子行业要素配置的贡献进行分析，并绘制行业要素错配对变动贡献大小的平面图，如图 4 - 10、图 4 - 11 所示。

从图 4 - 10 可以看出，2010 年各行业之间，四个要素错配程度对产出的贡献大小存在较大的差异。食品加工制造（代码为 1）、化学纤维和橡胶制品行业（代码为 6）、金属炼制和金属制品行业（代码为 8）、通用设备制造行业（代码为 9）、专业设备制造行业（代码为 10）等各要素错配程度对产出变动贡献的影响幅度较大，同行业要素错配贡献大小之间也存在较大差异；其余子行业的四个要素错配程度对产出变动的贡献相对较小，其中，纺织服装制造行业（代码为 2）、造纸文教印刷等行业（代码为 3）、石油加工和化学制品行业（代码为 4）以及通信计算机等电子设备制造行业（代码为 13）的贡献大小在 -3% ~

3%。从要素的角度来看，非技术资本和非技能劳动错配程度对产出变化贡献的幅度相对较大，化学纤维和橡胶制品行业（代码为6）的非技术资本错配程度对产出变化贡献的负面影响最大，导致产出变动降低的幅度超过了5%；专业设备制造行业（代码为10）的非技能劳动错配程度对产出变动正方向的贡献程度最大，接近10%。

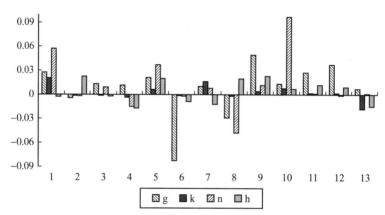

图4-10　2010年各子行业要素错配程度对变动贡献大小

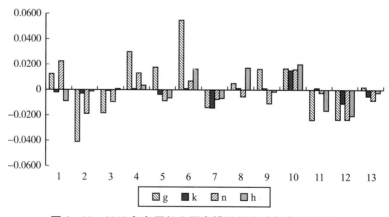

图4-11　2015年各子行业要素错配程度对变动贡献大小

从图4-11可以看出，2015年13个子行业的四个要素错配程度对产出的贡献大小发生了较大的变化，总体的贡献幅度有一定范围的减弱，各子行业要素错配程度的贡献大小在行业之间的差异较小，除了纺织服装制造行业（代码为2）和化学纤维和橡胶制品行业（代码为6）要素错配的贡献较大之外，其余各行业各要素错配的贡献幅度均较小，维持在 -3% ~ 3% ，甚至多数在 -2% ~ 2% 。从投入要素的角度来看，非技术资本要素错配程度对变动的贡献相对其他要素贡献幅度较大，并且在各个子行业的表现突出，其余三个要素错配程度的贡献相对较小。

（2）要素投入量对变动贡献大小：D项。

要素投入量的变化必然会引起产出变动，但是各子行业各要素变动幅度对产出的贡献大小存在一定的差异，下面将要素变动影响分解为具体四个要素的贡献大小（见表4-10、图4-12）。

表4-10　　　　　　　　要素投入量变化对产出变化贡献汇总

D	0.0147	0.0248	-0.0207	0.0270	-0.0051	0.0179
D1：g	0.0058	0.0145	-0.0071	0.0181	-0.0035	0.0084
D2：k	0.0017	0.0055	-0.0055	0.0050	-0.0008	0.0043
D3：n	0.0037	0.0027	-0.0051	0.0005	-0.0002	0.0013
D4：h	0.0035	0.0021	-0.0031	0.0034	-0.0006	0.0038

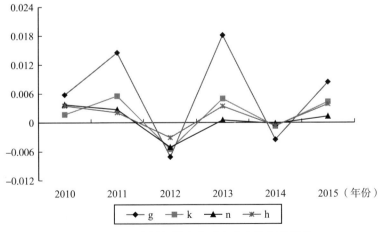

图4-12　要素投入量变化对产出变化贡献汇总

四个要素投入量大小对产出变动的贡献幅度大小和方向基本一致，六年中贡献幅度大小的规律为：先增加后减小，再增加后再减小，到2015年又增加，表现为典型的震荡式波动。非技术资本的要素投入量震荡变化的幅度相对较大，范围在 $-0.7\% \sim 1.8\%$，而其他三个要素的震荡幅度相对较小，范围保持在 $-0.6\% \sim 0.6\%$。其震动幅度大小受两个因素影响，其一是要素自身的变化幅度较小，其二是投入量变化对产出贡献较小。

三、子行业产出变动分解：以食品加工制造行业为例

采用同样的方法和公式，同样可以将制造业的各子行业产出变动幅度进行四个方面的分解，限于篇幅，下面以食品加工制造行业（代码为1，行业编号为 C13、C14、C15）为例，将其分解后如表 4-11 所示，并将其四个方面的贡献大小绘制直方图（见图 4-13）。

表 4-11　　　　　　　　食品加工制造业产出变动分解

t 值	2010 年	2011 年	2012 年	2013 年	2014 年	2015 年
Z	0.2158	0.3551	0.1762	0.0590	0.0152	0.0193
A	0.0280	0.0684	0.0495	-0.0415	-0.0953	-0.1224
B	-0.0366	0.1533	-0.0452	0.0525	0.0398	0.1909
C	0.1025	-0.0803	-0.0135	0.0018	0.0139	-0.0759
C1	0.0275	-0.0630	-0.0115	0.0191	0.0073	-0.0241
C2	0.0205	-0.0305	-0.0086	-0.0080	-0.0021	0.0097
C3	0.0572	0.0142	0.0086	-0.0188	0.0180	-0.0526
C4	-0.0027	-0.0010	-0.0020	0.0095	-0.0093	-0.0089
D	0.1219	0.2137	0.1854	0.0462	0.0568	0.0267
D1	0.0405	0.0620	0.0728	0.0531	0.0389	0.0225
D2	0.0281	0.0222	0.0231	0.0059	0.0085	0.0252
D3	0.0542	0.1178	0.0818	-0.0241	0.0188	-0.0174
D4	-0.0009	0.0117	0.0077	0.0113	-0.0094	-0.0036

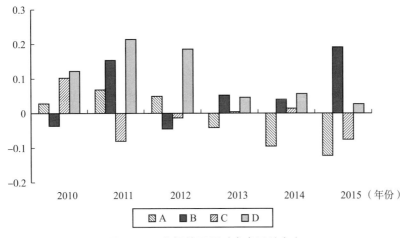

图 4 – 13 分解的四项对产出贡献大小

从表 4 – 11 和图 4 – 13 可以看出，食品加工制造业自身全要素生产率（A 项）对产出的贡献大小存在较大幅度变化，前三年为正值，变化幅度也较小，在 10% 范围之内，该行业通过研发创新或者技术更新改造等在一定程度上保证了产出的小幅度增加，但是后三年的贡献为负值，并且表现为逐年增加趋势，表明制造行业自身的生产效率需要进一步提升改进。产出结构和产出弹性（B 项）的贡献大小在 2011 年和 2015 年为正向并且幅度较大，其余年份的贡献大小较小，2010 年和 2012 年的贡献为负值，表明食品加工制造业的产出结构调整较快，产出弹性变化也较快。要素错配程度大小对产出变动的贡献，除了 2010 年和 2014 年为正方向并且贡献较大，其余年份贡献较小或者贡献为反方向变动，总体来看，要素错配的影响较小。对于技术相对稳定的生产行业，要素投入量变化对其产出变动贡献幅度较大并且是正方向的，从表 4 – 11 和图 4 – 13 中可以明显看出该影响程度，六年内要素投入量变化（D 项）对产出变化贡献为正方向并且幅度较大，特别是前三年，贡献幅度均超过了 10%。

就要素错配程度对产出贡献作进一步分解，绘制直方图，如图 4 – 14 所示。

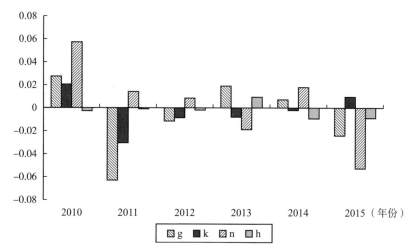

图 4 - 14 每年度要素错配程度对产出贡献大小

从要素错配对产出贡献大小比较来看，2010 年、2011 年和 2015 年，各要素错配程度对产出贡献影响较大，要素之间差异也较大；2012 ~ 2014 年，各要素贡献幅度相对较小，并且要素之间影响幅度的差异也较小。从具体要素来看，非技术资本和非技能劳动两个要素错配程度的产出贡献变化较大，而技术资本和技能劳动要素错配的贡献相对较小，并且六年的贡献幅度变化也较小。

第四节　要素错配对全要素生产率的影响

一、要素错配与全要素生产率关系的文献综述和理论分析

索洛（1956）首次将技术进步引入经济增长模型，将最终导致国家贫困和国家贫富差异的原因归结为生产要素的投入和全要素生产率的高低，也是首次引入了全要素生产率的概念。塞尔昆（1986）从产生全要素生产率的具体原因对各行业以及行业之间的关系进行分解，

重点解释要素配置效应对全要素生产率的影响问题，结论为：对行业之间或者企业之间的要素进行有效的重新配置和改善，能够提高整个行业的全要素生产率，若各子行业的全要素生产率水平得以提升，其效果会更好。班纳吉和杜弗洛（2005）第一次提出生产要素市场的价格扭曲会引起要素错配，导致了生产要素不能在要素市场上得以合理再配置，以及整个相关行业较低的生产效率。谢和克莱诺（2009）系统并创新地构建了要素错配和全要素生产率损失大小关系的分析思路和框架。

在我国，关于资源配置与全要素生产率关系的研究，特别是从微观角度分析的文献主要有：简泽（2011）利用全国规模以上工业企业的生产数据进行要素配置和全要素生产率的探讨，发现企业之间生产效率的显著差异会促进企业进行投入要素的重新配置以及产业之间结构的变更和重组，以提高全要素生产率，并且是生产率增长的主要来源；聂辉华和贾瑞雪（2011）通过微观数据测度了企业的全要素生产率，同时对其进行分解和解析，认为我国要素资源配置效率低下，错配程度严重，主要原因在于国有企业要素配置缺乏市场引导以及企业进退机制没有完善；毛其淋和盛斌（2013）根据微观数据研究发现与前者相关的结论，认为我国企业的进退效率较高，进入企业的生产效率在退出企业和在位企业之间，符合生产和市场运营的基本规律，企业进退机制能够促进要素资源的配置，进而提高生产效率。

资源在市场上最为理想的状态就是达到帕累托最优均衡，各种生产投入要素将在自由的市场上按照均衡价格流动，企业等市场主体利用自己的技术和技能选择合适价格的要素组织生产，实现自己的合理利润空间，社会资源达到最优配置。此时，生产要素会从低生产率的企业流向高生产率的企业。高生产率的企业将会扩大生产规模，在自由的市场上取得更大的交易份额，进而扩大市场的占有率；效率较低的企业则会在市场的机制下逐步缩小经营规模，若不进行技术创新，终究会退出市场。由于各种原因，导致帕累托最优仅是理想状态；要素市场不可避免地存在错配现象，也是生产效率降低的主要原因。在资本扭曲和产出扭曲存在的情况下，生产要素可能更多地流向低生产率的企业，最终的结果是高效率企业和低效率企业的生产效率均会受到影响，整个行业的全要素生产率会出现明显的下降，如果要素的市场价格扭曲程度越严重，全要素生产率下降的幅度就越大。

二、行业要素错配对全要素生产率的影响实证分析

根据前面测度的各子行业各要素错配程度系数以及全要素生产率，构建简单的面板数据回归分析模型来分析两者之间的关系。

要素错配程度系数以 1 为界，等于 1 时，说明要素配置高度有效，不存在误置；若大于 1，则价格扭曲小于 0，存在一定程度的补贴现象；若小于 1，则价格扭曲大于 0，存在价格税现象。在实证分析时，要素错配程度的大小主要在于系数与 1 的距离远近，不宜作为解释变量，根据要素错配系数与价格税或者补贴的关系，转为价格税的形式，若 τ 大于 0，即为价格税，若其小于 0，即为价格补贴，同时对其值取绝对值，其大小表示了错配程度。

根据 $\hat{\lambda} = \dfrac{1}{1 + \hat{\tau}}$，各要素错配系数转化算式为：

$$|\hat{\tau}| = \left| \frac{1}{\hat{\lambda}} - 1 \right| \tag{4.33}$$

在具体模型回归分析时，考虑到企业的生产决策，即技术研发创新和组织安排生产等密切相关，企业选择怎样的生产技术，生产率的高低与企业如何组织生产要素投入以及配置存在一定关系，即所谓的内生性问题。为了减弱其影响，下面采用面板数据分析，并判断和选择固定效应或随机效应。此外，在分析和测度行业要素生产率和要素配置效率时，采用的是生产投入量的数据，没有考虑到价格的影响，可能存在价格偏误，利用生产要素数量和价格数据对每个企业的全要素生产率进行重新估计，一方面弥补可能存在价格偏误的影响，另一方面也作为分析结论的稳健性检验方法。

在实证回归之前，先进行相关性分析和检验，关注四个要素错配程度系数与全要素生产率的相关关系，相关分析结果如表 4 – 12 所示。

表 4 – 12　　　要素错配系数与全要素生产率的相关性分析结果

变量	TFP	dg	dk	dn	dh
TFP	1	− 0. 319 *** （0）	− 0. 203 * （0. 053）	− 0. 308 *** （0）	− 0. 214 * （0）
dg	− 0. 319 *** （0）	1	0. 221 ** （0. 035）	0. 307 *** （0）	− 0. 105 （0. 320）
dk	− 0. 203 * （0. 053）	0. 221 ** （0. 035）	1	− 0. 039 （0. 278）	− 0. 218 *** （0）
dn	− 0. 308 *** （0）	0. 307 *** （0）	− 0. 039 （0. 278）	1	0. 215 ** （0. 010）
dh	− 0. 214 * （0）	− 0. 105 （0. 320）	− 0. 218 *** （0）	0. 215 ** （0. 010）	1

注：相关系数下括号内的数据为相关性显著性程度双边检验的 P 值。*** 表示在1% 的显著性水平下显著，** 表示在5% 的显著性水平下显著，* 表示在10% 的显著性水平下显著。

全要素生产率与四个要素错配系数相关性均为负值，基本符合前面对两者关系的分析，除了与技术资本相关系数的显著性程度较低，在10% 显著性水平下显著，与其余三者的相关性显著性水平均较高，相关系数的绝对值在 0. 2 ~ 0. 32，适合进行回归分析。

采用 Hausman 检验判定选择固定效应模型还是随机效应模型，分别以四个要素错配程度作为解释变量，对各个模型进行 Hausman 检验，chi2 值较小，对应的 P 值较大，均选择随机效应模型进行实证分析。分别以四个要素错配系数为解释变量，全要素生产率为被解释变量，构建随机效应模型，采用软件 STATA 进行面板回归分析，结论如表 4 – 13 所示。

表4-13 行业要素错配与全要素生产率

变量	dg-TFP	dk-TFP	dn-TFP	dh-TFP
chi2	2.82	0.38	0.10	0.12
P-chi2	0.2439	0.8265	0.9510	0.9437
类型	随机	随机	随机	随机
cons	7.9485 *** (6.55)	10.2691 ** (7.91)	9.9270 *** (7.47)	10.5587 *** (6.81)
d-	-1.8044 *** (-2.79)	-1.0397 * (-1.68)	-2.7220 *** (-2.86)	-3.2717 *** (-3.59)
$\sum$ u	5.8120	4.3424	4.0068	4.4533
$\sum$ e	1.2025	1.0979	1.2226	1.2102
rho	0.9591	0.9399	0.9148	0.9322
F/chi2	7.25	25.45	8.21	8.35
P	0.0087	0	0.0042	0.0038

注：*** 表示在1%的显著性水平下显著，** 表示在5%的显著性水平下显著，* 表示在10%的显著性水平下显著。d-表示各要素错配程度转化值。

从表4-13可以看出，各个模型的chi2值较大，其对应的P值相对较小，均小于0.1，即各个模型整体拟合较好，在1%的显著性水平下显著。技术资本要素错配程度变量的系数的t检验，在5%的显著性水平下显著，其余三个要素的系数的t检验均是在1%的显著性水平下显著，统计检验显著，适宜经济含义分析。

非技术资本要素错配程度（dg）的系数为-1.8044，为负数，说明非技术资本要素错配程度越大，全要素生产率就越低，非技术资本要素错配程度每提高1单位，则全要素生产率降低1.8044；同理，其余三个要素错配程度的系数也均为负值，分别为-1.0397、-2.7220、-3.2717，要素错配程度越大，全要素生产率就越低，特别是技能劳动要素错配程度对全要素生产率的影响程度最大。

根据前述理论分析，要素错配分为两个方向，其一为要素价格税，即行业通过高于完全市场成本的价格获取要素；其二为要素价格补贴，即行业低于市场价格的成本获得该要素。两者方向不同，其偏离要素均衡市场价格幅度大小对生产效率的影响是否存在差异？按照要素的要素价格扭曲方向不同，分为两部分（即正向扭曲和反向扭曲），分别采用面板混合回归模型进行回归分析，限于篇幅，只分析技术资本和技能劳动两个要素不同方向扭曲对生产效率的影响幅度及其差异。混合回归结果如表 4－14 所示。

表 4－14　　　　行业要素错配方向不同对其全要素生产率影响程度分析

变量	dk(－)	dk(＋)	dh(－)	dh(＋)
cons	8. 6461 *** （5. 98）	13. 1245 *** （5. 71）	9. 4950 *** （9. 23）	11. 7959 *** （10. 10）
d －	－ 1. 6350 * （ － 1. 69）	－ 2. 3184 ** （ － 1. 79）	－ 4. 4092 *** （ － 2. 78）	－ 2. 7383 *** （ － 2. 90）
F	6. 84	5. 63	7. 71	8. 33
P(F)	0. 0098	0. 0113	0. 0074	0. 0071
n	42	49	30	61

注：*** 表示在 1% 的显著性水平下显著，** 表示在 5% 的显著性水平下显著，* 表示在 10% 的显著性水平下显著。d － 表示各要素错配程度转化值。

　　四个模型的 F 检验，除了 dk(＋) 模型是在 5% 显著性水平下显著，其余均在 1% 显著性水平下显著，四个解释变量系数显著性水平也较高，可以进行经济分析。

　　dk(－) 模型和 dk(＋) 模型分别代表非技术资本存在价格补贴扭曲和存在价格税下的模型，其系数分别为 － 1. 6350 和 － 2. 3184，同样为负数，其要素价格扭曲的影响方向相同，其系数绝对值比合并在一起的模型系数要大，显著性水平略有提高。同样，技能劳动价格补贴和价格税分别对全要素生产率进行回归，dh(－) 模型和 dh(＋) 模型，其系数分别为 － 4. 4092 和 － 2. 7383，均为负数，影响方向相同，阻碍全要素生产率的提高，但是两个系数的绝对值分列在其合并模型系数（−3.2717）的两边，技能劳动价格补贴错配程度影响生产效率较大。从另一个角度来看，行业给予技能劳动报酬低于市场价格水平，对生产效率影响较大；在技能劳动价格不变条件下，对生产效率影响较小，毕竟行业采用较高工资报酬挽留技能劳动，也作为人才储备，为企业效率提升和未来发展储备力量。

三、企业要素错配对全要素生产率的影响实证分析

前面构建超越对数生产函数估计了各企业各投入要素错配程度，并测度了每个企业的全要素生产率，可以实证分析两者之间的关系。首先进行相关性分析，结果如表4−15所示。全要素生产率与四个要素错配系数相关性均为负值，除了全要素生产率与非技能劳动相关系数的显著性程度较低，其余三个要素错配程度与全要素生产率负的相关性均在10%显著性水平下显著，相关系数的绝对值在0.1~0.33，适宜进行回归分析。

表4−15　　　　企业要素错配与企业全要素生产率相关性分析

变量	TFP	dg	dk	dn	dh
TFP	1	− 0.206 * (0.098)	− 0.111 * (0.087)	− 0.324 (0.134)	− 0.022 * (0.076)
dg	− 0.206 * (0.098)	1	0.179 *** (0)	0.011 (0.382)	0.036 *** (0.004)
dk	− 0.111 * (0.087)	0.179 *** (0)	1	0.253 *** (0)	− 0.034 *** (0.006)
dn	− 0.324 (0.134)	0.011 (0.382)	0.253 *** (0)	1	0.213 ** (0.037)
dh	− 0.022 * (0.076)	0.036 *** (0.004)	− 0.034 *** (0.006)	0.213 ** (0.037)	1

注：相关系数下括号内的数据为相关性显著性程度双边检验的P值。*** 表示在1%的显著性水平下显著，** 表示在5%的显著性水平下显著，* 表示在10%的显著性水平下显著。

　　针对面板数据模型，先采用 Hausman 检验判定选择固定效应模型还是随机效应模型。技能劳动要素错配程度解释的模型 Hausman 检验的 chi2 值较小，对应的 P 值较大，选择随机效应模型进行分析；其余三个要素错配程度作为解释变量的模型 Hausman 检验的 chi2 值较大，对应的 P 值较小，选择固定效应模型进行分析。分别以四个要素错配系数的转化值为解释变量，被解释变量为全要素生产率，采用软件 STATA 进行面板数据回归分析，相关结论如表 4 – 16 所示。

表 4 – 16　　企业层面要素错配程度与全要素生产率影响实证分析

变量	dg – TFP	dk – TFP	dn – TFP	dh – TFP
chi2	111. 44	7. 36	8. 92	0. 71
P – chi2	0	0. 0253	0. 0115	0. 6998
类型	固定	固定	固定	随机
cons	6. 7108 *** (147. 27)	7. 0610 *** (180. 34)	7. 1432 *** (204. 90)	6. 8983 *** (32. 45)
d –	– 0. 0907 * (– 1. 76)	– 0. 0106 *** (– 4. 64)	– 0. 1226 *** (4. 14)	– 0. 0926 ** (– 1. 95)
$\sum$ u	6. 2086	6. 3885	6. 3888	6. 3544
$\sum$ e	2. 7522	2. 7980	2. 7991	2. 7934
rho	0. 8357	0. 8390	0. 8389	0. 8380
F/chi2	207. 99	21. 54	17. 17	44. 97
P(F)	0	0	0	0
R^2	0. 2987	0. 1078	0. 1005	0. 0620

　　注：*** 表示在1% 的显著性水平下显著，** 表示在5% 的显著性水平下显著，* 表示在10% 的显著性水平下显著。d – 表示各要素错配程度的转化值。

　　从表 4 – 16 可以看出，模型的 chi2 值或者 F 值较大，其对应的 P 值相对较小，均小于 0. 1，即整个模型拟合得较好，在 1% 的显著性水平下显著。非技术资本要素错配程度变量的要素 t 检验是在 10% 的显著性水平下显著，技术劳动要素错配程度变量的要素 t 检验是在 5% 的显著性水平下显著，其余两个要素的系数的 t 检验均是在 1% 的显著性水平下显著，统计检验显著。四个要素错配程度转化值的解释变量的系数均为负数，说明要素错配程度越大，全要素生产率越低。与行业要素错配程度系数的绝对值相比，以企业为样本测算的要素错配程度的四个解释变量的系数绝对值相对较小。企业样本较多，企业异质性表现均为突出，导致回归模型系数绝对值相对较小，系数的 t 检验的显著性相对较弱。

对于企业层面的回归分析，将每个要素的要素价格扭曲不同方向分为两部分，分别采用面板混合模型回归分析，限于篇幅，只分析技术资本和技能劳动两个要素不同方向扭曲的差异，回归结果如表 4 - 17 所示。

表 4 - 17　　　　企业要素错配程度不同方向对全要素生产率的影响

变量	dk(-)	dk(+)	dh(-)	dh(+)
cons	6. 7828 *** (7. 04)	6. 7828 *** (7. 04)	6. 2476 *** (10. 66)	7. 1485 *** (11. 15)
d -	- 0. 2170 *** (- 4. 13)	- 0. 0496 *** (- 4. 30)	- 0. 1705 ** (- 1. 91)	- 0. 0509 ** (- 1. 95)
alv	- 0. 5838 * (- 1. 81)	- 0. 5885 * (- 1. 74)	- 1. 1705 * (- 1. 69)	- 1. 1182 * (- 1. 70)
kvl	- 0. 8059 *** (- 7. 85)	- 0. 7428 *** (- 3. 89)	- 1. 0799 *** (- 5. 58)	- 1. 0951 *** (- 7. 15)
F	23. 72	5. 69	12. 64	19. 90
P(F)	0	0. 0007	0	0
n	1670	4777	2329	4118

注：*** 表示在 1% 的显著性水平下显著，** 表示在 5% 的显著性水平下显著，* 表示在 10% 的显著性水平下显著。d - 表示各要素错配程度转化值。

dk(-) 模型和 dk(+) 模型分别代表技术资本存在价格补贴扭曲和存在价格税下的模型，其系数分别为 - 0. 2170 和 - 0. 0496，同样为负数，其要素价格扭曲的影响方向相同，其系数绝对值大于全部样本模型的回归系数（-0.0106）。技能劳动价格补贴和价格税分别对全要素生产率进行回归，dh（-）模型和 dh（+）模型的系数分别为 -0.1705 和 -0.0509，均为负数，影响方向是相同的，即阻碍全要素生产率的提高，全部样本模型的回归系数（-0.0926）介于两个模型系数的中间位置，技能劳动价格补贴错配程度对生产效率的影响较大，结论与行业要素错配程度对全要素生产率影响的结论是一致的。

第五节　要素错配对企业绩效和价值的影响

生产要素的错配导致要素市场价格存在扭曲，企业要么获得要素的价格较高，像是征收了一定的税收，要么获取要素的成本较低，像是政府给予一定的价格补贴，最终导致企业进退机制受到影响，无论对于高效率企业还是低效率企业，企业绩效和价值均受到较大影响。高效率企业不能以低成本获得资源，成本必然增加，最终利润空间减小，企业效率降低，企业未来发展和其内涵价值受损；对于低效率企业，其自身的生产效率、要素组织和配置效率原本较低，虽然较低成本获得了要素，但其并不能退出市场，从而使整个行业的生产效率下降。

利用面板数据基于要素错配对企业绩效以及企业价值的影响进行回归分析，构建模型如下：

$$\text{roa}_{it} = \varphi_0 + \varphi_{1m}\text{dx}_{it} + \varphi_{2m}\text{alv}_{it} + \varphi_{3m}\text{kvl}_{it} + \mu_m \tag{4.34}$$

其中，roa_{it} 表示企业绩效的资产收益率；dx_{it} 表示 x 要素错配程度，m 分别为 1、2、3、4 时，x 分别对应非技术资本、技术资本、非技能劳动和技能劳动等生产投入要素；alv_{it} 和 kvl_{it} 分别为控制变量资产负债率和资本深化程度。

$$\text{TBQ}_{it} = \theta_0 + \theta_{1m}\text{dx}_{it} + \theta_{2m}\text{alv}_{it} + \theta_{3m}\text{kvl}_{it} + \mu_m \tag{4.35}$$

其中，TBQ_{it} 表示企业价值的变量托宾 Q，其余变量含义与式（4.34）相同。

要素错配程度与企业绩效（资产收益率）进行相关性分析，得到四个要素错配程度与资产收益率之间是负相关关系，均在 5% 的显著性水平下显著，相关系数的绝对值在 0.1 ~ 0.35，适宜进行回归分析。

同理，对于面板数据，先采用 Hausman 检验判定选择固定效应模型还是随机效应模型。非技术资本和技术资本要素错配程度解释资产收益率的模型 Hausman 检验的 chi2 值均较小，对应的 P 值较大，选择随机效应模型进行回归分析。非技能劳动和技能劳动要素错配程度解释资产收益率的模型的 Hausman 检验的 chi2 值均较大，对应的 P 值较小，均在 5% 的显著性水平下显著，选择固定效应模型进行回归分析。分别以四个要素错配系数的转化值为解释变量，被解释变量为资产报酬率（roa），采用软件 STATA 进行面板回归分析，结果如表 4 - 18 所示。

表 4 - 18　　　　要素错配程度与资产收益率回归分析结果

变量	dg – roa	dk – roa	dn – roa	dh – roa
chi2	8.31	8.94	18.80	14.41
P – chi2	0.1402	0.1114	0.0471	0.0132
类型	随机	随机	固定	固定
cons	16.1132 *** (13.97)	16.0679 *** (13.92)	18.4637 *** (11.65)	18.5545 *** (11.69)
d –	− 0.0199 *** (− 3.78)	− 0.0181 (− 1.01)	− 0.0173 * (− 1.69)	− 0.0174 ** (− 2.00)
alv	− 1.1516 *** (− 28.53)	− 1.1510 *** (− 28.02)	− 1.1613 *** (− 18.92)	− 1.1625 *** (− 20.84)
kvl	− 0.6435 *** (− 7.24)	− 0.6463 *** (− 7.27)	− 0.6766 *** (− 6.17)	− 0.6800 *** (− 6.15)
$\sum$ u	3.1697	3.1685	3.6457	3.6474
$\sum$ e	3.9664	3.9668	3.9668	3.9662
rho	0.3898	0.3895	0.4579	0.4582

续表

变量	dg – roa	dk – roa	dn – roa	dh – roa
F/chi2	955.94	954.40	131.46	131.89
P	0	0	0	0

注：*** 表示在1%的显著性水平下显著，** 表示在5%的显著性水平下显著，* 表示在10%的显著性水平下显著。d – 表示各要素错配程度转化值。

从表4 – 18可以看出，模型的chi2或者F值较大，其对应的P值相对较小，均小于0.1，即模型整体拟合效果较好，在1%的显著性水平下显著。技术资本要素错配程度变量的要素t检验绝对值较小，显著性水平不高，其余三个要素的系数的t检验分别在1%、10%和5%的显著性水平下检验通过，统计检验显著。

四个要素错配程度的系数均为负数，每一个要素的错配对行业或者企业的效率产生负的影响，即错配程度越高，企业绩效就会越低，系数绝对值之间差异较小，说明要素错配影响企业绩效的幅度相近，其主要原因在于要素合理配置后，共同影响其收益的变化，即企业收益多少主要是四个要素有效组合生产的结果。

根据要素错配程度大小对企业绩效影响效果，改变被解释变量进行稳健性检验，被解释变量改为净资产利润率（roe），根据Hausman检验结果，均适合选择固定效应模型进行回归分析。采用面板数据回归分析，结果如表4 – 19所示。

表4 – 19　　　　　要素错配对企业绩效影响的稳健性检验

变量	dg – roe	dk – roe	dn – roe	dh – roe
chi2	23.88	23.48	24.70	26.88
P – chi2	0.0002	0.0003	0.0002	0.0001
类型	固定	固定	固定	固定
cons	– 2.0621 （ – 0.98）	– 1.9765 （ – 0.68）	– 2.0268 （ – 0.75）	– 2.0089 （ – 0.67）

续表

变量	dg – roe	dk – roe	dn – roe	dh – roe
d –	– 0. 0785 * (– 1. 78)	– 0. 0043 * (– 1. 69)	– 0. 1007 * (– 1. 75)	– 0. 0139 (– 1. 04)
alv	– 1. 8201 *** (– 10. 42)	– 1. 8176 *** (– 10. 40)	– 1. 8180 *** (– 10. 41)	– 1. 8180 *** (– 10. 39)
kvl	1. 2056 *** (3. 32)	1. 1803 *** (3. 25)	1. 1880 *** (3. 27)	1. 1838 *** (3. 26)
$\sum$ u	9. 0781	9. 0739	9. 0784	9. 0754
$\sum$ e	13. 0211	13. 0232	13. 0220	13. 0235
rho	0. 3271	0. 3268	0. 3270	0. 3269
F/chi2	29. 80	29. 34	29. 58	29. 27
P	0	0	0	0

注：*** 表示在 1% 的显著性水平下显著，* 表示在 10% 的显著性水平下显著。d – 表示各要素错配程度转化值。

如表 4 – 19 所示，各个模型 F 值较大，其对应的 P 值相对较小，均小于 0.1，即模型整体拟合效果较好，除了技能劳动要素错配程度的系数显著性较差，其余要素解释变量系数在 10% 的显著性水平下显著，与上述模型对比，系数的显著性有所降低。四个要素错配程度的系数均为负数，每一个要素的错配对行业或者企业的效率产生负的影响，错配程度越高，企业绩效就会越低，其结论与上述模型的结论相同，说明结论稳健性较高；但该模型其系数绝对值之间差异较大，技术资本要素错配程度系数为 – 0.0034，其绝对值最小；非技能劳动要素错配程度的系数为 – 0.1007，其绝对值最大。其原因在于，计算企业利润与计算企业绩效或者收益不同，需要扣减要素的投入成本，四个要素的成本率高低不同，因此其对利润影响大小存在差异。

描述性统计分析，四个要素错配程度与企业价值（选择 TBQ 来表示）之间为负相关关系，根据皮尔逊相关系数双侧显著性检验，均在 5% 的显著性水平下通过，相关系数的绝对值在 0.15 ~ 0.30，同样适宜进行回归分析。同理，进行 Hausman 检验后选择适当模型进行面板数据回归分析，四个要素错配程度解释净资产利润率的模型 Hausman 检验的 chi2 值均较大，均在 1% 的显著性水平下显著，选择固定效应模型进行回归分析，结果如表 4 - 20 所示。

表 4 - 20　　　　　　要素错配与企业价值实证分析结果

变量	dg - TBQ	dk - TBQ	dn - TBQ	dh - TBQ
chi2	37. 76	35. 49	35. 40	35. 59
P - chi2	0	0	0	0
类型	固定	固定	固定	固定
cons	5. 8279 *** (15. 43)	5. 8216 *** (15. 38)	5. 8297 *** (15. 41)	5. 8028 *** (15. 53)
d -	- 0. 0066 * (- 1. 76)	- 0. 0043 (- 1. 11)	- 0. 0033 *** (- 2. 72)	- 0. 0176 ** (- 2. 43)
alv	0. 0226 (1. 08)	0. 0173 * (1. 61)	0. 0172 (1. 13)	0. 0206 (1. 16)
kvl	- 0. 2725 *** (- 10. 34)	- 0. 2684 *** (- 10. 17)	- 0. 2691 *** (- 10. 12)	- 0. 2681 *** (- 10. 16)
$\sum u$	1. 1014	1. 0091	1. 0085	1. 0091
$\sum e$	0. 9453	0. 9465	0. 9466	0. 9463
rho	0. 5332	0. 5320	0. 5317	0. 5321
F/chi2	29. 79	26. 42	26. 40	27. 01
P	0	0	0	0

注：*** 表示在 1% 的显著性水平下显著，** 表示在 5% 的显著性水平下显著，* 表示在 10% 的显著性水平下显著。d - 表示各要素错配程度转化值。

如表 4 - 20 所示，各个模型 F 值较大，其对应的 P 值相对较小，均小于 0. 1，各个模型整体拟合效果较好。作为关键解释变量的要素错配程度的系数 t 检验显著性水平存在一定的差异，但是从 t 统计量绝对值来看，不影响分析结论。

四个要素错配程度系数均为负值，对企业价值影响也是反方向的，要素错配程度越大，企业价值越小，说明有必要从供给侧视角着手进行要素的重置，以提升企业未来发展能力和价值。

本 章 小 结

本章从行业层面和企业层面分别采用谢和克莱诺（2009）思路并构建超越对数生产函数模型，对非技术资本、技术资本、非技能劳动和技能劳动等要素错配程度大小进行测度。选择了 921 家制造业上市公司 2009～2015 年 7 年财务数据，将其分为 13 个子行业，分别采用短面板回归模型，进行相关系数估计并测度各个要素错配程度以及各子行业各年度的全要素生产率。

基于塞尔昆（1986）的思路对行业产出变动进行分解，包括：探究行业或者企业自身的全要素生产率的变动贡献；分析产业结构和产出弹性对变动的影响；探究要素错配变动的贡献和各投入要素数量自身变动的贡献；实际分解制造行业的产出变动，分析各部分贡献大小和变动趋势；详细分析各行业要素错配程度和各要素错配程度对其影响。

本章构建面板回归模型，实证分析了要素错配程度对全要素生产率的影响，发现采用企业数据和行业数据分析的结果是一致的：要素错配程度越大，全要素生产率越低。另外，实证分析了要素错配对企业绩效的影响，其影响也是负方向的，改变被解释变量进行稳健性检验，结论也是一致的，同理，要素错配也反向影响企业价值的变化。

第五章

基于技术资本视角的动力结构性分析

第一节　动力结构理论分析：外商直接投资和研究开发

技术进步是微观企业赖以生存的关键，是经济增长的核心动力，也是企业提升生产效率的根本途径。企业促进技术进步的方式较多，如通过各种动力改进要素结构性变化、改善企业资源配置、促进生产效率提升等。企业利润的增加和经济增长的主要动力在于要素投入的增加与全要素生产率的提升。有些技术进步方式有利于促进资本的增加和结构的改善，特别是促进技术资本的增加，如技术引进和购买、研究开发、技术入股等，甚至购买先进的生产设备等也可以促进资本增加。本章选择外商直接投资和研究开发两种倾向于促进技术资本增加和改善的方式进行动力结构分析。诸如工资薪酬激励、"干中学"、股权激励、企业家精神等，是通过改变劳动结构而促使企业技术进步，将在第六章对"干中学"和股权激励两种倾向于技能劳动提升的技术进步方式进行分析。

需要说明的是，全要素生产率不仅受技术进步的影响，也受市场化程度、国家政策和制度、产业结构、要素配置效率等的影响。要素资源配置效率和要素替代弹性对全要素生产率产生的影响已在前面进行了分析。

一、技术引进与企业生产效率的关系

引进外国先进技术是多数发展中国家实施科技兴国战略的重大举措，引进内容包括专利和非专利技术、具体工艺流程，甚至是管理方法和经验等，引进外商先进技术可以在一定程度上减少研发的时间限制并降低技术成本。引进的技术能否有效促进企业生产效率、改变经济增长方式，需要考虑技术资本与劳动的匹配和替代，以及引进技术与自有技术的匹配和结合。

企业在引进技术时考虑到整套或者整体引进的成本相对较高，所以可能仅引进技术的一部分、一个组件或者一个环节等，很少全套引进西方先进技术或者专利等。引进技术后，是否有效促进企业生产效率的提高，关键看技术能否与劳动有效匹配、引进的技术与原有技术之间是否有效配合，若能有效匹配和结合，则会促进企业生产效率提高；若不匹配或者匹配程度较低，将导致企业生产效率降低或者产品质量和档次降低等。针对整个产业而言，引进技术与所在产业或者区域技术能否有效配合，关键在于上游企业的原材料和中间品，以及对其的质量和等级要求是否吻合，若存在较大差距，将导致生产能力或优势不能得到充分发挥。从宏观上来看，引进技术需要与该区域范围内的要素资源、资源结构和配置紧密相连并匹配，资本与劳动比例、技能劳动的比例等均影响着引进技术的效益。若引进技术是资本密集型技术，而技术引进方的劳动力资源特别是非熟练劳动资源较丰裕，引进技术则可能导致资源利用效率降低，与本地资源禀赋不匹配，不能有效提升经济发展水平。

引进技术能否更好促进生产能力提升、生产效率提高，还受到技术吸收消化能力的制约。技术的吸收消化能力可以从技术自身能力和投入强度进行分析。所谓技术自身能力，就是内生于自身所在的经济系统之中，既有长期积累的因素，也是后天学习提高的结果，具有一定的经验性特征和长期累计特征。当技术脱离了原有的经济系统是否能够充分发挥效应，则存在一定的不确定性。技术所在的新经济系统与原有经济系统之间的差异越小，引进技术吸收消化的效果越好；形成生产技术的速度相对较快，其对经济增长集约化水平提升的作用就大；若是相反，则表明技术引进难以适应新经济系统和环境，不能充分消化和吸收，就不能形成生产技术，生产效率等也就得不到有效提高。此外，技术差距大且技术引进方的学习能力强、学习的空间大、技术进步幅度大，则经济增长集约化水平提升较高；技术差距大但技术引进方的学习能力低，本地企业难以学习，引进技术可能出现空心化从而抑制本地技术进步，经济增长集约化水平就会降低。

外商直接投资的引入促进了竞争的加剧，并带来一定程度的示范效应，通过劳动者之间的交流，能够对内资企业输送相关技术或者技能。跨国公司凭借垄断技术所有权及内部化转让获得超额利润。创新产品被市场认可，激增的消费需求将引致东道国内有研发实力的企业竞相模仿。尽管核心技术难以复制，但是企业至少可以开阔技术视野，当条件成熟时，自主创新就可能得以进行。跨国公司倾向于投资高进入壁垒的垄断性行业，由此加剧竞争而弱化市场扭曲，提高资源配置效率。

通过技术竞争的加剧使得本区域的企业提高竞争力，企业职员有目的、有针对性地学习外资技术，能有效地提高生产技术水平。在外资企业生产过程中，企业原有本地技术人员可以近距离接触各个生产环节的技术，基本上消除了信息不对称对消化、吸收技术的影响，从而使得内资企业技术人员容易模仿学习外资技术。跨国公司对国内企业市场份额的挤占而形成优胜劣汰的选择机制在一定程度上提高了内资企业的效率水平，最终导致内外资企业技术差距不断缩小，整个行业的技术竞争甚至各方面的竞争等更加激烈、技术扩散速度更快，整个行业的全要素生产率则会得到明显提升。

技术引进具体包括技术贸易、进口产品和利用国际直接投资三条途径。为保持技术垄断地位，技术出让国会控制先进技术的贸易，技术转让到他国的技术并非是最先进的技术，技术大多已经到成熟期和衰退期，由于劳动者技术模仿存在，可能出让的技术并非全部整套技术；进口产品也包含先进技术，但因为信息不对称等因素，进口方无法通过模仿创新等逆向选择获得关键技术。技术引进较为显著和可行的方法就是外商直接投资，跨国投资倾向于转移先进技术，获得竞争优势的跨国企业可能采用先进技术进行生产，降低成本或生产新产品获得市场份额；跨国企业生产经营过程中使用的技术信息容易为本地雇员获得，经职员交流和人才流动，先进技术流向区域中的本地企业，从而使得即使技术被吸收和消化，甚至被模仿创新。

白俊红和刘宇英（2018）的研究发现，对外直接投资能够显著地改善中国整体资本和劳动力的错配程度，提高资源配置效率。外商直接投资会促进内地放松资本管制和外资进入，能够降低资金成本，改善受融资约束企业和年轻企业的融资环境，使其能够追加投资并达到生产规模最优化，缓解金融摩擦和优化资本配置效率。此外，外商直接投资受到制度和环境因素的限制而产生融资困难、扭曲资本配置的问题，可能存在一定程度的挤出效应并且会放大金融摩擦。

二、技术创新对企业生产和经济增长方式的影响

经济新常态下供给侧结构性改革的主要动力之一就是技术创新，经济结构提升的主要动力将会逐步由要素供给驱动和投资驱动转移到创新驱动上来。若有效促进供给，必须与相应的需求进行匹配，生产和消费存在一个基本矛盾，即需求越趋向于多样化和个性化，企业的生产供给却越存在规模化和自动化，若想解决该矛盾、实现生产的柔性转变，则需要深入技术创新。技术创新若想取得较大进展和突破，必须掌握关键的生产技术，才能使得产品质量提升、生产成本下降、价格相对降低、消费者的需要得到满足。通过技术研发和相关组织生产、提高各环节的服务等，重组生产体系，利用互联网和物联网的优势，实现个性化、定制化、人工智能生产，逐步满足消费者的个性化和多样化需求。

希克斯（1932）认为技术创新主要是节省劳动的创新，也就是指劳动偏向性的技术进步，创新的内在动力在于改变相关要素的需求数量、减小相对昂贵要素的生产需求，其本质是为了更经济地使用那些价

格变得相对昂贵的要素，即更加经济地使用稀缺要素，要素的相对价格变化会引致创新。实际上，不进行技术创新，仅利用现在的设备仪器一样可以改进生产要素的组合，或者说相对价格的变化在一定程度上能够导致投入要素之间的替代，希克斯的创新思想并不能解释价格变化的根本原因。企业为了获取超额利润，技术创新投入以及活动开展就会产生，将会引起经济结构的变化，使得市场上要素的相对价格产生变化，就引致了其他节省稀缺要素的创新，从而周而复始逐步提升。

罗森伯格（Rosenberg，1974）创立了瓶颈诱导思想，认为技术创新的原因不仅在于要素稀缺，还在于技术发展自身的运行机制，包括两个方面。

第一，技术发展自身的不均匀性。在任何时刻，技术发展均存在不均匀现象。技术发展整体不平衡、企业自身各项技术发展不平衡和发展存在差距等，均要求继续进行技术创新和改造。在没有新技术发生时，各层次各环节的技术差距和不平衡可能需要技能劳动补齐短板，产品的生产工序上包含多个加工步骤或者环节，有的环节技术比较先进，有的相对落后，落后环节的技术与其他环节不能匹配，将会影响整个产品生产过程的效率提高和产品质量的提升，所以需要在该环节研究开发，但一旦研发成功、取得突破，该环节的技术超过其他环节的技术水平，则会引起新一轮的研发创新。该类技术创新活动并不是由企业投入要素的相对价格发生变化而导致的，而是由于技术自身发展各环节或者步骤等的不均匀性而引致的技术创新。

第二，要素资源供给存在较大的不确定性。与希克斯要素稀缺诱导创新理论存在相近性，资源紧缺或者资源供应链断裂等因素会导致企业生产的不正常中断，解决的主要办法在于寻求新的生产方式或者新的技术，通过技术创新研究开发其要素替代物或者研究新的生产组织方式等，例如研发新投入要素、开发利用和寻求以资源为主的功能创新活动。在资本主义社会，工人群体为了提高工资待遇等，会进行经常性罢工，从而导致生产不继续、损失较大利润。为了减少这类损失、保持生产的持续和利润的稳定，企业会选择进行技术研发，一方面减少对工人的雇佣，另一方面增加与雇员进行谈判的砝码，以便在缺少劳动资源时，维持生产持续性技术创新。

技术创新最终形成产品设计、零部件、制造图纸、新工艺流程或工艺检测方法、维修保养等，才能实现真正的生产技术提升。技术创新具有不确定性，存在一定的机会成本，按照经济学成本效益理论，若技术创新的收益低于其机会成本，它就可能阻碍企业生产效率的提高并阻断经济增长方式的具体转变。研究开发支出等技术创新成本投入的增加，将会减少对基本生产要素的配置和相关资本的投入。根据经济学理论，当资本的边际产出大于 0 时，直接用于具体生产的要素投资减少，这是技术创新的机会成本。如果技术创新投入推动技术进步并增加产出的数量超过技术创新的机会成本，总产出就会增加；如果技术创新因为成果应用转化率低等原因，使得增加产出的数量可能低于技术创新的机会成本，技术创新就会抑制经济增长，即技术创新对经济增长率的贡献可能下降。技术创新形成生产技术存在的较长时滞、市场机制的缺失、制约技术成果的转化等，都可能导致技术创新增加的产出低于机会成本，经济增长集约化水平就会随之下降。由于技术基础、学习能力、急功近利等原因，技术引进可能容易形成路径依赖。技术引进依赖可能诱发技术创新资源的浪费，导致技术创新投入不利于经济增长集约化水平的提升。

企业最为典型的技术创新方式是研究与开发，研究与开发是指微观企业以改进生产技术或开发新产品为目的而开展的创新活动。生产技术的改进，可以提高现有产品质量或降低现有产品的生产可变成本；而产品研发主要是使企业从事新产品生产，满足消费者的产品多样化需求。

沈坤荣和李剑（2009）的研究得出，外商直接投资企业的薪酬待遇相对较高，也吸引并吸收国内企业的技术人员，并且能够通过资本运作等控制内资企业的决策和运转，也就是国内企业的先进技术会被倒吸到外商直接投资企业中。技术创新投入增加能提高本国企业的模仿学习能力，以及技术创新能力，学习能力提高有利于有效消化吸收外资技术，促使外资企业加快技术升级进而扩大技术扩散效应，可以超越模仿技术。

以当前人工智能的技术创新为例，人工智能技术多是对人类脑力的替代，而一般技术创新则主要是对人类体力的替代，人工智能与生产制造的自动化技术存在较大区别，不仅替代了劳动者本身，还将自我延续和衍生新的技术方式，其运行机制就是运用海量数据和自身计算能力优势，提炼和寻找更多技术组合并进行知识重组，从而使自身创新出更为复杂的技能。人工智能技术这种替代性的发挥，促进了自身投入要素不断积累并对其他资本要素、劳动要素进行替代的过程，有利于促进投入产出效率提高和全面改善全要素生产率，使其生产组合和要素配置最为有效。要充分发挥出人工智能技术在提升生产率方面的潜力，从互补性技术、技能劳动提升、单位组织和激励措施、行业规制等多方面完善配套条件。

第二节　外商直接投资供给动力结构效应分析

根据第四章分析，要素替代弹性和要素配置对企业的全要素生产率和企业绩效产生较大影响；根据第一节分析，外商直接投资作为技术引进方式，直接影响到企业全要素生产率，并对要素替代关系和要素配置产生影响，因此适宜选择调节效应分析或者中介模型分析。

如果解释变量 X 与被解释变量 Y 的关系是第三个变量的函数，第三个变量称为调节变量，其对被解释变量的影响称为调节效应，也就是说 Y 与 X 的关系受到第三个变量的影响。调节效应一般通过解释变量 X 与第三个变量的乘积等关系来表示，其实表示了两者的交互效应，在统计学上没有本质区别，但是实际意义上，交互效应是两者互为解释，而调节效应仅是经第三个变量起到调节效应。

若分析解释变量 X 对被解释变量 Y 的具体影响时，如果存在第三个变量 Z，X 通过影响变量 Z 进而影响被解释变量 Y，此时 Z 则为中介变量，对 Y 的影响为中介效应或者间接效应。若影响 Y 的解释变量和中介变量较多，即为路径分析。在分析外商直接投资对企业全要素生产率的影响时，先验证是否存在调节效应，然后再逐步讨论其中介效应并进行路径分析。

一、样本选择、数据来源和指标含义、描述性分析

从 921 家企业 2009~2015 年 7 年的 6447 个数据样本中，本书选择 351 个外商直接投资的企业作为本章节的分析对象。由于不同企业在不同年度的外商直接投资数额和比例均在发生变化，有些企业的外商投资已在 7 年内退出，也有企业在 7 年中引进外商直接投资，或者外商直接投资占全部股本的比重存在较大变化等，所以不宜采用面板数据进行分析。

外商直接投资（FDI）采用外商直接投资数额占全部投资额（股本）的比例来表示，数据来源于国泰安数据库。分析涉及的其他指标均来自前章节的估计和测度，例如技术资本错配程度（dk）、全要素生产率（TFP）、非技术资本与技术资本偏替代弹性（agk）和影子替代弹性（sgk）等。

下面对主要的变量进行描述性统计分析，以便进行调节效应分析、中介效应分析和回归分析，描述性统计分析结果如表 5 - 1 所示。

表 5 - 1　　　　　　涉及 FDI 效应的主要变量描述性统计分析

变量	极小值	极大值	均值	标准差
FDI	0.002	0.980	0.364	0.246
dk	0	4.250	0.536	0.624
TFP	0.030	22.751	6.133	5.902
agk	- 37.560	0.740	- 10.492	15.650
sgk	- 12.870	0.450	- 4.029	4.735

资料来源：国泰安数据库。

外商直接投资（FDI）的比例极大值高达 0.980，而极小值为 0.002，平均数为 0.364，其标准差为 0.246，差异相对较小；对技术资本错配程度（dk）取绝对值后，极小值为 0，极大值为 4.250，均值为 0.536，技术资本错配程度相对较小。样本间的全要素生产率（TFP）差异相对较大，极小值为 0.030，而极大值为 22.751，生产效率较高，均值为 6.133。受资本投资的影响，主要的要素替代弹性是非技术资本与技术资本之间的替代互补关系，两者偏替代弹性（agk）的极小值为 -37.560，即存在较大互补性；极大值为 0.740，是正数，表明两要素之间为替代关系，但大于零的样本个数为 11 个，均值为 -10.492，两者替代弹性基本是互补关系。同样分析非技术资本与技术资本的影子替代弹性（sgk），极小值为 -12.870，均值为 -4.029，两要素为互补关系，极大值为 0.450，为正数，但样本个数仅有 13 个。

下面对主要变量相关性进行分析，并就相关系数的显著性进行检验，结果如表 5 - 2 所示。

表 5 - 2　　　　　　　　　关键变量之间相关性分析

变量	FDI	dk	TFP	agk	sgk
FDI	1	-0.110 *** (0.082)	0.364 *** (0)	-0.176 (0.127)	-0.215 *** (0)
dk	-0.110 * (0.082)	1	-0.201 *** (0.001)	-0.106 (0.657)	-0.012 (0.748)
TFP	0.364 *** (0)	-0.201 *** (0.001)	1	-0.133 ** (0.035)	-0279 *** (0)
agk	-0.176 (0.127)	-0.106 (0.657)	-0.133 ** (0.035)	1	0.794 *** (0)
sgk	-0.215 *** (0)	-0.012 (0.748)	-0279 *** (0)	0.794 *** (0)	1

注：相关系数下括号中的数值为相关系数显著性的 P 值。*** 表示在 1% 的显著性水平下显著，** 表示在 5% 的显著性水平下显著，* 表示在 10% 的显著性水平下显著。

主要关注外商直接投资（FDI）与其他相关变量的关系，外商直接投资（FDI）与技术资本要素错配程度（dk）的关系为负数，在10%的显著性水平下显著，在一定程度上，外商直接投资的增加会减弱技术资本要素错配程度，改善要素资源配置；外商直接投资（FDI）与全要素生产率（TFP）的相关系数为0.364，为正数并且数值较大，在1%的显著性水平下显著，表明外商直接投资越大，对企业生产效率的提高就越为明显；外商直接投资（FDI）与两类资本偏替代弹性的相关系数为负数，两者存在一定相互减弱关系，显著性检验虽未通过，但其P值为0.127，数额较小，可进行分析；而外商直接投资与两类资本影子替代弹性的相关系数为负值，且在1%的显著性水平下显著，两者变动方向相反。综合来看，相关系数的绝对值范围为0.1~0.4，适宜回归分析。

前面已分析被解释变量全要素生产率（TFP）与外商直接投资的相关系数为正数并且显著；全要素生产率与另外三个变量的相关系数均为负数，并且在5%的显著性水平下显著，特别是与影子替代弹性的显著性更高。

本部分进行了调节效应分析或者中介效应分析，对其所涉及的变量进行标准化或者中心化，研究涉及关键变量均是连续变量，适宜进行标准化，对各变量标准化后，结果与前面分析基本一致，因此不再进行描述性统计分析和相关分析。

二、外商直接投资、技术资本要素配置与全要素生产率

外商直接投资对全要素生产率的影响是否存在调节效应或者中介效应？根据前面的理论分析，下面先探寻技术资本要素配置与两者之间的关系，假设替代弹性对其无影响，设定调节模型为：

$$TFP_i = \theta_1 FDI_i + \theta_2 dk_i + \varepsilon_i \tag{5.1}$$

$$TFP_i = \theta_0 + \theta_3 FDI_i + \theta_4 dk_i + \theta_5 FDI \cdot dk_i + \varepsilon_i$$

$$= \theta_0 + \theta_4 dk_i + (\theta_3 + \theta_5 dk_i) FDI_i + \varepsilon_i \tag{5.2}$$

根据判断系数 θ_5 的显著性程度，以及两个模型的拟合优度变化的

影响大小，判断是否存在调节效应，调节效应大小由回归系数（$\theta_3 + \theta_5 dk_i$）来反映。

若 θ_5 不显著，或者虽然显著但是两者方程的拟合优度变化较小，则分析是否存在中介效应，构建模型如下：

$$TFP_i = \varphi_1 FDI_i + \varepsilon_i \tag{5.3}$$

$$dk_i = \varphi_2 FDI_i + \varepsilon_i \tag{5.4}$$

$$TFP_i = \theta_1 FDI_i + \theta_2 dk_i + \varepsilon_i \tag{5.5}$$

中介效应是否显著，从以下四步进行检验：

第一，式（5.3）的系数是否显著，若显著，进行下一步；

第二，检验式（5.4）的系数和式（5.5）的中介变量的系数，若均显著，则存在明显中介效应；若至少一个不显著，则采用 Bootstrap 检验是否显著；若显著，进行下一步；

第三，检验式（5.5）解释变量的系数是否显著，若不显著，则说明直接效应不显著，均存在中介效应；若显著，进行下一步；

第四，通过判断系数之间符号，判断是否存在部分中介效应。

根据所述相关变量关系，以及调节效应和中介效应的方法，对标准化的变量进行相关的回归分析，结果如表 5 – 3 所示。

表 5 – 3　外商直接投资、要素配置与全要素生产率关系实证结果

变量	模型				
	A	B	C	D	E
	TFP	TFP	dk	TFP	TFP
cons	—	—	—	—	– 0. 0112 （ – 1. 22）
FDI	—	0. 6135 *** （12. 28）	– 0. 3149 * （ – 1. 77）	0. 5045 *** （12. 07）	0. 5755 *** （10. 79）
dk	– 0. 2121 *** （ – 3. 41）	—	—	– 0. 3461 *** （ – 2. 93）	– 0. 3629 *** （ – 3. 12）
FDI × dk	—	—	—	—	– 0. 0853 （ – 1. 03）

变量	模型				
	A	B	C	D	E
	TFP	TFP	dk	TFP	TFP
R^2	0.081	0.376	0.024	0.397	0.401
F	11.62***	150.90***	3.06*	82.03***	54.95***

注：***表示在1%的显著性水平下显著，*表示在10%的显著性水平下显著。

模型 A：方程 F 检验在 1% 的显著性水平下显著，技术资本要素错配程度系数为负数；t 检验在 1% 的显著性水平下显著，技术资本要素错配程度越大，企业的全要素生产率就越低，即错配系数每增加 1，要素生产率降低 0.2121，该结果与前面分析的要素错配与生产率的关系一致；

模型 D 和模型 E：模型 D 的 F 检验值为 82.03，相对较大，且在 1% 的显著性水平下显著，两个变量的系数检验显著通过，其中，外商直接投资影响为正数 0.5045；在模型 E 中，对关键变量已标准化但两者乘积（FDI×dk）不一定是标准化的变量，在回归分析时考虑常数项（cons）。模型 E 方程的 F 检验通过，两个变量的 t 检验显著，但交互项（FDI×dk）的显著性水平较低，t 检验未通过，不适宜进行调节效应分析，须进一步分析中介效应是否存在。

模型 B、模型 C 和模型 D 组成中介效应模型：模型 B 是分析外商直接投资（FDI）对全要素生产率（TFP）的总体影响，方程 F 检验显著，系数为正数 0.6135，t 检验在 1% 的显著性水平下显著，外商直接投资比例每增加 1，则全要素生产率增加 0.6135。模型 C 的方程检验较为显著，在 10% 的显著性水平下通过，其系数的 t 检验也是在 10% 的显著性水平下显著，系数为负值（-0.3149），表明了外商直接投资对技术资本要素错配的直接影响程度，即投资越多，要素错配就越小，资源配置便得以改善。结合模型 D 的检验可以得出，各系数检验通过，间接效应是显著的，模型 D 中 FDI 的系数为 0.5045，t 检验在 1% 的显著性水平下显著，直接效应显著，说明两者存在显著的部分中介效应，各变量之间的关系表示如图 5 - 1 所示。

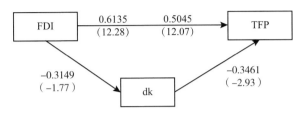

图 5 - 1 外商直接投资、要素配置的中介效应

依据模型 B、模型 C 和模型 D 的中介效应分析，将其相关系数填入图 5 - 1 中，各系数显著性水平较高，存在部分中介效应（即间接效应），外商直接投资对全要素生产率的系数由 0.6135 降到 0.5045，降低了 0.1090，即为（- 0.3149）与（- 0.3461）的乘积，即外商直接投资对全要素生产率的直接效应为 0.5045，间接效应为 0.1090，总的影响效应为 0.6135，间接效应影响的比例为 17.8%。通过 Sobel 检验该影响的显著性，计算检验值为：

$$z = \frac{\hat{\varphi}_2 \hat{\theta}_2}{\sqrt{s_\varphi^2 \hat{\varphi}_2^2 + s_\theta^2 \hat{\theta}_2^2}} = \frac{0.3149 \times 0.3461}{\sqrt{0.1767^2 \times 0.3149^2 + 0.1081^2 \times 0.3461^2}} = 1.79$$

Sobel 的检验值为 1.79，在 5% 的显著性水平下显著。

综上所述，外商直接投资对全要素生产率影响显著，总效应为 0.6135，其中，通过影响技术资本要素配置的间接影响效应为 0.1090，占总效应的 17.8%，直接效应为 0.5045，占总效应的 82.2%。

三、外商直接投资、要素替代弹性与全要素生产率

同理，下面探究外商直接投资对全要素生产率的影响，并判断是否通过要素替代弹性产生中介效应（间接效应）或者调节效应，假定在不存在要素错配或者不考虑要素错配的情况下，设定简单的调节模型为：

$$TFP_i = \theta_1 es_i + \theta_2 dk_i + \varepsilon_i \tag{5.6}$$

$$\begin{aligned}
\text{TFP}_i &= \theta_0 + \theta_3 \text{FDI}_i + \theta_4 \text{es}_i + \theta_5 \text{FDI} \cdot \text{es}_i + \varepsilon_i \\
&= \theta_0 + \theta_4 \text{es}_i + (\theta_3 + \theta_5 \text{es}_i) \cdot \text{FDI} + \varepsilon_i
\end{aligned} \tag{5.7}$$

根据系数 θ_5 的显著性程度和方程拟合优度变化的程度来判断是否存在调节效应，经回归系数（$\theta_3 + \theta_5 \text{es}_i$）反映效应大小。

若 θ_5 不显著，或者虽然显著但是两者方程的拟合优度变化较小，则可以考虑是否存在中介效应，构建模型方程组为：

$$\text{TFP}_i = \varphi_1 \text{es}_i + \varepsilon_i \tag{5.8}$$

$$\text{dk}_i = \varphi_2 \text{es}_i + \varepsilon_i \tag{5.9}$$

$$\text{TFP}_i = \theta_1 \text{es}_i + \theta_2 \text{dk}_i + \varepsilon_i \tag{5.10}$$

根据以上类似的检验方法，可以检验是否存在中介效应。

估计各类替代弹性后，先分析要素间偏替代弹性的调节效应或者中介效应，再以影子替代弹性进行结果的稳健性检验。四个投入要素两两之间的替代弹性共 6 组，而外商直接投资主要改变了技术资本要素的大小，要素间替代弹性主要选择非技术资本与技术资本替代弹性、技术资本与非技能劳动替代弹性、技术资本与技能劳动替代弹性等进行效应分析。

对相关变量标准化后，下面分析外商直接投资对全要素生产率的影响是否存在偏替代弹性的调节效应或中介效应，相关检验和估计结果如表 5-4 所示。

表 5-4　　　　外商直接投资、偏替代弹性的中介效应结果

变量	模型				
	F	B	G	H	I
	TFP	TFP	agk	TFP	TFP
cons	—	—	—	—	-0.0046 (-0.89)
FDI	—	0.6135 *** (12.28)	-0.1065 * (-1.83)	0.5936 *** (12.16)	0.5996 *** (11.92)

变量	模型				
	F	B	G	H	I
	TFP	TFP	agk	TFP	TFP
agk	−0.1834 ** (−2.13)	—	—	−0.1869 * (−1.84)	−0.1854 * (−1.71)
FDI × agk	—	—	—	—	−0.0602 (−1.22)
R^2	0.035	0.376	0.013	0.384	0.388
F	4.53 **	150.90 ***	3.47 *	77.58 ***	52.11 ***

注：*** 表示在1%的显著性水平下显著，** 表示在5%的显著性水平下显著，* 表示在10%的显著性水平下显著。

模型F：分析非技术资本与技术资本偏替代弹性（agk）与全要素生产率（TFP）的关系，方程F检验在5%的显著性水平下显著，系数为负数，其t检验也在5%的显著性水平下显著。已知非技术资本与技术资本之间是互补关系，互补关系越小，即替代弹性值越大，则全要素生产率就越小，偏替代弹性每增加1，要素生产率降低0.1834，该结果与前面分析的要素替代弹性与生产率的关系基本一致。

对模型H和模型I检验以便判断是否存在调节效应。模型H的方程拟合的F检验值为77.58，该值较大，并且在1%的显著性水平下显著，两个变量的系数的t检验分别在1%和10%的显著性水平下显著，其中，外商直接投资影响为正数0.5936。对于模型I，因为标准化后的两个变量的乘积（FDI×agk）不一定是标准化的变量，所以回归分析时增加常数项（cons）。模型I方程的F检验值为52.11，检验通过，两个变量的t检验也较为显著，但是交互项（FDI×agk）的显著性水平较低，t检验值为−1.22，检验未通过，不适宜调节效应分析，考虑是否存在中介效应。

模型B、模型G和模型H组成简单的中介效应模型。模型B是分析外商直接投资（FDI）对全要素生产率（TFP）的总体影响，方程F

检验显著，系数为正数 0.6135，t 检验在 1% 的显著性水平下显著，与前面分析一致，属于同一模型。模型 G 的方程检验较为显著，在 10% 的显著性水平下通过，其系数的 t 检验也是在 10% 的显著性水平下显著，系数为负值（-0.1065），表明了外商直接投资对非技术资本与技术资本偏替代弹性的直接影响程度，即投资越多，替代弹性就越小，互补关系越弱，两者存在替代的倾向趋势越为明显。结合模型 H 进行检验可以看出，系数检验通过，间接效应是显著的，模型 H 中 FDI 的系数为 0.5936，t 检验在 1% 的显著性水平下显著，即直接效应也显著，说明两者存在显著的部分中介效应，关系表示如图 5-2 所示。

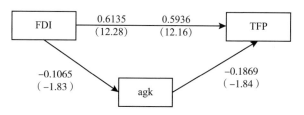

图 5-2　外商直接投资、偏替代弹性的中介效应

根据模型 B、模型 G 和模型 H 的中介效应分析，将其相关系数填入图 5-2 中，外商直接投资对全要素生产率的影响系数由 0.6135 降到 0.5936，降低了 0.0199，该差异也是（-0.1065）与（-0.1869）的乘积，也就是说外商直接投资对全要素生产率的直接效应为 0.5045，通过非技术资本与技术资本偏替代弹性影响的间接效应为 0.0199，总的影响效应为 0.6135，间接效应影响的比例为 3.3%，间接效应影响比例较小，但检验显著。根据 Sobel 检验中介效应的显著性，计算检验值为：

$$z = \frac{\hat{\varphi}_2\,\hat{\theta}_2}{\sqrt{s_\varphi^2\,\hat{\varphi}_2^2 + s_\theta^2\,\hat{\theta}_2^2}} = \frac{0.1065 \times 0.1869}{\sqrt{0.0412^2 \times 0.1065^2 + 0.0654^2 \times 0.1869^2}} = 1.68$$

Sobel 检验值为 1.68，在 5% 的显著性水平下显著。

综上所述，外商直接投资对全要素生产率影响显著，总效应为

0.6135，通过影响非技术资本与技术资本偏替代弹性的间接影响效应为
0.0199，占总效应的3.3%，直接效应为0.5936，占总效应的96.7%。

将中间变量非技术资本与技术资本偏替代弹性替换为两要素的影子
替代弹性，相关效应的检验和估计结果如表5-5所示。

表5-5　　　　　外商直接投资、影子替代弹性的中介效应结果

变量	模型				
	J	B	K	L	M
	TFP	TFP	sgk	TFP	TFP
cons	—	—	—	—	-0.0127 (-1.21)
FDI	—	0.6135 *** (12.28)	-0.2264 *** (-3.63)	0.5576 *** (11.50)	0.5487 *** (10.51)
sgk	-0.2353 *** (-4.58)	—	—	-0.2467 *** (-2.94)	-0.2507 *** (-3.03)
FDI × sgk	—	—	—	—	-0.1033 (-1.19)
R^2	0.154	0.376	0.104	0.398	0.409
F	20.98 ***	150.90 ***	18.20 ***	82.07 ***	56.96 ***

注：*** 表示在1%的显著性水平下显著。

模型 J：分析非技术资本与技术资本影子替代弹性与全要素生产率
的关系，方程 F 检验及其系数均在1%的显著性水平下显著，同样根据
影子替代弹性可得非技术资本与技术资本之间是互补关系，该系数为负
数 -0.2353，则互补关系越小，即替代弹性值越大，全要素生产率就越
小，该结果与第四章分析的要素替代弹性与生产率的关系基本一致。

根据同样方法检验是否存在调节效应。模型 L 的方程拟合的 F 检验
值为82.07，且在1%的显著性水平下显著，两个变量的系数的 t 检验均
在1%的显著性水平下显著，其中，外商直接投资影响为正数0.5576。模
型 M 方程的 F 检验值为59.96，检验通过，但交互项（FDI × sgk）的显
著性水平较低，t 检验值为 -1.19，未通过检验，同样不适宜进行调节

效应分析，考虑中介效应是否显著。

模型 B、模型 K 和模型 L 组成简单的中介效应模型。模型 B 是分析外商直接投资（FDI）对全要素生产率（TFP）的总的影响，方程 F 检验显著，系数为正数 0.6135。已知模型 K 的方程检验较为显著，在 1% 的显著性水平下通过，其系数的 t 检验也是在 1% 的显著性水平下显著，系数为负值（-0.2264），表明了外商直接投资对非技术资本与技术资本影子替代弹性的直接影响程度，即投资越多，替代弹性就越小，互补关系越弱，两者存在替代的倾向趋势越为明显。结合模型 L 进行检验得出，各个系数检验通过，间接效应是显著的，t 检验在 1% 的显著性水平下显著，其直接效应也显著，说明两者存在显著的部分中介效应，关系表示如图 5-3 所示。

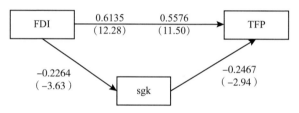

图 5-3　外商直接投资、影子替代弹性的中介效应

根据模型 B、模型 L 和模型 M 的中介效应分析，将其相关系数填入图 5-3 中，外商直接投资对全要素生产率的影响系数由 0.6135 降到 0.5576，降低了 0.0559，该差异也是（-0.2264）与（-0.2467）的乘积，也就是说外商直接投资对全要素生产率的直接效应为 0.5576，通过非技术资本与技术资本偏替代弹性影响的间接效应为 0.0559，总的影响效应为 0.6135，间接效应影响的比例为 9.11%，间接效应影响比例较小，但其检验显著。通过 Sobel 进行检验该影响的显著性，计算检验值为：

$$z = \frac{\hat{\varphi}_2 \hat{\theta}_2}{\sqrt{s_\varphi^2 \hat{\varphi}_2^2 + s_\theta^2 \hat{\theta}_2^2}} = \frac{0.2264 \times 0.2467}{\sqrt{0.0620^2 \times 0.2264^2 + 0.0841^2 \times 0.2467^2}} = 2.23$$

Sobel 检验值为 2.23，在 1% 的显著性水平下显著。

综上所述，外商直接投资对全要素生产率影响显著，总效应为 0.6135，通过影响非技术资本与技术资本影子替代弹性的间接影响效应为 0.0559，占总效应的 9.11%，直接效应为 0.5576，占总效应的 90.89%，经影子替代弹性的中介效应比例比经偏替代弹性的影响比例要大。

外商直接投资属于技术资本的变化，除了较为显著影响技术资本配置效率以及非技术资本与技术资本替代弹性之外，对技术资本与劳动的替代关系产生一定的影响，采用调节模型或中介模型分析具体影响程度如何以及怎样影响全要素生产率。

先考虑技术资本与非技能劳动的替代弹性对两者关系的影响及其程度，分析方法、分析结果如表 5-6 所示。

表 5-6　　　　　外商直接投资、替代弹性的调节效应结果 1

变量	模型			
	P	Q	R	S
cons	—	−0.0089 (−1.04)	—	−0.0042 (−1.01)
FDI	0.6112 *** (12.19)	0.6072 *** (12.13)	0.6135 *** (12.26)	0.6104 *** (12.07)
akn	0.1337 (1.57)	0.1355 * (1.81)	—	—
skn	—	—	0.1030 (1.06)	0.1119 * (1.71)
FDI × akn	—	0.1002 *** (2.83)	—	—
FDI × skn	—	—	—	0.1024 * (1.84)

续表

变量	模型			
	P	Q	R	S
R^2	0.373	0.410	0.376	0.381
F	75.51 ***	62.74 ***	75.15 ***	51.98 ***

注：*** 表示在 1% 的显著性水平下显著，* 表示在 10% 的显著性水平下显著。

在模型 P 中，方程的 F 检验值为 75.51，在 1% 的显著性水平下显著，拟合优度为 0.373，相对较高，外商直接投资系数为正数 0.6112，其 t 检验在 1% 的显著性水平下显著，而偏替代弹性的系数 t 检验未通过，但其 t 检验值为 1.57，相对较大。将外商直接投资与偏替代弹性的交互项（FDI×akn）引入回归模型，得到模型 Q，方程的 F 检验在 1% 的显著性水平下显著，拟合优度提高为 0.410，增加了 0.037，交互项（FDI×akn）的系数在 1% 的显著性水平下显著，影子替代弹性的系数显著性有所提高，调节效应显著。

外商直接投资（FDI）的系数为正值 0.6072，每增加 1，则全要素生产率增加 0.6072，该幅度与前面分析的幅度相当。已知技术资本与非技能劳动的关系为互补关系，偏替代弹性系数为正数 0.1355，在 10% 的显著性水平下显著，替代弹性每增加 1，即互补关系减弱一定程度，全要素生产率则提高 0.1355。从调节项可以看出，外商直接投资通过偏替代弹性对全要素生产率产生正向的调节效应，能够促进全要素生产率有一定程度的提高（两者共同效应为 0.1002）。

同理分析模型 R 和模型 S，将两要素的偏替代弹性替换为影子替代弹性，进行稳健性检验，两个模型的 F 检验均在 1% 的显著性水平下显著，模型 S 的交互项的 t 检验在 10% 的显著性水平下显著，则替代弹性的调节效应显著。在模型 S 中，外商直接投资（FDI）的系数为正值 0.6104，在 1% 的显著性水平下显著。方程的拟合优度比不考虑交互项的拟合优度增加 0.005（0.381 − 0.376），但幅度有限，外商直接投资通过两要素的影子替代弹性对全要素生产率产生正向的调节效应，能够促进全要素生产率提高 0.1024。

分析技术资本与技能劳动的替代弹性对两者关系的影响及其程度，结论如表 5 - 7 所示。

表 5 - 7　　　　外商直接投资、替代弹性的调节效应结果 2

变量	模型			
	T	U	V	W
cons	—	− 0.0132 (− 0.87)	—	− 0.0042 (− 0.81)
FDI	0.6140 *** (12.26)	0.5881 *** (11.64)	0.6136 *** (12.25)	0.6097 *** (12.06)
akn	0.1141 * (1.88)	0.1391 * (1.78)	—	—
skn	—	—	0.1137 * (1.79)	0.1131 * (1.76)
FDI × akn	—	− 0.1994 *** (− 2.64)	—	—
FDI × skn	—	—	—	− 0.1294 * (− 1.69)
R^2	0.377	0.411	0.381	0.408
F	75.28 ***	55.71 ***	75.38 ***	52.94 ***

注：*** 表示在 1% 的显著性水平下显著，* 表示在 10% 的显著性水平下显著。

在模型 T 中，方程的 F 检验值为 75.28，在 1% 的显著性水平下显著，拟合优度为 0.377，相对较大，外商直接投资系数为正数 0.6140，其 t 检验在 1% 的显著性水平下显著，而影子替代弹性的系数 t 检验在 10% 的显著性水平下显著。将外商直接投资与偏替代弹性的交互项（FDI × akn）纳入回归模型，得到模型 U，方程的 F 检验在 1% 的显著性水平下显著，拟合优度为 0.411，增加了 0.034，交互项（FDI × akn）的系数在 1% 的显著性水平下显著，系数为负值 − 0.1994，影子替代弹性的调节效应显著。根据模型 U，外商直接投资（FDI）的系数为正的

0.5881，每增加1，则全要素生产率增加0.6072。已知技术资本与技能劳动的关系为互补关系，但偏替代弹性系数为负值 - 0.1994，在1%的显著性水平下显著，替代弹性每增加1，即互补关系减弱一定程度，全要素生产率则提高0.5881，比无交互项的影响降低了0.0259。根据调节项可以看出，外商直接投资通过偏替代弹性对全要素生产率产生负向的调节效应，使全要素生产率降低了一定比例。

同理分析模型 V 和模型 W，将要素的偏替代弹性替换为影子替代弹性，进行稳健性检验。两个模型的 F 检验均在1%的显著性水平下显著，拟合优度提高了0.027，模型 W 的交互项的 t 检验在10%的显著性水平下显著，则替代弹性的调节效应显著。根据模型 W，外商直接投资（FDI）的系数为正值0.6097，在1%的显著性水平下显著，外商直接投资通过两要素的影子替代弹性对全要素生产率产生负向的调节效应，使全要素生产率降低0.1294。

四、外商直接投资、要素配置和替代弹性与全要素生产率

根据上面分析，外商直接投资通过影响技术资本要素配置、技术资本与非技术资本的替代弹性等对全要素生产率产生中介效应。在一定程度上，技术资本与两类劳动的替代弹性对其关系有调节效应。

基于经技术资本要素配置产生的中介效应和经非技术资本与技术资本替代弹性产生的中介效应，构建简单的路径分析模型，除前面已列示方程外增加方程：

$$TFP_i = \rho_1 FDI_i + \rho_2 dk_i + \rho_3 es_i + \varepsilon_i \tag{5.11}$$

其中，es 表示替代弹性。

式（5.11）中的替代弹性分别以 agk（非技术资本与技术资本偏替代弹性）和 sgk（两者的影子替代弹性）进行回归分析，结合前面已分析的相关模型，汇总如表 5 - 8 所示。

表5－8 外商直接投资、替代弹性和要素配置的中介效应结果

变量	模型					
	B	C	G	N	K	O
	TFP	dk	agk	TFP	sgk	TFP
FDI	0.6135 *** （12.28）	－0.3092 * （－1.75）	－0.1065 * （－1.74）	0.5121 *** （11.95）	－0.2264 *** （－3.63）	0.4784 *** （10.48）
dk	—	—	—	－0.2752 *** （－2.99）	—	－02520 *** （－3.10）
agk	—	—	—	－0.1527 ** （－1.98）	—	—
sgk	—	—	—	—	—	－0.2526 *** （－3.11）
R^2	0.376	0.024	0.013	0.407	0.104	0.421
F	150.90 ***	3.06 *	3.47 *	56.34 ***	18.20 ***	58.57 ***

注： *** 表示在1%的显著性水平下显著， ** 表示在5%的显著性水平下显著， * 表示在10%的显著性水平下显著。

模型B、模型C、模型G和模型N构成了简单的路径分析模型。在模型N中，方程的F检验值为56.34，在1%的显著性水平下显著，拟合优度为0.407，整体拟合优度较高，比模型B的拟合优度（0.376）提高了0.031，外商直接投资和要素错配程度的系数t检验在1%的显著性水平下显著，替代弹性的系数在5%的显著性水平下显著，中介效应检验显著，其作用路径如图5－4所示。

外商直接投资对全要素生产率的影响系数由0.6135降低到0.5121，降低了0.1014，直接效应的降低幅度较大，其主要是由两个中介效应引起的间接效应所致：第一，外商直接投资经影响技术资本要素配置而间接影响全要素生产率，幅度为0.0851，即（－0.3092）×（－0.2752）；第二，外商直接投资经影响非技术资本与技术资本偏替代弹性而间接影响全要素生产率，幅度为0.0163，即（－0.1065）×（－0.1527），两个间接效应值之和为0.1014（即0.0851＋0.0163），两个间接效应影响所占比例为16.53%，其直接效应为83.47%。

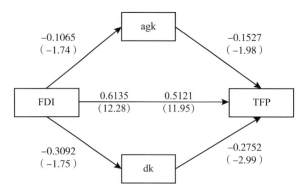

图 5 - 4   外商直接投资、要素配置和替代弹性的中介效应 1

将偏替代弹性替换为影子替代弹性，进行稳健性检验，则模型 B、模型 C、模型 K 和模型 O 也构成简单的路径分析模型。在模型 O 中，方程的 F 检验值为 59.80，在 1% 的显著性水平下显著，拟合优度为 0.423，整体拟合较好，比模型 B 的拟合优度较大幅度提高了 0.047，外商直接投资、要素错配程度、影子替代弹性的系数 t 检验在 1% 的显著性水平下显著，中介效应检验显著，即路径分析模型稳健性较强，其作用路径如图 5 - 5 所示。

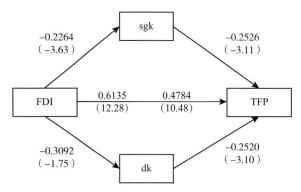

图 5 - 5   外商直接投资、要素配置和替代弹性的中介效应 2

外商直接投资对全要素生产率的影响系数由 0.6135 降低到 0.4784，降低了 0.1351，直接效应的降低幅度较大，这是由两个中介效应引起的间接效应所致：第一，外商直接投资通过影响技术资本要素配置而间接影响全要素生产率，幅度为 0.0779，即（-0.3092）×（-0.2520）；第二，外商直接投资通过影响非技术资本与技术资本影子替代弹性而间接影响全要素生产率，幅度为 0.0572，即（-0.2264）×（-0.2526），两个间接效应值之和为 0.1351（即 0.0779+0.0572），恰好等于外商直接投资对全要素生产率影响的减少数量，两个间接效应影响所占比例为 19.09%，其直接效应为 80.91%。验证了外商直接投资的直接和间接效应的稳健性。

五、外商直接投资与技能溢价

外商直接投资所产生的企业效益，除影响生产效率外，也影响企业绩效和要素之间的分配关系等。外商直接投资会对供给要素的分配关系产生影响，下面分析外商直接投资对技能溢价的影响。技能溢价（jnyj）是指高技能劳动工资和低技能劳动工资的比率，即技能劳动工资率与非技能劳动工资率的比重大小，采用两类劳动的工资率的比值来表示。针对 351 家样本，适宜进行多元线性回归分析外商直接投资对技能溢价的影响大小，构建模型为：

$$jnyj_i = \phi_0 + \phi_1 FDI_i + \phi_2 alv_i + \phi_3 kvl_i + \varepsilon_i \qquad (5.12)$$

其中，jnyj 为技能溢价，alv（资产负债率）和 kvl（资本深化）为控制变量。

采用最小二乘法对上述模型进行分析，发现存在异方差现象，同时考虑企业的异质性等问题，对其进行加权最小二乘法分析，结果有所改善，具体结果如表 5-9 所示。

表 5 – 9 外商直接投资对技能溢价的影响

变量	方法	
	OLS	WLS
cons	– 1. 0680 ** (– 2. 01)	– 1. 4249 *** (– 2. 86)
FDI	0. 8565 *** (5. 56)	0. 9291 *** (6. 04)
alv	– 0. 2929 (– 1. 46)	– 0. 2554 (– 1. 63)
kvl	0. 2040 *** (4. 63)	0. 2285 *** (5. 22)
R^2	0. 161	0. 226
F	15. 79 ***	22. 13 ***

注：*** 表示在1%的显著性水平下显著，** 表示在5%的显著性水平下显著。

根据采用最小二乘法（OLS）分析方程的结果来看，F检验值为15. 79，在1%的显著性水平下显著，拟合优度为0. 161，外商直接投资的系数 t 检验在1%的显著性水平下显著，控制变量资产负债率 t 检验没有通过，但是 t 检验绝对值为1. 46，相对较大；对截面数据分析可能存在异方差，对方程采用加权最小二乘法（WLS），方程的 F 检验值为22. 13，F 统计量的提高幅度较大，拟合优度显著提升了0. 065，达到0. 226。此外，各个解释变量的系数 t 检验值的显著性程度也均有提高。

外商直接投资的系数为正值0. 9291，即外商直接投资增加1，则技能溢价显著增加0. 9291，正向影响效应显著。外商直接投资投进来的是高新技术或者专利等，技能劳动者得以充分发挥并施展才能，其相关工资待遇显著提升，从而拉开与非技能劳动者之间的差距。

第三节　研究与开发（R&D）供给动力结构效应分析

本书基于所选 921 家企业在 2014 年和 2015 年的财务数据，分析研究与开发的技术创新供给的动力结构效应，探究有无研发支出企业之间全要素生产率、要素配置效率、要素替代弹性是否存在显著差异，研发支出是否资本化对相关指标之间差异的影响是否显著，以及研究与开发是否存在中介效应或者调节效应。2014 年和 2015 年所选样本的研究与开发情况如表 5 – 10 所示。

表 5 – 10　　　　　　　　　研发支出企业个数统计　　　　　　　　单位：家

研发情况	2014 年	2015 年
无研究与开发支出	226	245
有研究与开发支出	695	676
其中：存在资本化	285	308
不存在资本化	410	368
合计	921	921

如表 5 – 10 所示，2014 年制造企业中有研究与开发支出的企业为 695 家，占全部样本的 75.5%。在 695 家研发企业中，当年研发支出资本化转为无形资产确认的为 285 家，占研究开发支出企业总数的 41.0%。2015 年样本中有研究与开发支出的企业为 676 家，占全部样本的 73.3%，比例有所减少，其中，当年研发支出资本化的企业为 308 家，比例达到 45.5%。

一、研究与开发独立样本均值 t 检验

（一）有无研究与开发支出的企业效果差异检验

下面对于有研发支出企业与无研发支出企业之间生产效率和绩效是否存在显著差异，采用样本均值 t 检验进行分析。有研发支出企业与无研发支出企业相关指标的描述性统计分析如表 5 - 11 所示。

表 5 - 11　　　　　　　　2014 年有无研发支出相关指标对比

比较变量	类别	N	均值	标准差	标准误
全要素生产率（TFP）	无研发支出	226	8.705	8.769	0.728
	有研发支出	695	7.128	6.654	0.239
非技术资本与技术资本偏替代弹性（agk）	无研发支出	226	-16.944	27.641	2.296
	有研发支出	695	-12.305	21.147	0.759
非技术资本与技术资本影子替代弹性（sgk）	无研发支出	226	-3.946	5.311	0.441
	有研发支出	695	-3.166	4.316	0.155
技术资本错配程度（dk）	无研发支出	226	-12.377	28.328	2.353
	有研发支出	695	-5.987	23.299	0.836

如表 5 - 11 所示，有研发支出企业的全要素生产率均值为 7.128，而无研发支出企业的全要素生产率均值为 8.705，研究与开发需要耗用各类资本、劳动等要素资源，产生相关成本费用，不能及时带来相关收益，导致生产率相对下降。已知非技术资本与技术资本之间是互补的，两类要素之间的偏替代弹性和影子替代弹性均为负数，这同样说明两要素之间是互补的。有研发支出企业的替代弹性均值的绝对值均小于无研发支出企业的替代弹性均值的绝对值，即有研发支出企业的非技术资本与技术资本互补性相对较弱。在研究开发阶段，技术资本投入相对较大，且较多用于研发支出而未进行相关生产，从而导致非技术资本与其

投入生产的技术资本互补性减弱。有研发支出企业的技术资本要素错配程度均值的绝对值（5.987）小于无研发支出企业的技术资本要素错配程度均值的绝对值（12.377），研发支出主要用于技术资本的研究和开发，相对配置到技术资本的支出趋于适当，企业进行研究和开发的原因在于企业技术资本较弱或者技术资本相对配置不合理，因此在研发支出后，技术资本配置才得以改善。仅从均值对其有无研究与开发支出的相关变量进行比较，并无法判断其差异是否显著，下面对有无研发企业之间各对比分析的指标采用独立样本均值配比 t 检验。采用 2014 年样本数据的检验结果如表 5 - 12 所示。

表 5 - 12　　　　　　　　2014 年有无研究与开发效应的 t 检验结果

变量	方差假设	方差方程的 Levene 检验		均值方程的 t 检验				
		F	Sig.	t	df	Sig.	均值差值	标准误差值
TFP	假设方差相等	20.47	0	2.480	919.00	0.013	1.577	0.636
	假设方差不相等	—	—	2.057	176.27	0.041	1.577	0.766
agk	假设方差相等	21.10	0	−2.300	919.00	0.022	−4.639	2.017
	假设方差不相等	—	—	−1.919	176.82	0.057	−4.639	2.418
sgk	假设方差相等	8.54	0.004	−1.922	919.00	0.055	−0.780	0.406
	假设方差不相等	—	—	−1.669	181.21	0.097	−0.780	0.467
dk	假设方差相等	11.26	0.001	−2.923	919.00	0.004	−6.389	2.185
	假设方差不相等	—	—	−2.559	182.16	0.011	−6.389	2.497

从表 5 – 12 可以看出，对有无研究与开发支出企业的全要素生产率进行配比 t 检验，方差方程的 Levene 检验的 F 值为 20. 47，在 1% 的显著性水平下显著，拒绝两组方差相等的原假设，即有无研发支出企业的样本方差不等。两组样本均值之差为 1. 577，t 检验值为 2. 057，在 5% 的显著性水平下显著，拒绝两样本均值相等的假设，即两组全要素生产率差异显著，有研究与开发支出企业的全要素生产率显著小于无研发支出企业的全要素生产率。

同理，对有无研究与开发支出企业的非技术资本与技术资本的偏替代弹性和影子替代弹性配比 t 检验，方差方程的 Levene 检验均在 5% 的显著性水平下显著，两组样本的方差不相等；两组样本的两类替代弹性均值差异的 t 检验均在 10% 的显著性水平下显著，因均值为负值，要素之间为互补关系，则有研发支出企业的非技术资本与技术资本的互补性弱于无研发支出企业的两要素的互补性。对有无研究与开发支出企业的技术资本要素错配程度进行配比检验，方差方程的 Levene 检验在 1% 的显著性水平下显著，两组样本的方差也不相等，在该条件下，两组样本的技术资本错配程度的均值差异的 t 检验在 5% 的显著性水平下显著，即有无研发支出企业的技术资本配置差异显著，有研究与开发支出企业的技术资本错配程度显著小于无研究与开发支出企业的技术资本错配程度。

选择样本企业的 2015 年数据，对上述结论的稳健性进行检验，有无研究与开发支出企业的各变量均值、标准差等汇总如表 5 – 13 所示。

表 5 – 13   2015 年有无研发支出均值比较分析

比较变量	类别	N	均值	标准差	标准误
全要素生产率（TFP）	无研发支出	245	8. 853	9. 399	0. 837
	有研发支出	676	7. 007	6. 854	0. 243
非技术资本与技术资本偏替代弹性（agk）	无研发支出	245	− 15. 581	25. 643	2. 284
	有研发支出	676	− 12. 605	22. 015	0. 781

续表

比较变量	类别	N	均值	标准差	标准误
非技术资本与技术资本影子替代弹性（sgk）	无研发支出	245	-3.814	5.276	0.470
	有研发支出	676	-2.937	4.237	0.150
技术资本错配程度（dk）	无研发支出	245	-7.938	27.336	2.435
	有研发支出	676	-5.733	26.944	0.956

如表 5 - 13 所示，有研发支出企业的全要素生产率均值为 7.007，小于无研发支出企业的全要素生产率均值 8.853，并且有研发支出企业的全要素生产率的标准差和标准误较小，与 2014 年的研究结论一致；从两组样本的偏替代弹性和影子替代弹性对比分析来看，有研发支出企业的替代弹性均值的绝对值均小于无研发支出的替代弹性均值的绝对值，有研发支出企业的非技术资本与技术资本的互补性相对较弱；有研发支出企业的技术资本要素错配程度均值的绝对值（5.733）小于无研发支出企业的技术资本要素错配程度（7.938），研发支出导致技术资本配置得以改善，所得结论与 2014 年的研究结论一致。下面对其两组样本的四个变量均值进行独立样本 t 检验，分析两组样本相关指标均值之间的差异是否显著（见表 5 - 14）。

表 5 - 14　　　　　　　　2015 年有无研究与开发效应的 t 检验

变量	方差假设	方差方程的 Levene 检验		均值方程的 t 检验				
		F	Sig.	t	df	Sig.	均值差值	标准误差值
TFP	假设方差相等	23.51	0	2.655	919.00	0.008	1.846	0.695
	假设方差不相等	—	—	2.117	146.79	0.036	1.846	0.872

续表

变量	方差假设	方差方程的Levene 检验		均值方程的 t 检验				
		F	Sig.	t	df	Sig.	均值差值	标准误差值
agk	假设方差相等	4.82	0.028	−1.377	919.00	0.169	−2.976	2.162
	假设方差不相等	—	—	−1.833	155.57	0.070	−2.976	2.414
sgk	假设方差相等	8.30	0.004	−2.082	919.00	0.038	−0.877	0.421
	假设方差不相等	—	—	−1.777	151.61	0.078	−0.877	0.493
dk	假设方差相等	0.02	0.900	−1.452	919.00	0.156	−2.205	2.589
	假设方差不相等	—	—	−0.843	165.84	0.401	−2.205	2.616

如表 5 - 14 所示，对有无研究与开发支出企业的全要素生产率进行配比 t 检验，方差方程的 Levene 检验的 F 值为 23.51，在 1% 的显著性水平下显著，拒绝两组方差相等的原假设，即接受有无研发支出企业两组样本的方差不相等。两组样本的均值之差为 1.846，t 检验值为 2.117，在 5% 的显著性水平下显著，即两组全要素生产率差异显著，有研究与开发支出企业的全要素生产率显著小于无研发支出企业的全要素生产率。对有无研究与开发支出企业的非技术资本与技术资本的偏替代弹性和影子替代弹性进行配比 t 检验，方差方程的 Levene 检验分别在 5% 和 1% 的显著性水平下显著，两组样本的方差不相等；两组样本的两类替代弹性均值差异的 t 检验均在 10% 的显著性水平下显著，有研发支出企业的非技术资本与技术资本的互补性显著弱于无研发支出企业的两要素的互补性。对有无研究与开发支出企业的技术资本要素错配程度

进行配比检验，方差方程的 Levene 检验不显著，接受两组样本的方差相等的原假设，在该条件下，两组样本的技术资本错配程度均值差异的 t 检验不显著，但是其 t 值绝对值为 1.452，相对较大，有无研发支出企业的技术资本配置差异并不显著，即有研究与开发支出企业的技术资本错配程度小于无研究与开发支出企业的技术资本错配程度，但其显著性较低。该结果与 2014 年的研究结论基本一致。

（二）研究与开发支出是否资本化的企业效果差异检验

针对企业研究与开发是否资本化、对其全要素生产率和企业绩效是否有影响，本书选择研究与开发支出的有资本化企业与无资本化企业进行对比分析，采用独立样本均值 t 检验方法判断其差异是否显著。2014 年样本企业的各指标描述性统计分析结果如表 5 - 15 所示。

表 5 - 15　　　　　　　2014 年研发是否资本化均值比较分析

比较变量	类别	N	均值	标准差	标准误
全要素生产率（TFP）	研发无资本化	410	6.750	6.571	0.325
	研发资本化	285	7.819	7.121	0.422
非技术资本与技术资本偏替代弹性（agk）	研发无资本化	410	-11.980	20.073	0.991
	研发资本化	285	-13.883	23.551	1.395
非技术资本与技术资本影子替代弹性（sgk）	研发无资本化	410	-3.233	4.201	0.207
	研发资本化	285	-3.403	4.581	0.271
技术资本错配程度（dk）	研发无资本化	410	-6.320	23.548	1.163
	研发资本化	285	-5.530	22.143	1.312

如表 5 - 15 所示，研发支出有资本化企业的全要素生产率均值为 7.819，大于无资本化企业的全要素生产率均值 6.750，研究与开发支出的资本化意味着企业的专利和非专利技术等无形资产技术资本增加，这种技术创新成功必然会提升企业的生产效率，并获得超额利润、提高全要素生产率均值。研究与开发支出资本化后，技术资本得以改善和增

加，促进更多的非技术资本与其互补，从而出现统计表中的替代弹性现象，研发支出有资本化企业的偏替代弹性和影子替代弹性均值的绝对值均大于无资本化企业的替代弹性均值的绝对值。研发支出有资本化企业的技术资本得以更有效的配置和完善，其有资本化企业的技术资本错配程度均值的绝对值（5.530）小于无资本化企业的技术资本要素错配程度（6.320）。

下面采用独立样本均值配比 t 检验分析研究与开发支出有无资本化企业的相关指标之间差异是否显著。对所选择样本 2014 年的检验结果如表 5-16 所示。

表 5-16 **2014 年研发是否资本化效应的 t 检验结果**

变量	方差假设	方差方程的 Levene 检验		均值方程的 t 检验				
		F	Sig.	t	df	Sig.	均值差值	标准误差值
TFP	假设方差相等	2.05	0.153	-2.037	693.00	0.042	-1.068	0.525
	假设方差不相等	—	—	-2.008	578.90	0.045	-1.068	0.532
agk	假设方差相等	2.80	0.095	1.144	693.00	0.253	1.903	1.663
	假设方差不相等	—	—	2.112	546.47	0.035	1.903	1.711
sgk	假设方差相等	2.81	0.094	0.507	693.00	0.612	0.170	0.336
	假设方差不相等	—	—	1.779	576.36	0.078	0.170	0.342
dk	假设方差相等	0.57	0.449	-0.445	693.00	0.656	-0.790	1.772
	假设方差不相等	—	—	-0.450	633.98	0.653	-0.790	1.753

如表 5 - 16 所示，对研究与开发支出有无资本化企业的全要素生产率进行配比 t 检验，方差方程的 Levene 检验的 F 值为 2.05，显著性检验没通过，接受两组方差相等的原假设，两组样本均值之差为 - 1.068，t 检验值为 - 2.037，在 5% 的显著性水平下显著，即两组全要素生产率差异显著，研究与开发支出有资本化企业的全要素生产率显著大于无资本化企业的全要素生产率。对研究与开发支出有资本化企业的非技术资本与技术资本的偏替代弹性和影子替代弹性进行配比 t 检验，方差方程的 Levene 检验均在 10% 的显著性水平下显著，两组样本的方差不相等；两组样本的两类替代弹性均值差异的 t 检验分别在 5% 和 10% 的显著性水平下显著，研发支出有资本化企业的非技术资本与技术资本的互补性显著强于无资本化企业的两要素的互补性。对研究与开发支出有资本化企业的技术资本要素错配程度进行配比检验，方差方程的 Levene 检验不显著，接受两组样本方差相等的原假设，在该条件下，两组样本的技术资本错配程度的均值差异的 t 检验不显著，研究与开发支出有资本化企业的技术资本错配程度小于研究与开发支出无资本化企业的技术资本错配程度，但不显著。

对 2015 年研发支出有无资本化企业的相关变量进行 t 检验，对上述结论进行稳健性检验，研究与开发支出有无资本化企业的各变量均值和标准差等如表 5 - 17 所示。

表 5 - 17　　　　　2015 年研发是否资本化均值比较分析

比较变量	类别	N	均值	标准差	标准误
全要素生产率（TFP）	研发无资本化	368	6.134	6.312	0.329
	研发资本化	308	7.476	6.683	0.381
非技术资本与技术资本偏替代弹性（agk）	研发无资本化	368	- 11.424	23.066	1.314
	研发资本化	308	- 12.563	21.252	1.108
非技术资本与技术资本影子替代弹性（sgk）	研发无资本化	368	- 2.440	3.986	0.227
	研发资本化	308	- 3.115	4.244	0.221

比较变量	类别	N	均值	标准差	标准误
技术资本错配程度（dk）	研发无资本化	368	−6.805	26.463	1.508
	研发资本化	308	−5.985	28.623	1.492

如表 5 – 17 所示，研发支出有资本化企业的全要素生产率均值为 7.476，大于无资本化企业的全要素生产率均值 6.134，有资本化的企业全要素生产率均值得到提高；研究与开发支出资本化后，技术资本得以改善和增加，研发支出有资本化企业的偏替代弹性和影子替代弹性均值的绝对值（12.563，3.115）分别大于无资本化企业的偏替代弹性和影子替代弹性均值的绝对值（11.424，2.440）。研发支出有资本化企业的技术资本错配程度均值的绝对值（5.985）小于无资本化企业的技术资本要素错配程度均值的绝对值（6.805）。下面进行独立样本均值配比 t 检验。2015 年所选择样本的检验结果如表 5 – 18 所示。

表 5 – 18　　　　　　　　2015 年研发是否资本化效应的 t 检验结果

变量	方差假设	方差方程的 Levene 检验		均值方程的 t 检验				
		F	Sig.	t	df	Sig.	均值差值	标准误差值
TFP	假设方差相等	1.10	0.296	−2.680	674.00	0.008	−1.342	0.501
	假设方差不相等	—	—	−2.667	638.71	0.008	−1.342	0.503
agk	假设方差相等	1.36	0.548	−2.081	674.00	0.039	1.138	1.707
	假设方差不相等	—	—	−2.080	631.54	0.038	1.138	1.719

变量	方差假设	方差方程的 Levene 检验		均值方程的 t 检验				
		F	Sig.	t	df	Sig.	均值差值	标准误差值
sgk	假设方差相等	0.92	0.338	−2.116	674.00	0.035	0.675	0.319
	假设方差不相等	—	—	−2.127	665.09	0.034	0.675	0.317
dk	假设方差相等	1.26	0.262	0.384	674.00	0.701	−0.819	2.136
	假设方差不相等	—	—	0.386	667.33	0.699	−0.819	2.121

如表 5 - 18 所示，对研究与开发支出有无资本化企业的各变量进行配比 t 检验，方差方程的 Levene 检验的 F 值均较小，显著性检验均未通过，接受两组样本的各变量方差相等的原假设。两组样本的全要素生产率均值差异是否显著的 t 检验值为 − 2.680，在 1% 的显著性水平下显著，研究与开发支出有资本化企业的全要素生产率显著大于无资本化企业的全要素生产率。两组样本的两类替代弹性均值差异的 t 检验均在5% 的显著性水平下显著，研发支出有资本化企业的非技术资本与技术资本的互补性显著强于无资本化企业的两要素的互补性。两组样本的技术资本错配程度的均值差异的 t 检验不显著，得到研究与开发支出有资本化企业的技术资本错配程度小于研究与开发支出无资本化企业的技术资本错配程度，但并不显著。以上结论与 2014 年的研究结论基本一致，验证了结论的稳健性。

（三）研究与开发支出及其资本化滞后期的效果差异检验

由于研究与开发的时间一般较长，因此研究与开发的效果发挥可能存在滞后情况，下面分析样本 2014 年存在研究与开发支出企业在 2015

年的生产效率和绩效等是否显著，2014 年研究与开发支出资本化的企业在 2015 年的生产效率表现是否显著。2014 年有无研发支出在 2015 年的相关变量描述性统计分析如表 5 - 19 所示。

表 5 - 19　　　　　　　有无研发支出滞后一期均值比较分析

比较变量	类别	N	均值	标准差	标准误
全要素生产率（TFP）	无研发支出	226	8.756	9.010	0.748
	有研发支出	695	6.980	6.875	0.247
非技术资本与技术资本偏替代弹性（agk）	无研发支出	226	-14.021	24.354	2.022
	有研发支出	695	-12.824	22.213	0.797
非技术资本与技术资本影子替代弹性（sgk）	无研发支出	226	-3.477	4.949	0.411
	有研发支出	695	-2.978	4.290	0.154
技术资本错配程度（dk）	无研发支出	226	-7.344	28.118	2.335
	有研发支出	695	-5.790	26.790	0.962

如表 5 - 19 所示，有研发支出企业的全要素生产率滞后一期均值为 6.980，小于无研发支出企业的全要素生产率滞后一期的均值 8.756，因为研究开发一般周期较长，研发过程中所耗费的成本费用不能及时得到合理补偿，所以对下一期的生产效率也会产生一定影响；此外，一般本期进行研究开发的企业，其下一期继续研究开发的比例较大，也是导致下一期生产效率较低的一个主要因素。非技术资本与技术资本的两类替代弹性滞后一期的均值均为负数，两要素之间整体是互补的，有研发支出企业的替代弹性滞后一期均值的绝对值均小于无研发支出的替代弹性滞后一期均值的绝对值，有研究与开发企业滞后一期的互补性相对较弱。有研发支出企业的技术资本要素错配程度滞后一期均值的绝对值（5.790）小于无研发支出企业的技术资本要素错配程度滞后一期的均值绝对值（7.344），研发支出主要用于技术资本的研究和开发，相对配置到技术资本的支出趋于适当，滞后一期的技术资本配置表现较为明显。本书仅从均值对其有无研究与开发支出的滞后一期的相关变量进行

比较，其差异是否显著，需要进行独立样本均值配比 t 检验。检验结果如表 5 – 20 所示。

表 5 – 20　　　　有无研发支出滞后一期效应的 t 检验结果

变量	方差假设	方差方程的 Levene 检验		均值方程的 t 检验				
		F	Sig.	t	df	Sig.	均值差值	标准误差值
TFP	假设方差相等	20.27	0	2.708	919.00	0.007	1.777	0.656
	假设方差不相等	—	—	2.255	176.66	0.025	1.777	0.788
agk	假设方差相等	1.88	0.171	−0.587	919.00	0.558	−1.197	2.041
	假设方差不相等	—	—	−0.551	191.39	0.582	−1.197	2.174
sgk	假设方差相等	4.42	0.036	−1.252	919.00	0.211	−0.498	0.398
	假设方差不相等	—	—	−1.136	186.60	0.258	−0.498	0.439
dk	假设方差相等	0.27	0.603	−0.636	919.00	0.525	−1.555	2.443
	假设方差不相等	—	—	−0.616	195.95	0.539	−1.555	2.525

如表 5 – 20 所示，对研究与开发支出企业的全要素生产率滞后一期和非技术资本与技术资本的影子替代弹性进行配比 t 检验，方差方程的 Levene 检验的 F 值均较大，分别在 1% 和 5% 的显著性水平下显著，拒绝两组样本方差相等的假设，认为两组样本方差不等。而非技术资本与技术资本的偏替代弹性和技术资本要素错配程度两个变量的 Levene 检验的 F 值均较小，检验不显著，接受两组样本方差相等的假设。在两组样本方差不等的情况下，两组样本的全要素生产率均值差异是否显著的 t 检验值为 2.255，在 1% 的显著性水平下显著，研究与开发支出企业的

全要素生产率滞后一期的均值显著小于无研发支出企业的全要素生产率滞后一期均值。其余三个变量的有无研发支出企业的滞后一期的大小 t 检验均不显著。

下面分析样本中 2014 年存在研究与开发支出有无资本化的企业各指标在 2015 年（滞后一期）的生产效率表现是否显著，对四个相关指标的描述性统计分析和比较如表 5-21 所示。

表 5-21 研发有无资本化滞后一期均值比较分析

比较变量	类别	N	均值	标准差	标准误
全要素生产率（TFP）	研发无资本化	410	6.621	6.864	0.339
	研发资本化	285	7.616	7.218	0.428
非技术资本与技术资本偏替代弹性（agk）	研发无资本化	410	-12.313	21.255	1.050
	研发资本化	285	-14.614	24.273	1.438
非技术资本与技术资本影子替代弹性（sgk）	研发无资本化	410	-3.150	4.320	0.213
	研发资本化	285	-3.153	4.389	0.260
技术资本错配程度（dk）	研发无资本化	410	-4.927	26.828	1.325
	研发资本化	285	-5.975	25.849	1.531

如表 5-21 所示，研发支出有资本化企业的全要素生产率滞后一期均值为 7.616，大于研发支出无资本化企业的全要素生产率滞后一期均值 6.621，有资本化的企业全要素生产率滞后一期均值得以提高；研究与开发支出资本化后，滞后一期，企业自身得到改善，相关效益逐步发挥作用，研发支出有资本化企业的偏替代弹性的滞后一期均值的绝对值（14.614）大于无资本化企业的偏替代弹性滞后一期均值的绝对值（12.313），两样本影子替代弹性滞后一期的均值相差不大。研发支出有资本化企业的技术资本错配程度滞后一期均值的绝对值（5.975）大于无资本化企业的技术资本要素错配程度滞后一期均值（4.927）。为分析其均值大小的显著性，下面进行独立样本均值配比 t 检验，结果如表 5-22 所示。

表 5 - 22　　　　　　研发有无资本化滞后一期效应的 t 检验结果

变量	方差假设	方差方程的 Levene 检验		均值方程的 t 检验				
		F	Sig.	t	df	Sig.	均值差值	标准误差值
TFP	假设方差相等	1.60	0.206	-1.840	693.00	0.066	-0.995	0.541
	假设方差不相等	—	—	-1.823	591.08	0.069	-0.995	0.546
agk	假设方差相等	4.89	0.027	1.324	693.00	0.186	2.301	1.738
	假设方差不相等	—	—	1.293	557.47	0.197	2.301	1.780
sgk	假设方差相等	0.76	0.384	-0.112	693.00	0.910	0.003	0.335
	假设方差不相等	—	—	-0.112	604.81	0.911	0.003	0.336
dk	假设方差相等	0.07	0.790	0.514	693.00	0.607	1.048	2.038
	假设方差不相等	—	—	0.517	625.16	0.605	1.048	2.025

　　如表 5 - 22 所示，对研究与开发支出企业的偏替代弹性滞后一期和非技术资本与技术资本的偏替代弹性进行配比 t 检验，方差方程的 Levene 检验的 F 值均较大，在 5% 的显著性水平下显著，拒绝两组样本方差相等的假设，认为两组样本方差不相等。两组样本的其余三个变量滞后一期的方差方程的 Levene 检验的 F 值均不显著，认为两样本的三个变量方差是相等的。在两组样本方差不相等的情况下，两组样本的全要素生产率均值差异是否显著的 t 检验值为 -1.823，在 10% 的显著性水平下显著，研究与开发支出企业的全要素生产率滞后一期均值显著小于无研发支出企业的全要素生产率滞后一期均值。研发支出资本化企业对

其余三个变量的滞后一期的大小 t 检验均不显著。

二、研究与开发效应的倾向得分匹配（PSM）判断

倾向得分匹配（PSM）方法是将可观察的处理组和控制组特征相同或者相近的样本进行匹配，分析某一事件或者实验产生的效果，寻找与实验组或处理组样本特征相同或尽可能相似的控制组样本是降低评估过程因自选择而导致内生性的有效途径。对于企业是否有研究与开发支出、研发支出是否资本化的产生效果，适宜采用倾向得分匹配进行判断和比较。

（一）是否研究与开发支出效应的倾向得分匹配判断

下面分析企业研究与开发支出对企业生产效率和要素配置的关系是否有显著影响。被解释变量（结果变量）为全要素生产率（TFP）、非技术资本与技术资本替代弹性（agk、sgk）、技术资本要素错配程度（dk）；处理变量为是否研究与开发支出（RD），协变量为资产规模（lnA）、资产负债率（alv）、资本深化程度（kvl）和劳动高学历比例（gxl）。采用 logit 回归模型对企业有无研究与开发支出的倾向指数进行估计，2014 年和 2015 年的研究结果如表 5 - 23 所示。

表 5 - 23　　　　　　　　　有无研发支出 logit 回归结果

变量	2014 年	2015 年
cons	- 6. 6555 *** （ - 3. 80）	- 10. 9917 *** （ - 5. 45）
lnA	0. 3571 *** （5. 16）	0. 5492 *** （7. 16）
alv	- 1. 0770 ** （ - 2. 47）	- 1. 4246 *** （ - 2. 98）
kvl	0. 0694 （1. 52）	0. 1187 （1. 08）

变量	2014 年	2015 年
gxl	0.7439 * (1.71)	0.6904 * (1.69)
LR chi2	37.91 ***	71.30 ***
P – R^2	0.147	0.197

注：*** 表示在 1% 的显著性水平下显著，** 表示在 5% 的显著性水平下显著，* 表示在 10% 的显著性水平下显著。

如表 5 – 23 所示，2014 年和 2015 年 logit 回归的 LR chi2 值分别为 37.91 和 71.30，在 1% 的显著性水平下显著，P – R^2 值分别为 0.147 和 0.197，因此可以进行分析，除了资本深化协变量的 t 检验显著性较低外，其余协变量的 t 检验均显著。

采用近邻匹配估计方法，运用倾向得分匹配法的识别策略，对处理组和控制组在企业全要素生产率、替代弹性和要素配置上是否存在系统性差异进行实证检验（见表 5 – 24）。

表 5 – 24   2014 年有无研发支出的平均处理效应分析

变量	样本	处理组	控制组	差异	S. E.	t
TFP	匹配前	7.128	8.705	– 1.577	0.636	– 2.48
TFP	匹配后	7.128	9.672	– 2.544	1.043	– 2.44
agk	匹配前	– 12.650	– 16.944	4.294	2.064	2.08
agk	匹配后	– 12.650	– 14.551	1.901	0.960	1.98
sgk	匹配前	– 3.166	– 3.917	0.751	0.406	1.85
sgk	匹配后	– 3.166	– 3.761	0.595	0.350	1.70
dk	匹配前	– 6.554	– 12.988	6.434	2.265	2.84
dk	匹配后	– 6.554	– 11.086	4.532	1.929	2.35

如表 5 - 24 所示，与无研究与开发支出企业相比，匹配后有研究与开发支出企业的全要素生产率平均处理效应为 - 2.544，且在 5% 的显著性水平下显著（t 值绝对值为 2.44 大于临界值 1.96），即有研究与开发支出企业比无研究与开发支出企业的全要素生产率平均低 2.544，研发投入带来的成本费用的增加降低了企业生产效率。与无研究与开发支出企业相比，匹配后有研究与开发支出企业的非技术资本与技术资本的偏替代弹性的平均处理效应为 1.901，t 检验值为 1.98（大于 1.96），在 5% 的显著性水平下显著，有研发支出企业的非技术资本与技术资本互补性相对较弱。这是因为在研究开发阶段，相对来说技术资本投入较大，且较多用于研发支出而未进行相关生产，导致非技术资本与其投入生产的技术资本的互补性减弱。非技术资本与技术资本影子替代弹性的平均处理效应为 0.595，在 10% 的显著性水平下显著（t 检验值为 1.70，大于 1.69），两要素互补性同样减弱。与无研究与开发支出企业相比，匹配后有研究与开发支出企业的技术资本要素错配程度的平均处理效应为 4.532，t 检验值为 2.35（大于 1.96），在 5% 的显著性水平下显著。研发支出主要用于技术资本的研究和开发，相对配置到技术资本的支出趋于适当，企业进行研究和开发的原因在于企业技术资本较弱或者技术资本相对配置不合理，进行研发支出后，技术资本配置得以改善。

如表 5 - 25 所示，与 2014 年相比，2015 年的相关匹配结果变化不大。与无研究与开发支出企业相比，匹配后有研究与开发支出企业的全要素生产率平均处理效应为 - 4.648，差距比 2014 年较大，在 5% 的显著性水平下显著；非技术资本与技术资本偏替代弹性的平均处理效应为 3.426，较 2014 年有所提高，但是 t 检验显著性水平较低；非技术资本与技术资本影子替代弹性的平均处理效应为 0.808，较 2014 年也有所提高，t 检验在 5% 的显著性水平下显著；技术资本要素错配程度的平均处理效应为 0.367，较 2014 年明显下降，但是 t 检验不显著。

表 5 - 25　　　　　2015 年有无研发支出的平均处理效应分析

变量	样本	处理组	控制组	差异	S. E.	t
TFP	匹配前	6. 908	8. 853	- 1. 945	0. 677	- 2. 87
	匹配后	6. 908	11. 556	- 4. 648	1. 347	- 3. 45
agk	匹配前	- 12. 605	- 15. 581	2. 976	2. 157	1. 38
	匹配后	- 12. 605	- 16. 031	3. 426	2. 538	1. 35
sgk	匹配前	- 2. 937	- 3. 814	0. 877	0. 385	2. 28
	匹配后	- 2. 937	- 3. 745	0. 808	0. 387	2. 09
dk	匹配前	- 5. 732	- 7. 938	2. 206	2. 595	0. 85
	匹配后	- 5. 732	- 6. 099	0. 367	0. 680	0. 54

倾向得分匹配法的估计结果是否满足可靠性的关键在于匹配结果是否较好地平衡了数据。下面对其进行平衡性检验，观察各变量标准化偏差的匹配前后变化和观测值共同取值范围。

采用 2014 年样本数据分析结果的偏差如图 5 - 6、图 5 - 7 所示。如图 5 - 6 所示，匹配后各个协变量的标准化偏差更加集中分布在原点值的周围，即大多数变量的标准化偏差在匹配后大幅缩小。从图 5 - 7 可以看出，处理组和控制组的全部观测值均落在共同取值范围之内，在采用倾向得分匹配时并没有损失样本的个数，有效避免了样本损失导致的统计误差。从图 5 - 6、图 5 - 7 可以看出，数据样本的平衡性检验显著，采用倾向得分匹配的实证方法是恰当的。

采用 2015 年样本数据进行平衡性检验结果如图 5 - 8、图 5 - 9 所示。匹配后各个协变量的标准化偏差更为集中并且大幅度缩小；处理组和控制组的全部观测值均落在共同取值范围内，平衡性检验显著，方法选用得当。

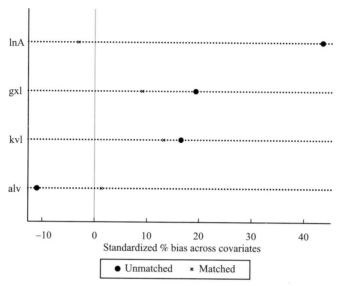

图 5 - 6　各变量标准化偏差（2014 年有无研发支出）

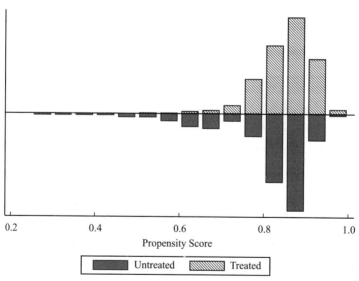

图 5 - 7　倾向得分共同取值范围（2014 年有无研发支出）

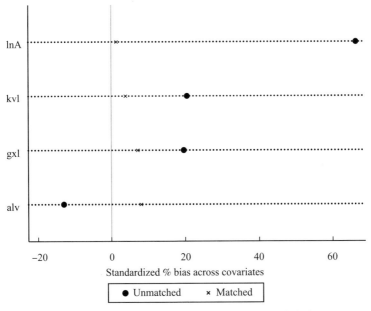

图 5 - 8　各变量标准化偏差（2015 年有无研发支出）

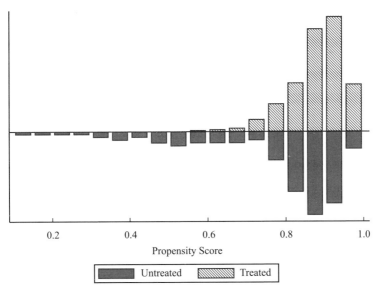

图 5 - 9　倾向得分共同取值范围（2015 年有无研发支出）

（二）研究与开发支出是否资本化效应的倾向得分匹配判断

下面采用与上述同样的道理和方法来分析研究与开发支出有无资本化对企业生产效率和配置的影响及其是否显著。被解释变量不变，仍为全要素生产率（TFP）、非技术资本与技术资本替代弹性（agk、sgk）、技术资本要素错配程度（dk）；处理变量为研究与开发支出是否资本化（zbh），协变量也不变。运用 logit 回归模型对企业研究与开发支出有无资本化的倾向指数进行估计，分别估计出 2014 年和 2015 年的结果如表 5 – 26 所示。

表 5 – 26　　　　　　　　研发支出是否资本化 logit 回归结果

变量	2014 年	2015 年
cons	– 14. 1887 *** （– 7. 31）	– 11. 8602 *** （– 5. 97）
lnA	0. 7158 *** （9. 04）	0. 4758 *** （6. 52）
alv	– 6. 098 （– 1. 38）	0. 2531 （0. 78）
kvl	– 0. 1896 * （– 1. 77）	0. 0176 （1. 06）
gxl	1. 9870 *** （5. 16）	2. 1216 *** （5. 53）
LR chi2	138. 03 ***	90. 12 ***
$P – R^2$	0. 247	0. 137

注：*** 表示在 1% 的显著性水平下显著，* 表示在 10% 的显著性水平下显著。

如表 5 – 26 所示，2014 年和 2015 年 logit 回归的 LR chi2 值分别为 138. 03 和 90. 12，在 1% 的显著性水平下显著，$P – R^2$ 值分别为 0. 247 和 0. 137，因此可以进行分析，除了协变量资本深化和资产负债率的

t 检验显著性较低外，其余协变量的 t 检验显著。

采用近邻匹配估计方法，运用倾向得分匹配法的判断分析，对处理组和控制组在企业全要素生产率、替代弹性和要素配置上是否存在系统性差异进行实证检验，利用 2014 年和 2015 年的样本数据，分别得到表 5 - 27 和表 5 - 28。

表 5 - 27　　　　　2014 年有无研发支出的平均处理效应分析

变量	样本	处理组	控制组	差异	S. E.	t
TFP	匹配前	7. 819	6. 750	1. 069	0. 521	2. 05
	匹配后	7. 819	7. 343	0. 476	0. 770	- 1. 98
agk	匹配前	- 13. 883	- 11. 979	- 1. 904	1. 670	- 1. 14
	匹配后	- 13. 883	- 12. 626	- 1. 257	1. 445	- 0. 87
sgk	匹配前	- 3. 403	- 3. 233	- 0. 170	0. 333	- 0. 51
	匹配后	- 3. 403	- 3. 081	- 0. 322	0. 569	0. 84
dk	匹配前	- 5. 530	- 6. 319	0. 789	1. 753	0. 45
	匹配后	- 5. 530	- 3. 017	- 2. 513	2. 762	- 0. 91

表 5 - 28　　　　　2015 年有无研发支出的平均处理效应分析

变量	样本	处理组	控制组	差异	S. E.	t
TFP	匹配前	7. 476	6. 134	1. 342	0. 501	2. 68
	匹配后	7. 476	7. 092	0. 384	0. 217	1. 77
agk	匹配前	- 12. 424	- 12. 563	0. 139	0. 732	0. 19
	匹配后	- 12. 424	- 11. 748	- 0. 676	3. 079	0. 43
sgk	匹配前	- 2. 440	- 3. 115	0. 675	0. 318	2. 12
	匹配后	- 2. 440	- 2. 446	0. 006	0. 592	1. 68
dk	匹配前	- 6. 805	- 5. 985	- 0. 820	2. 158	- 0. 38
	匹配后	- 6. 805	- 3. 800	- 3. 005	3. 665	- 0. 82

如表 5 – 27 所示，2014 年，与研究与开发支出无资本化的企业相比，匹配后研究与开发支出有资本化企业的全要素生产率平均处理效应为 0.476，且在 5% 的显著性水平下显著（t 值绝对值为 1.98，大于临界值 1.96），即研究与开发支出有资本化的企业比无资本化的企业的全要素生产率平均显著高出 0.476，研发投入资本化后，技术实现创新，改变了企业的生产组织和要素配置，生产效率显著提高。

与研究与开发支出无资本化企业相比，匹配后研究与开发支出有资本化企业的非技术资本与技术资本的偏替代弹性和影子替代弹性的平均处理效应分别为 – 1.257 和 – 0.322，t 检验绝对值分别为 0.87 和 0.84，均小于 1.69，检验均不显著。研发支出存在资本化的企业，专利或者专有技术已经研发成功，需要固定设备或者厂房或者对其更新改造等相关非技术资本与其匹配，两类技术资本的互补性增强，但其统计检验的显著性均较低。

与研究与开发支出无资本化的企业相比，匹配后研究与开发支出有资本化的企业的技术资本要素错配程度的平均处理效应为 – 2.513，t 检验绝对值为 0.91（小于 1.69），t 统计检验不显著，研发支出资本化后，从企业生产规模和技术供给来看，技术资本配置得到有效改善，技术资本错配程度减小，但是其统计显著性较低。

如表 5 – 28 所示，针对 2015 年的样本数据，与研究与开发支出无资本化的企业相比，匹配后研究与开发支出有资本化的企业的全要素生产率平均处理效应为 0.384，且在 10% 的显著性水平下显著（t 值为 1.77，大于临界值 1.69），即研究与开发支出有资本化的企业比无资本化的企业的全要素生产率平均显著高出 0.384，研发投入资本化后，生产效率显著提高。与研究与开发支出无资本化的企业相比，匹配后研究与开发支出有资本化的企业的非技术资本与技术资本的偏替代弹性和影子替代弹性的平均处理效应分别为 – 0.676 和 0.006，t 检验绝对值分别为 0.43 和 1.68，均小于 1.69，检验均不显著，两类技术资本的互补性有所增强，但其统计检验的显著性均较低。匹配后研究与开发支出有资本化的企业的技术资本要素错配程度的平均处理效应为

－3.005，t 检验绝对值为 0.82，小于 1.69，t 统计检验不显著，与研究与开发支出无资本化企业相比，研发支出资本化后，技术资本错配程度减小，但是其统计显著性较低。

对其研发支出资本化的效果进行平衡性检验，可以观察到各变量标准化偏差的匹配前后变化和观测值共同取值范围（见图 5 - 10、图 5 - 11、图 5 - 12、图 5 - 13）。

如图 5 - 10 和图 5 - 12 所示，匹配后各个协变量的标准化偏差更加集中分布在原点值的左右，大多数变量的标准化偏差在匹配后大幅度缩小。从图 5 - 11 和图 5 - 13 可以看出，处理组和控制组的全部观测值均落在共同取值范围之内，在采用倾向得分匹配时没有损失样本的个数，有效避免了样本损失导致的统计误差。数据样本的平衡性检验显著，采用倾向得分匹配的实证方法是恰当的。

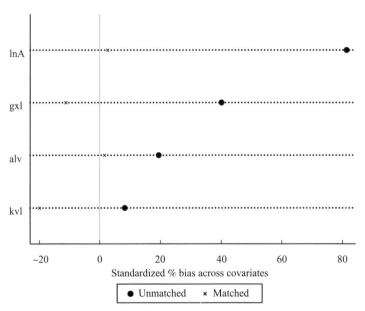

图 5 - 10　各变量标准化偏差（2014 年研发支出有无资本化）

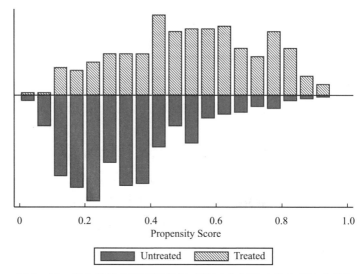

图 5 - 11　倾向得分共同取值范围（2014 年研发支出有无资本化）

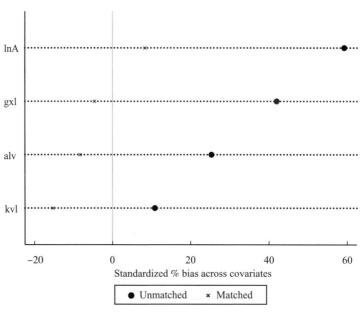

图 5 - 12　各变量标准化偏差（2015 年研发支出有无资本化）

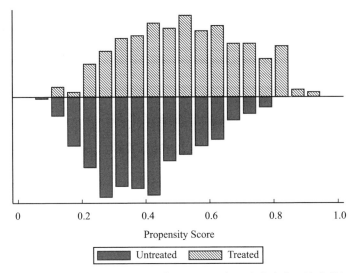

图 5 - 13　倾向得分共同取值范围（2015 年研发支出有无资本化）

三、研究与开发调节和中介效应分析

（一）研究与开发支出的中介效应

下面针对研究与开发支出的大小如何影响企业全要素生产率、是否通过要素替代关系和要素配置起到中介效应或者调节效应再影响到企业全要素生产率进行相关分析。以研究与开发支出占营业收入（产出）的比例来表示研发支出大小或者规模，记为 yfbl，单位为%。研发支出比例与相关变量的皮尔逊相关系数及其显著性检验结果如表 5 - 29所示。

表 5 - 29　　　　　　研发支出比例与相关变量相关系数

yfbl	2014 年	2015 年
TFP	- 0. 163 ** （0. 046）	- 0. 151 * （0. 058）

续表

yfbl	2014 年	2015 年
agk	0.071 * (0.080)	0.092 * (0.075)
sgk	0.129 * (0.093)	0.251 ** (0.028)
dk	0.194 (0.479)	0.118 (0.494)
n	695	676

注：相关系数下括号中为显著性检验 P 值。** 表示在 5% 的显著性水平下显著，* 表示在 10% 的显著性水平下显著。

研发支出比例与全要素生产率的相关系数为负数，2014 年在 5% 的显著性水平下显著，2015 年在 10% 的显著性水平下显著，研发支出越多，两者越为负相关关系，当年成本费用就越高，生产效率便会受到影响。研发支出比例与替代弹性和技术资本要素错配程度的相关系数为正数，但研发支出比例与技术资本错配程度的显著性较低。因此适宜进行回归分析，探索其中介效应或者调节效应。

对所涉及的各个变量进行标准化或者中心化，然后进行回归分析（见表 5 - 30），由于研发支出比例与相关变量的交叉项系数的 t 检验均不显著，因此研发支出比例对全要素生产率的影响不宜采用调节效应分析。

表 5 - 30　2014 年研究与开发、替代弹性和要素配置的中介效应

变量	模型					
	A	B	C	D	E	F
	TFP	dk	agk	TFP	sgk	TFP
yfbl	− 0.0631 * (− 1.67)	− 0.0594 ** (− 2.04)	0.0710 * (1.88)	− 0.0473 *** (− 2.30)	0.0461 ** (1.72)	− 0.0538 ** (− 1.79)
dk	—	—	—	0.0538 *** (1.97)	—	0.0523 ** (1.69)

变量	模型					
	A	B	C	D	E	F
	TFP	dk	agk	TFP	sgk	TFP
agk	—	—	—	-0.1782^{***} (-4.76)	—	—
sgk	—	—	—	—	—	-0.1354^{***} (-2.79)
R^2	0.104	0.105	0.104	0.123	0.102	0.119
F	3.78^{*}	3.68^{*}	3.52^{*}	9.08^{***}	3.48^{*}	8.87^{***}

注：*** 表示在 1% 的显著性水平下显著，** 表示在 5% 的显著性水平下显著，* 表示在 10% 的显著性水平下显著。

如表 5-30 所示，模型 A、模型 B、模型 C 和模型 D 构成中介效应分析模型，即简单的路径分析模型。在模型 A、模型 B 和模型 C 中，方程的 F 检验值在 3.5~3.8，在 10% 的显著性水平下显著，拟合优度均刚大于 0.1，可以进行相关统计分析；模型 D 的 F 统计量检验值为 9.08，在 1% 的显著性水平下显著，适合回归分析。研发支出比例直接对全要素生产率的影响系数为 -0.0631，系数的 t 检验在 10% 的显著性水平下显著，模型 B 和模型 C 的研发支出比例系数的 t 检验分别在 5% 和 10% 的显著性下显著，模型 D 的三个系数的显著性水平均较高，中介效应显著。为方便分析研发支出比例大小对全要素生产率的影响路径，绘制路径分析图（见图 5-14）。

研发支出比例（yfbl）对全要素生产率的影响系数由 -0.0631 降低到 -0.0473，降低了 -0.0158，负向的直接效应的降低幅度较大，这主要是由两个中介效应引起的间接效应所致：第一，研发支出比例通过影响技术资本要素配置而间接影响全要素生产率，幅度为 -0.0032，即 $(-0.0594) \times (0.0538)$；第二，研发支出比例通过影响非技术资本与技术资本的偏替代弹性而间接影响全要素生产率，幅度为 -0.0126，即 $(0.0710) \times (-0.1782)$，两个间接效应值和为 -0.0158（即 -0.0032 -

0.0126），两个间接效应影响所占比例为25.0%，其直接效应为75.0%。

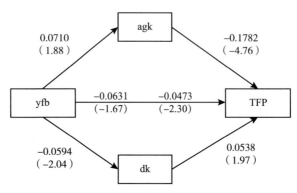

图5-14 研发支出比例对全要素生产率影响路径分析1（2014年）

将偏替代弹性换为影子替代弹性进行路径分析，以便检验结论稳健性，将表5-30中的模型A、模型B、模型E和模型F组成新的路径分析模型。模型E和模型F的F统计量检验、系数的t检验均显著，绘制研发支出比例对全要素生产率影响的路径分析（见图5-15）。

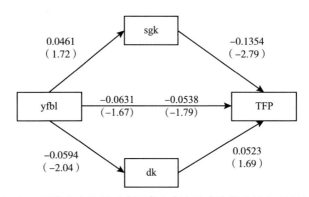

图5-15 研发支出比例对全要素生产率影响路径分析2（2014年）

如图5-15所示，将偏替代弹性换为影子替代弹性，进行稳健性检验，研发支出比例（yfbl）对全要素生产率的影响系数由-0.0631降低到-0.0538，降低了-0.0093，负向的直接效应的降低幅度较大，这主要是由两个中介效应引起的间接效应所致：第一，研发支出比例通过影响技术资本要素配置而间接影响全要素生产率，幅度为 -0.0031，即（-0.0594）×（0.0523）；第二，研发支出比例通过影响非技术资本与技术资本的影子替代弹性而间接影响全要素生产率，幅度为 -0.0062，即（0.0461）×（-0.1354），两个间接效应值和为 -0.0093（即 -0.0031 -0.0062），两个间接效应影响所占比例为14.74%，其直接效应为85.26%。

同理，采用2015年的样本数据进行路径分析，相关模型回归分析结果如表5-31所示。模型的回归结果与2014年相对应模型的结果相差不大，主要差别在于系数有所增减，个别系数的t检验显著性程度不高，例如模型I的研发支出比例的系数t检验不通过，模型J和模型L技术资本要素错配程度（dk）系数的t检验值绝对值相对较小，但总体不影响路径分析。

表5-31　　2015年研究与开发、替代弹性和要素配置的中介效应

变量	模型					
	G	H	I	J	K	L
	TFP	dk	agk	TFP	sgk	TFP
yfbl	-0.0506** (-1.72)	-0.0505** (-1.91)	0.0102 (1.52)	-0.0468** (-1.86)	0.0321** (1.77)	-0.0431** (-1.83)
dk	—	—	—	0.0372 (1.46)	—	0.0353 (1.40)
agk	—	—	—	-0.1907*** (-5.05)	—	—
sgk	—	—	—	—	—	-0.1775** (-2.02)
R²	0.103	0.103	0.053	0.138	0.105	0.136
F	2.73*	2.74*	2.69*	9.16***	2.84*	2.48*

注：*** 表示在1%的显著性水平下显著，** 表示在5%的显著性水平下显著，* 表示在10%的显著性水平下显著。

如表 5 - 31 所示，模型 G、模型 H、模型 I 和模型 J 构成路径分析模型，将偏替代弹性换为影子替代弹性后，模型 G、模型 H、模型 K 和模型 L 构成路径分析模型进行稳健性检验。绘制路径分析分别如图 5 - 16、图 5 - 17 所示。

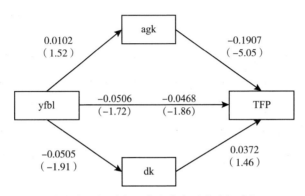

图 5 - 16　研发支出比例对全要素生产率影响路径分析 1（2015 年）

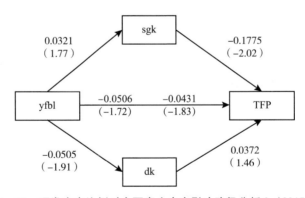

图 5 - 17　研发支出比例对全要素生产率影响路径分析 2（2015 年）

如图 5 - 16 所示，2015 年研发支出比例（yfbl）对全要素生产率的影响系数由 - 0.0506 降低到 - 0.0468，降低了 - 0.0038，负向的直接效应有一定幅度的降低，这是由两个中介效应引起的间接效应所致：第一，研发支出比例通过影响技术资本要素配置而间接影响全要素生产率，幅度为 -0.0019，即 $(-0.0505) \times (0.0372)$；第二，研发支出比例通过影响非技术资本与技术资本的偏替代弹性而间接影响全要素生产率，幅度为 -0.0019，即 $(0.0102) \times (-0.1907)$，两个间接效应值和为 -0.0038（即 $-0.0019 - 0.0019$），两个间接效应影响所占比例为 7.5%，其直接效应为 92.5%。与 2014 年的结果相对比，间接效应的影响比例明显减少。

如图 5 - 17 所示，将偏替代弹性换为影子替代弹性，进行稳健性检验，研发支出比例（yfbl）对全要素生产率的影响系数由 -0.0506 降低到 -0.0431，降低了 -0.0075，负向的直接效应的降低幅度较大，这是由两个中介效应引起的间接效应所致：第一，研发支出比例通过影响技术资本要素配置而间接影响全要素生产率，幅度为 -0.0018，即 $(-0.0505) \times (0.0372)$；第二，研发支出比例通过影响非技术资本与技术资本的影子替代弹性而间接影响全要素生产率，幅度为 -0.0057，即 $(0.0321) \times (-0.1775)$，两个间接效应值和为 -0.0075，两个间接效应影响所占比例为 14.82%，其直接效应为 85.18%。与 2014 年的结果相对比，间接效应的影响比例基本一致。

（二）研发支出资本化的中介效应

有研究与开发支出的企业在研发成功后会获得专利或者专利技术等，进而将其研发支出资本化转为技术资本；也有企业将其研发支出结转下一年或者在研发未成功时计入当年管理费用。针对研发支出资本化后对企业生产效率影响如何，以及是否存在调节效应和中介效应，可以通过研发支出资本化数额占营业收入（产出）的比例（记为 zbhb）表示资本化程度大小进行相关分析。研发支出资本化比例与相关变量的皮尔逊相关系数及其显著性检验结果如表 5 - 32 所示。

表 5 - 32   研发支出其资本化比例与相关变量相关系数

变量	2014 年	2015 年
TFP	0. 206 ** (0. 018)	0. 197 ** (0. 048)
agk	- 0. 168 * (0. 089)	- 0. 166 * (0. 078)
sgk	- 0. 109 * (0. 055)	- 0. 147 * (0. 063)
dk	- 0. 148 * (0. 058)	- 0. 162 * (0. 052)
n	285	308

注：相关系数下括号中为显著性检验 P 值。** 表示在 5% 的显著性水平下显著，* 表示在 10% 的显著性水平下显著。

研发支出资本化比例与全要素生产率的相关系数为正数，2014 年和 2015 年均在 5% 的显著性水平下显著，研发支出资本化数额越多，形成无形资产等技术资本就越多，自然就会引起生产效率的提升，两者为正相关关系。研发支出资本化比例与替代弹性和技术资本要素错配程度的相关系数为负数，均在 10% 的显著性水平下显著。技术资本的增加，导致相关非技术资本与其匹配，两要素的互补关系将会增强，替代弹性为负数，则相关系数就为负数；技术资本的增加，促进了技术资本要素配置的改善，要素错配系数绝对值将会减小。

将各个变量进行标准化或者中心化后进行回归分析，发现研发支出资本化比例与替代弹性的交叉项系数的 t 检验较为显著，存在调节效应；而研发支出资本化比例与全要素生产率的交叉项的 t 检验不显著，适合进行中介效应探索。下面根据 2014 年样本数据，就研发支出资本化对全要素生产率的影响进行中介效应分析（见表 5 - 33）。

表5-33　　　　　　　2014年研发资本化和要素配置的中介效应

变量	模型			
	M	N	O	P
	TFP	dk	TFP	TFP
cons	—	—	—	0.0033 (0.26)
zbhb	0.0836 ** (1.75)	0.0488 * (1.65)	0.0806 ** (1.77)	0.1158 ** (1.90)
dk	—	—	0.0606 * (1.67)	0.0631 (1.55)
zbhb × dk				0.8517 (0.83)
R^2	0.107	0.105	0.112	0.106
F	4.17 **	4.02 **	4.84 ***	3.84 **

注：***表示在1%的显著性水平下显著，**表示在5%的显著性水平下显著，*表示在10%的显著性水平下显著。

模型M的方程F检验和研发支出资本化比例系数的t检验均在5%的显著性水平下显著，系数为正的0.0836，研发支出资本化后，技术资本的增加显著提高生产效率，研发支出资本化比例增加1，则全要素生产率增加0.0836；模型N表示资本化比例对技术资本要素错配的影响，检验较为显著；模型O和模型P相结合分析可以看出，研发支出资本化比例与技术资本要素错配的交叉项（zbhb × dk）的系数不显著，考虑到模型M、模型N和模型O的显著性，三个模型组成中介效应进行分析（见图5-18）。

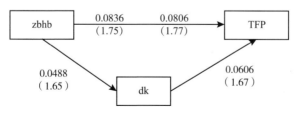

图5-18　研发支出资本化比例对全要素生产率影响中介效应分析（2014年）

研发支出资本化比例对全要素生产率的影响系数由 0.0836 降低到 0.0806，降低了 0.0030，该差异也就是（0.0488）与（0.0606）的乘积，即研发支出资本化比例对全要素生产率的直接效应为 0.0806，通过非技术资本与技术资本偏替代弹性影响的间接效应为 0.0030，总的影响效应为 0.0836，间接效应影响的比例为 3.60%，间接效应影响比例较小，但是 Sobel 检验是显著的。

采用样本 2015 年财务数据，对其中介效应分析进行稳健性检验，相关回归分析模型如表 5 – 34 所示。

表 5 – 34　　　　2015 年研究与开发和要素配置的中介效应

变量	模型			
	Q	R	S	T
	TFP	dk	TFP	TFP
cons	—	—	—	0.0018 (0.23)
zbhb	0.0848 ** (1.79)	0.0447 * (1.61)	0.0789 ** (1.77)	0.0662 ** (1.74)
dk	—	—	0.1316 ** (2.33)	0.1265 ** (2.16)
zbhb × dk	—	—	—	0.5023 (0.34)
R^2	0.108	0.101	0.109	0.105
F	3.23 **	2.37 *	4.85 ***	3.86 **

注：*** 表示在 1% 的显著性水平下显著，** 表示在 5% 的显著性水平下显著，* 表示在 10% 的显著性水平下显著。

如表 5 – 34 所示，与 2014 年的结果基本一致，模型 T 中的交叉项的系数 t 检验不显著，结合模型 Q、模型 R 和模型 S，适合进行中介效应分析，绘制中介效应关系（见图 5 – 19）。

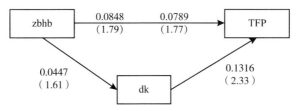

图 5 - 19　研发支出资本化比例对全要素生产率影响中介效应分析（2015 年）

如图 5 - 19 所示，研发支出资本化比例对全要素生产率的影响系数由 0.0848 降低到 0.0789，降低了 0.0059，该差异也就是（0.0447）与（0.1316）的乘积，即研发支出资本化比例对全要素生产率的直接效应为 0.0789，通过非技术资本与技术资本偏替代弹性影响的间接效应为 0.0059，总的影响效应为 0.0848，间接效应影响的比例为 6.96%，间接效应影响比例较小，比 2014 年的间接影响比例相比有大幅度提高，并且 Sobel 检验是显著的。

（三）研发支出资本化的调节效应

前面分析得到研发支出资本化比例与替代弹性的交互项对全要素生产率影响的回归系数 t 检验显著，适合进行调节效应分析，对 2014 年和 2015 年分别进行研发支出资本化和偏替代弹性调节效应分析，如表 5 - 35 所示。

表 5 - 35　　研究与开发资本化和偏替代弹性的调节效应

变量	模型			
	U1	V1	U2	V2
cons	—	- 0.0586 （- 0.93）	—	- 0.0288 （- 0.50）
zbhb	0.0777 * （1.64）	0.3208 *** （3.35）	0.0696 * （- 1.70）	0.2785 ** （- 2.06）
agk	- 0.2653 *** （- 4.63）	- 0.0626 ** （- 1.92）	- 0.2314 *** （- 4.17）	- 0.1602 ** （- 2.30）

变量	模型			
	U1	V1	U2	V2
zbhb × agk	—	− 0. 5355 *** (2. 96)	—	− 0. 4381 * (1. 69)
R²	0. 132	0. 151	0. 157	0. 166
F	12. 44 ***	8. 71 *	9. 86 ***	9. 54 ***

注：*** 表示在 1% 的显著性水平下显著，** 表示在 5% 的显著性水平下显著，* 表示在 10% 的显著性水平下显著。

模型 U1 和模型 V1 是 2014 年的数据回归结果，研发支出资本化比例的系数为正的 0. 0777，资本化比例每增加 1，则全要素生产率增加 0. 0777，非技术资本与技术资本的关系为互补关系，偏替代弹性系数为负值 − 0. 2653，在 1% 的显著性水平下显著，替代弹性每增加 1，即互补关系表现为增强趋势，全要素生产率则降低 0. 2653。从调节项（交叉项）可以看出，研发支出资本化比例通过偏替代弹性对全要素生产率产生负向的调节效应，使得全要素生产率有一定幅度的降低（两者共同效应降低了 0. 5355）。模型 U2 和模型 V2 是 2015 年的数据回归结果，其结论与 2014 年结果基本一致，只是在具体影响幅度上有所减小。

基于 2014 年和 2015 年的回归结果，将偏替代弹性换为影子替代弹性进行稳健性检验，其中，模型 W1 和模型 Z1 是 2014 年样本数据的分析结果，模型 W2 和模型 Z2 是 2015 年样本数据的分析结果（见表 5 − 36）。

表 5 − 36　　　　研究与开发资本化和影子替代弹性的调节效应

变量	模型			
	W1	Z1	W2	Z2
cons	—	− 0. 0150 (− 0. 35)	—	− 0. 0063 (− 0. 11)

续表

变量	模型			
	W1	Z1	W2	Z2
zbhb	0.0962 * （-1.74）	0.0990 ** （-2.21）	0.0809 ** （-1.73）	0.0856 （-1.66）
sgk	-0.1429 ** （-2.44）	-0.1239 ** （-2.08）	-0.0695 * （-1.68）	-0.0579 ** （-1.97）
zbhb × sgk	—	-0.2214 * （1.74）	—	-0.1118 * （1.71）
R^2	0.132	0.142	0.112	0.114
F	4.71 ***	4.08 ***	2.96 **	4.37 ***

注：*** 表示在1%的显著性水平下显著，** 表示在5%的显著性水平下显著，* 表示在10%的显著性水平下显著。

根据模型 W1 可以看出，研发支出资本化比例对全要素生产率的影响为正值0.0962，结合模型 Z1，得出影子替代弹性和研发支出资本化比例的共同效果为负值，对其影响相对较弱，替代弹性减弱了资本化对全要素生产率的影响程度。模型 W2 和模型 Z2 的结论与其基本一致。

本 章 小 结

本章基于技术资本提高的视角进行供给侧动力结构性分析，主要针对外商直接投资和研究与开发两种技术进步的效应进行实证检验。

首先进行理论分析，研究技术引进和技术创新两种不同的技术选择对企业生产和经济增长的影响，分析两种不同方式对生产效率提升、要素之间替代关系改变和要素配置改善进行理论分析。

其次，从外商直接投资与两类技术资本替代弹性对全要素生产率的影响逐步展开，得出结论：从外商直接投资对全要素生产率的影响来看，技术资本要素配置和非技术资本与技术资本替代弹性两个中介效应引起的间接效应，导致了其直接效应的较大幅度降低。同时，分析了外商直接投资与其他要素替代弹性对全要素生产率的调节效应。外商直接投资对技能溢价影响的正的效应显著。

最后，无论是通过独立样本均值 t 检验方法，还是倾向得分匹配方法，得到的研究与开发支出及其资本化对全要素生产率的影响和作用效果是基本一致的，结论为：有研发支出企业的全要素生产率均值显著小于无研发支出企业的全要素生产率均值，研究与开发需要耗用资本、劳动等要素资源，产生相关成本费用，不能及时带来相关收益，导致生产率相对下降；有研发支出企业的替代弹性均值的绝对值均小于无研发支出的替代弹性均值的绝对值，两类资本互补性相对较弱；有研发支出企业的技术资本要素错配程度均值的绝对值小于无研发支出企业的技术资本要素错配程度均值的绝对值，研发支出后，技术资本配置得以改善。研发支出有无资本化对全要素生产率、要素替代弹性、技术资本要素配置的影响与有无研发支出对全要素生产率、要素替代弹性、技术资本要素配置的影响相反，资本化后，技术资本已经形成发挥作用，生产效率得到提升，要素之间的互补关系增强，技术资本要素配置得到改善。

技术资本要素配置和非技术资本与技术资本替代弹性两个中介效应引起的间接效应，使得研发支出比例对全要素生产率影响系数负向的直接效应有一定幅度的降低。而研发支出资本化比例对全要素生产率的影响由于受到技术资本要素配置中介效应（间接效应）和要素替代弹性调节效应的影响，两者均减弱了其作用效果。

第六章

基于技能劳动视角的动力结构性分析

第一节　技能劳动提升途径及效应分析

一、技能劳动基本概念和能力提升路径理论分析

技能是通过学习而形成的合乎法则的活动，分为操作技能和心智技能，前者是控制操作活动动作的执行经验，其动作是通过外显的机体运动来实现的，动作的对象是物质性客体；而后者则是控制心智活动动作的执行经验，其动作常借助于内潜的头脑内部语言来实现，动作对象为事物的信息（冯忠良，1981）。英国国家技能工作领导小组将工作技能分为三种：第一是通用技能，是可以在大量不同职业中通用的就业技能，如沟通技能、解决问题的能力、使用计算机设备的能力；第二是职业技能，是必须在某一特定职业或职业群中使用的职业或技术技能；第三为个人特质，如积极性、公正、领导力，或与别人进行良好交际或自我激励、激励他人的能力等。

技能劳动者是指熟练掌握专门知识和技术、具备精湛的操作技能，并在工作实践中能够解决关键技术和工艺的操作性难题的人员，

包括高技能员工、技术研究开发者和以企业家为代表的企业管理者。技能劳动所拥有的知识、技能只对某个特定领域有价值，一旦离开了这个领域，其价值就有可能无法得到实现，因此具有较强的专用性。高技能员工在生产或工作现场从事为社会谋取直接利益的工作，具有相应的知识及实践能力，擅长具体思维。技术研发人员将设计、规划和决策等转化为工程、产品等物质形态。技术发展的日益复杂化和综合化，使得社会职业群类的分工在进一步提升专门化程度的同时又进一步加强了合作。

技能劳动提升的路径主要有职业教育、继续教育和在职培训、"干中学"、奖金奖励、荣誉奖励和股权激励等。

职业教育正好能够根据经济对劳动力规格的不同需求，培养出相应类别的劳动力。学校职业教育是通过学校对学生进行的一种有目的、有计划、有组织的教育活动，使学生获得一定的职业知识、技能和态度，以便为学生将来从事某种职业做准备。广义的职业教育指一切增进人们的职业知识和技能、培养人们的职业态度，使人们能顺利从事某种职业的教育活动。当今社会需要大力推进科学发明并及时使这些发明转化为生产技术，而技术的推广和应用同样需要职业教育为个体提供更好、更适合经济发展的知识和技能，当这些知识技能通过劳动力市场进入生产过程，就可以提高劳动生产率并降低生产资料消耗率，从而促进经济增长。

在职培训是指对已经受过一定学校教育，并已在工作岗位上从事有酬劳动的各类人员所进行的教育培训活动，包括在岗提高培训、企业文化培训和员工态度培训。在职接受培训的人员都是带着明确的目的来参加学习的，这使得在职培训呈现出较强的专业性；在职培训安排教育的内容和方式也不尽相同，从而使在职培训呈现出鲜明的层次性。在职培训能够使学员带着实践中的理论问题和技术问题来参加学习，并通过培训再将所掌握的知识和技能运用到实践中去。

"干中学"是指在生产过程中通过积累经验和吸取教训获得的体现在劳动上的渐进性技术创新。"干中学"能够将经验知识运用到实践中去解决可能遇到的各类问题，使其在实践中得以利用和升华，可以将生产实践中的无数劳动者细微的、创造的、渐进的技术改进和创新逐步积累起来，在内部逐步实现技术变革和劳动技能的显著提升，"干中学"也可以直接向同行中的佼佼者和优秀者进行学习和借鉴。

奖金奖励和荣誉奖励是指那些能够有效满足技能员工的个人需要，从而更好地激励员工努力工作的因素，具体包括薪酬福利、工作保障、业务成就、工作认可、个体成长等。

股权激励是指公司将本公司发行的股票或其他股权性权益授予公司的管理层和技术人员等，以产权为约束，促使激励对象从企业所有者的角度出发，发挥其积极性和创造性，勤勉尽责工作，以实现企业价值、股东财富和个人利益的最大化，进而改善公司内部治理结构、推动公司长远健康发展（李雪斌，2013）。股权激励主要是通过赋予技能劳动者一定的股权而获得有风险收益，以便激励他们以所有者心态进行技术研发和有效管理，更好地贡献自己的才智和力量。

二、"干中学"对技能劳动提升的效应分析

（一）"干中学"的基本概念和内涵

如前所述，"干中学"指在生产过程中通过经验积累和吸取教训获得的体现在劳动上的渐进性技术创新，通过逐步积累生产实践中细微的、创造的、渐进的技术改进和创新，从内部逐步实现技术变革和劳动技能的显著提升。在知识经济爆炸的新时代，各类知识和技能发生着日新月异的变化，一项新的技能将在短时间内被淘汰，专门的职业教育和在职培训所学习和掌握的知识和技能经验，将被新的信息和技能替代，我们若想跟上知识积累和变化的节拍，最为重要的渠道就是"干中学"。"干中学"通过在生产和生活实践中积累经验和吸取教训，不需要进行直接投资，不耽误工作时间，注重自我学习的主动性和积极性。

后起企业可以通过不同于先行企业的方式或途径快速发展，以投入较少资源和较短时间而达到先进的工业化水平或状态，即为后发优势。经过经验积累和借鉴、技术引进和持续的"干中学"，技术进步能够实现明显改变，因此技术的后发优势便决定了"干中学"技术进步模型的形成。

"干中学"是技能劳动进行技术消化与吸收的方法和途径。在"干中学"在生产过程和实践中进行着现场创新，可以使得企业在一定时间内生产出更多的高质量和创新产品，从而提升现有产业或者企业的经济附加值，可以对引进的技术更为全面且透彻地进行消化吸收，在技术进步或者使用产品中有效避免技术扩散的模仿创新发生。例如一家企业购进了先进生产设备，生产出高质量或者创新性的新产品或者服务，新颖和独特的产品或者服务将会在市场竞争中获胜，从而占有较高市场份额并获得可观的利润报酬，但这必将吸引大量后来企业的模仿，引进同样的技术或者装备，并从先行企业中高薪聘任技能劳动者，先行企业的市场份额将会被后来企业抢占，蛋糕将会被分割。先行企业若想更好地避免后来企业的"搭便车"行为，最为有效的方法和渠道就是通过"干中学"对知识和技术进行消化吸收，提升劳动的技能水平，并融入自己企业的创新和特色等，这样一来，后来企业的技术模仿创新就会一直跟不上技能进步的步伐，甚至会增加模仿成本。"干中学"使得学习者可以通过设备投资和生产现场创新学习到大量新技术。

（二）"干中学"的成本和效益分析

下面从经济学的视角分析"干中学"的成本和效益，以便探寻技术进步和技能提升的有效渠道及其绩效效应。"干中学"的核心观点是知识和技能在生产和生活过程中逐步积累和丰富。劳动者并没有进行专业职业教育或者培训，没有影响具体工作和生活，通过职业训练、学徒的方式便足以获取新的知识和技能等经验。"干中学"是不断摸索和提高的过程，在干中发现问题，通过学来解决问题，通过边干边学可以降低工作和学习成本，提高工作绩效，减少了解决问题的成本；"干中学"是不断积累的过程，在干中积累了经验，经验可以促进新问题的发现，新问题带来新方法和经验，增加了企业组织和劳动者的知识和技能存量，所以无须花费成本即可为下一步技能提升带来机遇和可能。"干中学"存在随着时间发展的边际递减效应，知识和技能均是在"干中学"的起始阶段积累经验和技能较快，但随着时间和学习的变化，主要呈递减趋势，技能提升减慢，紧接着这个技能或者知识将会被带到新技能的学习上，作为下一个知识和技能积累的基础。这个逐步学习的过程节约着成本，为实现技术进步或者技能收益奠定了基础，也就减少了不必要的机会成本、沉没成本和探索成本等。

虽说"干中学"不需要企业进行直接的教育和培训投资，企业招聘的无经验或者无技能积累的职员被称为"徒工"，但是徒工需要付出一定的成本，可能需要向技能劳动者学习，除了可能支付的学费外，还需要支出额外的因多付出而无报酬产生的时间和精力投资等机会成本，即职工个人的"干中学"投资机会成本。再者，徒工利用企业的生产设备或与有经验的员工交流进行相关的"干中学"投资，在一定程度上影响了企业的生产效率。可以将公司因向"干中学"提供条件而受的损失，称之为公司的"干中学"投资成本。此外，在知识经济和网络信息化的新时代，职工需要主动地适应日益变化的环境，可以通过搜集与工作相关的信息进行自我投资，以便多、快、好、省地完成工作，这也是"干中学"的自我投资成本。

"干中学"投资的收益包括：第一，企业员工的增加和技能提升带来的非技能劳动向技能劳动的转变；第二，徒工技能提高而产生的外部效益使整个公司的效益提高。"干中学"作为介于正规教育和在职培训之间的有效技能提升方式，其与"学徒制"本质上就是一个非熟练工向熟练工学习的过程，并且它不需要明确的投资，也无须脱离工作岗位，却能与正规教育和培训起到同样的效果。

（三）"干中学"促进技能提升和技术进步的影响因素和实现机制

影响"干中学"效果的因素较多，它们进而影响着"干中学"对企业生产效率的改变，以及企业绩效和价值的变化。例如个人的技能学习态度和悟性一般是形成于普通教育和在职培训，当员工在工作中遇到困难时，均是运用自己过去的经验和教训，或者借鉴别人的方法技术来吸取新知识和技术，从而促进问题的解决。个人悟性的高低决定了"干中学"积累经验的多少、与其他员工的差异，关系到"干中学"的成效：努力与悟性程度高，"干中学"的效率就高，就能更好地运用过去的经验和吸取新知识。个人对技能"干中学"的态度决定着他是否学习，以及学习的具体倾向和爱好等，在一定程度上决定了学习行为质量的高低。再者，工作的具体特征也会影响"干中学"的效果和个体学习的积极性，包括技能工作的多样性、任务的重要性和完整性等，以及个人对工作的自主性程度高低和员工得到有关工作效率和绩效信息的及时、直接和准确的程度等反馈情况。此外，企业产品结构、企业人事结构、企业组织学习氛围等因素会直接影响企业技能型劳动的积累，良好的宏观制度环境和微观的制度环境是充分发挥"干中学"和提升高技能劳动的主要条件。

"干中学"促进技术进步提升和技能的形成，需要建立相关保障机制：第一是隐性知识的内部化，针对先进设备进行培训或者对装备进行反复拆装是获取隐性知识的有效途径，工作时间的"干中学"需要整个组织或者团队业余时间的工作辅助等，例如查阅获取相关文献资料，深入学习机器设备的操作系统和相关软件包等知识和信息；第二是工人能够在部门间进行转换，即技术工人和技能劳动者需要从生产旧产品的生产线转移到生产新产品的生产线、从生产部门转移到研发部门、从研发部门转移到生产部门的循环过程，该过程的转移速度越高，对提升"干中学"的效果越有效，也就是更好地提升生产和制造过程和现场的创新能力，提升熟练工人在部门之间迅速进行转换的能力；第三是鼓励提出改进建议，提倡团队合作，建立相关激励机制，企业内所有成员可以通过对其内外的工作领域主动提出改进意见来获得物质奖励，也可通过企业公开授予证书来获得认同和精神奖励。下游企业在使用设备过程中发现问题和提出须改进的建议时，应及时通知上游装备制造业，这样才能及时改进完善。团队活动则是基于集体建议和改进，运用系统性的办法解决问题，加强员工之间的交流，促使各个层次的知识转化呈螺旋式的增长；还可以通过制度设计激励和控制员工，从而调动员工积极性和参与生产现场创新的热情。

三、股权激励对技能劳动提升的效应分析

（一）股权激励基本概念和内涵

如前所述，股权激励可以促使激励对象从企业所有者的角度出发，发挥其积极性和创造性，勤勉尽责工作，以实现企业价值、股东财富和个人利益的最大化。一般是通过签署股权激励契约的方式，将企业所有权中的部分让渡给激励对象。股权激励最终的目的是共享利润，共同承担风险，有效地将管理者和所有者联系在一起，淡化委托代理关系。以股权激励契约为纽带，可以有效结合和运用资本市场、人力资源市场和产品市场的资源交换、价格信号的传导，在实现公司物质资本与人力资本优化配置的同时，最终实现企业价值的增值。

股票激励标的主要有股权期权、限制新股票和股票增值权等。股票期权是指按照行权价格和条件购买一定数量股票的权利，本质上是一种看涨期权，激励对象可以通过行权获得市场价与行权价之间的差额所带来的收益。限制性股票是指上市公司按照预定的条件授予激励对象一定数量的该公司股票，激励对象必须在满足特定业绩目标等行权条件时，才有权出售该股票并实现获益。激励对象离职或被开除，股票按照当初授予时的价格被收回，比较典型的方式是激励对象折价购股，即公司请客、市场买单的定向低价格增发模式，也有奖励基金购股赠与的公司请客、公司买单的不授予股票模式。股票增值权是指公司授予管理者的一

种权利，激励对象虽然不拥有股票的所有权从而不能参与分红，但可以通过公司股票价格的上升或公司业绩的上升，按约定比例获得等于股价上扬或业绩提升所带来收益的现金。因股票增值权标的样本较少，本书不进行实证分析。

（二）股权激励的形成与委托代理关系

随着生产力的突飞猛进，社会分工逐步细化，导致了生产的大规模化和专业化，以及经营业务的多样化，促进了委托代理关系的出现，并形成了现代企业。专业的生产者和职业的管理人员逐步作为独立的群体而出现，企业所有者将企业经营和管理委托于专业经理人管理已成为事实，但由于信息不对称的深度和广度不断加大，委托人很难做到熟悉每个管理者和普通职工的工作态度和努力程度，更难把握其潜力大小。由于人力资源的"自有性"和"不可计量"特征，因此无法准确地计量劳动者的努力程度，"搭便车""逆向选择""道德风险"问题也就随之产生。委托人和代理人之间的博弈会使得交易成本上升、企业运营效率下降。

管理激励从单纯的物质激励逐步发展到满足各种需求的激励，激励的条件逐步清晰明了。劳动力资源取代物质资本而成为经济增长的决定性力量，特殊的、专业化的、表现为劳动者技能的人力资本逐步成为经济增长的源动力。技能劳动成为企业赖以生产和发展的重要稀缺资源，为了让技能劳动的作用得以充分发挥，资本所有者不得不让劳动者参与企业生产经营的决策、管理和剩余价值分享，共同治理和分享制应运而生，对员工、核心技术人员及高级管理人员的股权激励也就具备了从潜在需求向实施推广转化的现实可能性。

（三）股权激励的激励效应

股权激励可以使经营者和技术研发者更加注重企业的长远发展。股权激励的本质是激励性薪酬，可以用于解决股东与企业管理层和技术研发人员之间利益不一致、信息不对称及监督困难的问题，促使管理人员和技术研发人员在追求薪酬和股份收益的同时，能够最大限度地实现股东的期望目标，最大化企业价值。技术改革的速度使专业知识和技能成为企业发展的主要动力和源泉，企业管理者在考虑技术研发和长期投资时，容易出现短期化行为，企业技术研发人员也容易急功近利，难以出现本质性技术改革的成果。股权激励制度将经营者薪酬和研发人员的报酬与上市公司的盈利状况和长远发展挂钩，有利于调动经营者和技术研发人员的积极性，因此决策和技术研发就更具长远性，这便是最大的激励效应。

股权激励能够有效激发经营者的创新意识，鼓励企业管理者从事项目创新，提升企业市场竞争力，促进技术研发人员进行长远考虑的技术研发。因为创新要承担风险，而经营者并不是企业股东，无法从未来的创新成功中获取巨大收益，但却要承担失败引起的声誉损失，所以经营者通常会倾向于保守。技术研发人员往往急功近利，做些易见成效的和成功概率较大的研发，但有本质突破的和考虑长远利益的研发较少。这样一来，企业就会失去更多的发展机遇、技术和竞争优势，而易被市场淘汰。在这种情况下，实施股权激励机制就能使经营者和技术研发人员成为股东，从而享有企业的剩余索取权；创新活动如果成功，企业的股价将大幅上扬，由此便可获得巨额利润，鼓励经营者进行管理和技术研发者进行技术创新。

股权激励能够促使企业以较低的薪酬成本留住经营者和技术研发者。公司需要考虑保证留住有价值的公司员工。股权激励是企业以较低的成本留住与吸引优秀人才的有效方式。为了吸引、留住优秀人才，公司必须提供较为优厚的薪酬。若单纯依靠高额的工资和年度奖金吸引人才，会过度引起公众注意并且会导致企业现金流出过大；而实行股权激励和报酬的形式，则可以避免以上情况的发生：如果股价下跌，经营者的损失很有限，企业的薪酬费用较低，而股价上升，则双方都获利较大。一般规定在一定年限之内，经理人不得行使期权，若管理层和技术研发者在限制期内离开公司，则他会丧失剩余的期权，增加了经理人离职的机会成本。

（四）股权激励的作用机制

股权激励机制的目的是激发管理者和技术研发者的价值创造潜力，作用机制是指公司股权激励效应的形成过程，即股权激励是通过什么因素和传导机制来影响公司业绩的，其机制使得市场机制的资源配置和价格发现等功能得到发挥。

从资源配置方面考虑，物质和货币等资源和劳动资源分别通过产品市场和劳动市场的交换实现配置，签署的股权激励契约能够有效促进两个市场的有机结合和作用发挥。根据有效市场理论，资本市场的股价中包含了复杂的历史、未公开及未来的信息，具有资源配置功能及信息传递功能。股价变化信号有助于其了解企业运营的状况，弱化由于远离企业经营场所而产生的信息不对称，进而影响其对于资本的调剂及配置，也有助于股东评价企业经营者的努力程度及对其个人的能力评价，进而决定是否进行奖励、惩罚甚至辞退。

在资本市场层面，资源以货币财富即资本的形式进行流动和分配；在公司层面，则以物质资源实物的形态和技能劳动的形态进行分配和流转。公司层面的资源配置则由企业的各级经理人员的经营决策行为来决定，最终通过企业生产的产品在产品市场上销售来实现价值增值。技能劳动所具有的自有性、使用过程的自控性和"质与量的难以测量性"等区别于物质资本的独特特征，从而使得传统的、简单的劳动契约难以保证其尽最大的努力自觉工作。但当对企业管理层和技术研发者实施股权激励之后，经理人在有效激励契约的连接下，自身所拥有的物质财富和市场价值能够与资本市场的企业股价直接发生联系，从而理性考虑到自身利益最大化，并积极、主动地关注资源配置信号且做出反应，最终提高资源的配置效率。通过股权激励合约的签订向企业的股东、管理层、技术研发者分别传递动态的经理人评价信息和资源配置信息，向资本市场反向传递经理人私人评价信息，有利于实现企业业绩的提升，最终实现企业价值的提升。

在企业治理方面，现代企业治理的本质特征是所有权与经营权的分离，这为其资本与企业家才能的分离创造了条件，促进了职业经理人职业的出现，但经理人经常出现偷懒和在职消费等背离股东利益最大化的行为。由于委托人与代理人之间存在签约前的信息不对称性和信息不完备性，以及受外部环境不确定性因素的影响，使得履行企业契约变得较为复杂。代理人不仅能够更加了解自己的职业经历和真实才能，也能够更加学会控制工作的努力程度，即对自身价值方面拥有更多的信息优势。由于契约中不可能确切地规定代理人工作的每一个方面和每一种可能性，因此委托人无法辨别利润的高低变化与代理人工作努力程度之间的关联度。股权激励可以让代理人直接参与或者变身委托人，重新设计代理人的薪酬水平和结构，合理设计剩余索取权的大小并搭配长期与短期剩余索取权。股权激励使得企业生产经营及管理层的个人收益与资本市场建立联系，弱化了股东与管理层的信息不对称性，激发了管理层经营管理的内在主动性，并同步实现了公司治理结构的优化。

第二节　"干中学"供给动力效应实证分析

一、"干中学"度量和描述性统计分析

"干中学"，强调学习效应和生产经营经验的自身积累在技术进步中的作用。技术和知识通过以往的生产经验和经营技巧被积累到以后的生产过程中，表现为学习曲线过程。生产者和销售者在工作过程中的熟练操作和经营技巧形成了经验，提高了生产和销售效率，改进了产品质量，降低了生产和销售成本，该类经验和技巧就是"干中学"型技术进步。具体形式为学习曲线形式：

$$jsh_t(Y) = A_t e^{g_t(Y)}$$

技术进步强度与生产销售数量或者产出价值的累计数密切相关，以

2009 年为基期，选择 2010～2015 年的样本数据，可以用营业收入的每年累加数与 2009 年的营业收入数的比例表示营业收入的累计增长率，即 $g_t(Y)$ 来衡量"干中学"，变量符号为 gzx。

"干中学"是技能劳动提升的主要途径、供给侧结构性改革的主要结构动力，影响了企业生产效率和绩效。下面探寻"干中学"对企业生产效率和绩效的影响程度，以及如何影响生产效率和绩效，先分析"干中学"与相关变量的相关关系，计算皮尔逊相关系数并进行双侧显著性检验，结果如表 6-1 所示。

表 6-1　　　　　"干中学"与相关变量的相关系数表

变量	相关系数	变量	相关系数
anh	0.155 *** (0)	tfp	0.218 *** (0)
snh	0.140 *** (0.003)	roe	0.255 *** (0)
dn	-0.124 * (0.079)	roa	0.230 ** (0.022)
dh	-0.112 * (0.082)	n	5526

注：相关系数下括号中为显著性检验 P 值。*** 表示在 1% 的显著性水平下显著，** 表示在 5% 的显著性水平下显著，* 表示在 10% 的显著性水平下显著。

如表 6-1 所示，921 家样本企业在 2010～2015 年的样本数据共5526 个，"干中学"指标与劳动之间替代弹性（anh 和 snh）的相关系数均是正数，均在 1% 的显著性水平下显著。"干中学"与替代弹性同向变动，积累学习经验和失败教训越多，要素之间的互补关系就越弱，因要素之间的替代弹性为负数且为互补关系，替代弹性值越大，即互补关系越弱，替代关系越强。"干中学"与非技能劳动错配程度的相关系数为负数，即相反关系，在 10% 的显著性水平下显著；与技能劳动错配程度的相关系数也为负数，在 10% 的显著性水平下显著。"干中学"

能够在一定程度上促进要素配置的改善和要素之间的协调和配合。"干中学"与生产效率（全要素生产率 TFP）的相关系数为正数，在 1% 的显著性水平下显著；与企业绩效变量之间也是正向的相关关系，分别在 1% 和 5% 的显著性水平下显著；与生产效率和绩效的相关程度大于其与要素配置和替代的相关程度。"干中学"与两类要素 7 个变量相关系数的绝对值在 0.1 ~ 0.3，适合进行回归分析等实证分析。

二、"干中学"对要素替代弹性和要素配置的影响实证分析

企业要素进行配置初始，要素之间需要配合和协调。随着技术进步，要素之间的替代或者互补关系逐步改善，"干中学"能够促进要素之间配置和替代的有效进行。下面利用面板数据实证分析"干中学"对要素之间替代弹性和配置的影响大小。

先分析"干中学"对非技能劳动和技能劳动要素替代弹性的影响大小，以非技能劳动与技能劳动的偏替代弹性（anh）和影子替代弹性（snh）分别为被解释变量，选择资产负债率（alv）、资本深化（kvl）、职工高学历比例（gxl）作为控制变量。面板数据分析时，Hausman 检验的 chi2 统计量为 31.25 和 25.84，在 1% 的显著性水平下显著，拒绝原假设，即随机项与解释变量不相关假设，适合采用固定效应模型分析。因为每年样本数量相对较多，所以分析以年为虚变量的回归模型，年度与"干中学"互动项检验显著，采用变系数模型。面板分析结果如表 6 - 2 所示。

表 6 - 2　　　　　　"干中学"对技能劳动之间替代弹性的影响

变量	anh	snh
cons	6.9854 *** （13.93）	1.6256 *** （6.89）
gzx	0.1086 *** （2.96）	0.0518 *** （2.99）

续表

变量		anh	snh
gzx－i	2011 年	0.0081 *** (4.88)	0.0035 *** (4.69)
	2012 年	0.0106 *** (3.85)	0.0051 *** (3.90)
	2013 年	0.0122 *** (4.15)	0.0057 *** (4.14)
	2014 年	0.0132 *** (4.27)	0.0062 *** (4.20)
	2015 年	0.0131 *** (4.08)	0.0070 *** (3.95)
alv		－0.2080 ** (－2.25)	－0.1823 ** (－2.32)
kvl		－0.7093 *** (－18.31)	－0.2117 *** (－11.60)
gxl		0.8780 *** (3.90)	0.4622 *** (4.44)
R^2		0.290	0.216
Wald chi2		393.12 ***	206.60 ***

注：*** 表示在1%的显著性水平下显著，** 表示在5%的显著性水平下显著。

如表6－2所示，被解释变量为偏替代弹性（anh）的模型，Wald chi2 检验值为393.12，数值较大，在1%的显著性水平下显著，拟合优度为0.290，方程拟合较好；系数 t 检验，除了控制变量 alv 在5%的显著性水平下显著外，包含每年变系数的其余变量均在1%的显著性水平下显著。被解释变量为影子替代弹性（snh）的模型的方程和回归系数 t 检验均十分显著。

"干中学"（gzx）的系数为0.1086，为正数，即2010年，"干中学"每增加1，偏替代弹性便增加0.1086，原两类劳动替代弹性为负数，即两者间为互补关系，增加一定的数值后，互补关系减弱，甚至对于有些企业，两类劳动要素之间的替代弹性变为正数，表现为较弱的替代关系。职员在"干中学"中通过积累成熟经验或者失败教训、向优秀职员学习借鉴，改变着要素之间的替代互补关系，特别是非技能劳动通过"干中学"积累丰富经验及其向技能劳动的学习和领悟，缩短了与技能劳动的差距，减弱了两者之间的互补关系。同样，技能劳动通过边干边学或者边研发边学习（均称为"干中学"），有利于提高自身的技能水平和与两类资本要素的协调配合，从而促进生产效率的提升。

随着年度变化，"干中学"的影响得到了一定程度的积累变化，"干中学"（gzx）的系数逐年发生变化，2011～2014 年的系数表现为逐年小幅度增加趋势，增加值在 0.008～0.032，2015 年的系数与 2014 年相比有所降低。经验学习的年度积累对偏替代弹性的影响逐年增强，互补关系逐步减弱，但在 2015 年有较小幅度的反弹。

被解释变量为影子替代弹性（snh）时，"干中学"对替代弹性的影响变化趋势基本一致，"干中学"减弱了两者之间互补关系，改变系数的幅度较小。在 2010 年，系数 0.0518 不足对偏替代弹性影响程度的一半（0.1086/2 = 0.0543），随年度变化，"干中学"（gzx）的系数逐年较小幅度增加，互补关系逐步减弱，个别企业表现为劳动之间较弱的替代关系。

针对 4 种要素之间的 6 类要素替代弹性，"干中学"对非技能劳动与技能劳动替代弹性影响较大并且显著，而对其他五类替代弹性影响较小或者影响不显著，在此不再分析。

分析"干中学"对要素配置的影响，主要分析"干中学"对非技能劳动错配程度（dn）和技能劳动错配程度（dh）的影响大小，不考虑控制变量，面板数据分析时，采用 Hausman 检验的 chi2 统计量为 36.33 和 23.79，均在 1% 的显著性水平下显著，拒绝原假设，适合采用固定效应模型。分析结果如表 6 - 3 所示。

表 6 - 3 　　　　　　　　　"干中学"对劳动要素配置的影响

变量		dn	dh
cons		0. 1479 *** （3. 39）	2. 5811 *** （17. 66）
gzx		− 0. 2021 *** （ − 4. 10）	− 0. 2143 *** （ − 2. 70）
gzx − i	2011 年	—	− 0. 0183 *** （ − 4. 07）
	2012 年	—	− 0. 0234 *** （ − 4. 06）
	2013 年	—	− 0. 0180 *** （ − 2. 86）
	2014 年	—	− 0. 0202 *** （ − 2. 99）
	2015 年	—	− 0. 0203 *** （ − 2. 94）
R^2		0. 120	0. 159
Wald chi2		16. 77 ***	33. 61 ***

注：*** 表示在 1% 的显著性水平下显著。

　　如表 6 - 3 所示，对非技能劳动配置（dn）的影响，Wald chi2 统计量为 16. 77，在 1% 的显著性水平下显著，"干中学"系数 t 检验显著，系数为负数，其对非技能劳动错配程度影响为反向的，"干中学"每增加 1，非技能劳动要素错配程度减小 0. 2021，说明非技能劳动通过积累经验和失误教训、向优秀职员学习，提高了其工作熟练程度和技能，促进自身与其他要素之间的协调和配合，以及非技能劳动要素的优化和改善。

　　对技能劳动配置（dn）的影响，选用年度变系数模型较为恰当，Wald chi2 统计量为 33. 61，在 1% 的显著性水平下显著，"干中学"的系数 t 检验和每年度变系数检验均在 1% 的显著性水平下显著。"干中学"系数为负数，其对非技能劳动错配程度影响为反向，"干中学"每增加1，非技能劳动要素错配程度减小0.2143，较技能劳动错配的幅度略大，技能劳动在日常学习和研发过程中，通过研发经验积累并掌握和认识多处具体环境，有利于促进自身更好地融合到生产中去，技能劳动的要素配置得以有效改善。根据年度变系数模型来看，改进的幅度随着年份的变化而变化，变化的区间在0.018～0.024，年度之间略有差异。

三、"干中学"供给动力的生产效应分析

根据前面的理论分析和实证检验，可以初步判断"干中学"积累的丰富经验和失败教训有利于提升劳动的知识和技能存量，促进要素之间替代弹性关系的改变和生产要素配置的改善，生产效率得以提高。下面基于921家样本数据，实证分析"干中学"对生产效率的具体影响大小。本书选择全要素生产率（TFP）作为生产效率的代表指标和被解释变量，"干中学"（gzx）为解释变量，资产负债率（alv）、资本深化（kvl）和职工高学历比例（gxl）作为控制变量。Hausman检验的chi2统计量为43.8，在1%的显著性水平下显著，拒绝原假设，适合采用固定效应模型分析。经检验分析，时间固定效应变系数模型的显著性最高，分析结果如表6-4所示。

表6-4　　　　　　　　　"干中学"对全要素生产率的影响

tfp		系数	t值	p值
cons		18.4493	16.33	0
cons-i	2011年	0.5723	3.45	0.001
	2012年	1.0720	3.56	0
	2013年	1.2001	3.59	0
	2014年	1.7610	5.35	0
	2015年	2.0145	6.15	0

tfp		系数	t 值	p 值
gzx		2.1764	16.46	0
gzx - i	2011 年	0.0082	8.53	0
	2012 年	0.0154	11.98	0
	2013 年	0.0177	12.69	0
	2014 年	0.0215	13.91	0
	2015 年	0.0236	14.60	0
alv		-0.8208	-2.28	0.022
kvl		-1.3993	-16.80	0
gxl		2.7620	3.86	0
Wald chi2		844.09		0

如表 6 - 4 所示，时间固定效应变系数模型的 Wald chi2 统计量值为 844.09，在 1% 的显著性水平下显著，各变量系数的 t 检验，除了控制变量资产负债率（alv）的显著性水平为 5% 之外，其余变量系数的 t 检验均在 1% 的显著性水平下显著，模型整体拟合较好。该模型 2010 年的系数为 18.4493，而 2011 ~ 2015 年常数项的变动幅度均为正数，并随着时间变化表现出逐步增加趋势。由此可见"干中学"对全部样本而言，显著促进了企业生产效率的提高，并随时间变化而逐步增强。"干中学"的系数为正值 2.1764，经济含义为：2010 年"干中学"每增加 1，全要素生产率则增加 2.1764，促进生产效率提高的幅度较大，效果十分显著。2011 ~ 2015 年，变系数逐步增加为 0.0082 ~ 0.0236，说明随着时间变化，经验积累越为丰富，技能越能得到显著提升，生产效率提高得越为明显。

四、"干中学"供给动力对企业绩效的影响分析

"干中学"在促进生产效率提高的同时，还会促进企业绩效的明显提高。根据前面的研究结果，"干中学"至少能够从三个方面促进企业

绩效的提高：第一，"干中学"改变了要素供给结构，改善了要素之间的替代关系，促进生产要素更为恰当配置，提高了生产效率；第二，"干中学"对生产经验的积累和失败教训的总结，使得技能操作更为熟练，减少了不必要的生产损失，提高了产品的质量和合格率，企业生产损失的减少必然会促进绩效的提升；第三，职员通过边干边学可以在保障正常生产的情况下，进行职业技能培训，降低了工作和学习成本，也避免了原本通过培训而投入的培训费用增加，从而使整体经营和管理效率得到提升。

以资产收益率（roa）作为企业绩效的衡量指标，即为被解释变量，"干中学"为解释变量，以资产负债率（alv）、资本深化（kvl）和职工高学历比例（gxl）作为控制变量，进行面板数据分析，并以净资产收益率（roe）替换资产收益率作为被解释变量进行稳健性检验。Hausman 检验的chi2 统计量分别为 102.88 和 136.64，在 1% 的显著性水平下显著，均拒绝随机项与解释变量不相关的原假设，适合采用固定效应模型分析，通过进一步比较分析确定了变系数模型的效果最好，分析结果如表 6 - 5 所示。

表 6 - 5　　　　　　　"干中学"对企业绩效的影响实证分析

变量		roa	roe
cons		9.5843 *** (7.73)	12.7347 *** (3.83)
gzx		1.0788 *** (19.19)	2.2080 *** (17.68)
gzx - i	2011 年	0.0472 *** (13.30)	0.1008 *** (12.15)
	2012 年	0.1017 *** (18.47)	0.1744 *** (17.04)
	2013 年	0.1118 *** (18.87)	0.1851 *** (17.55)
	2014 年	0.1235 *** (19.37)	0.2018 *** (17.76)
	2015 年	0.1551 *** (20.24)	0.2191 *** (18.32)

续表

变量	roa	roe
alv	− 12. 0452 *** （ − 29. 19）	− 17. 1779 *** （ − 15. 53）
kvl	− 0. 3543 *** （ − 3. 68）	− 0. 6052 ** （ − 2. 33）
gxl	2. 1761 *** （4. 33）	5. 3971 *** （4. 37）
R²	0. 416	0. 329
Wald chi2	1416. 49 ***	693. 87 ***

注： *** 表示在 1% 的显著性水平下显著， ** 表示在 5% 的显著性水平下显著。

如表 6 - 5 所示，被解释变量为 roa 时，模型的 Wald chi2 统计量为 1416.49，数值很大，在 1% 的显著性水平下显著，各变量系数和随年度变化的系数均在 1% 的显著性水平下显著，方程拟合较好。"干中学"系数为正值 1.0788，t 检验值为 19.19，其显著性水平很高。2010 年，"干中学"每增加 1，企业资产收益率增加 1.0788；2011 ~ 2015 年的变系数也均为正数，并随时间变化逐年小幅度增加，即 2011 年，"干中学"每增加 1，则资产收益率增加 1.1550% （1.1078% + 0.0472%），比 2010 年的增加幅度高出 0.0472%；2012 ~ 2015 年，比 2010 年增加的幅度分别为 0.01017% 、0.1118% 、0.1235% 和 0.1551%，得出结论："干中学"可以显著提升企业的资产收益率，并且提高的幅度逐年显著增加。

将被解释变量资产收益率（roa）替换为净资产收益率（roe），进行稳健性检验，检验结果如表 6 - 5 所示，模型的 Wald chi2 统计量为 693.87，在 1% 的显著性水平下显著，除了控制变量资产负债率（alv）系数的 t 检验在 5% 的显著性水平下显著之外，各变量系数和随年度变化系数的 t 检验均在 1% 的显著性水平下显著，方程拟合较好。"干中学"系数为正值 2.2080，t 检验值为 17.68，其显著性水平很高。2010

年，"干中学"每增加 1，净资产收益率增加 2.2080，并且 2011~2015 年均比 2010 年的增加幅度有显著提高，提高幅度分别为 0.1008%、0.1744%、0.1851%、0.2018% 和 0.2191%，与上述模型相比，其对净资产收益率的影响比对资产收益率的影响幅度高出 1 倍左右，也验证了结论的稳健性。

第三节 股权激励供给动力效应实证分析

一、有关股权激励的描述性统计分析和检验

921 家企业 2009~2015 年的 6447 个样本数据中，股权激励的样本共计 631 个，因股权激励标的为股票增值权的样本个数仅为 15 个，所以实证分析时不对其单独考虑。在 616 个样本中，按照股权激励标的进行划分：限制性股票的样本为 264 个，股票期权样本为 352 个；按照最终控制权进行划分：国有控股的样本为 93 个，民营控股的样本为 474 个，外资控股的样本为 49 个，具体分布如表 6-6 所示。

表 6-6　　　　　　　　股权激励分类样本统计

分类标准	分类	符号	样本数
股权激励标的	限制性股票	0	264
	股票期权	1	352
控股权	国有控股	0	93
	民营控股	1	474
	外资控股	2	49
合计		—	616

因分析股权激励与研发支出之间的关系，需要按照是否股权激励和

是否存在研发支出，将样本划分为四类（见表6-7），其中，股权激励样本中包含存在股票增值权股权激励的15个样本。

表6-7　　　　　　　　股权激励和研发支出存在情况

年度	无研发支出 无股权激励	仅研发支出 无股权激励	无研发支出 仅股权激励	研发支出且 股权激励	合计
2009	669	229	13	10	921
2010	603	278	8	32	921
2011	513	328	7	73	921
2012	372	453	3	93	921
2013	257	550	1	113	921
2014	192	596	31	102	921
2015	221	555	21	124	921
总计	2827	2989	84	547	6447

如表6-7所示，存在股权激励并且存在研发支出的样本为547个，占全部样本的86.7%，仅有84个存在股权激励的样本没有相关研究与开发支出；不存在股权激励但存在研究与开发支出的样本由2009年的229个增加到接近600家。此外，921家企业中既没有股权激励也没有研究与开发支出的企业由2019年的669家降低到200家左右。后面有必要分析股权激励是否为研究开发的充分条件，或者说股权激励对研究与开发的激励作用如何，以及研究与开发在股权激励对生产效率和企业绩效影响中的作用大小。

以激励数量占总股本比例（jlbl）表示股权激励程度的大小。托宾Q值是比较作为经营主体的企业的市场价值是否大于给企业带来现金流量的资产的成本，用以衡量企业使用资源创造的价值增加值大于投入成本的比例，衡量一个企业在市场上的价值大小，符号为TBQ。股权激励与相关变量的皮尔逊相关系数及其双侧显著性检验结果如表6-8所示。

表 6 – 8　　　　　　　　股权激励比例与相关变量的相关系数

jlbl	相关系数	jlbl	相关系数
yfbl	0. 407 *** （0. 001）	tfp	0. 248 *** （0）
anh	− 0. 192 ** （0. 023）	roe	0. 249 *** （0）
snh	− 0. 154 * （0. 072）	roa	0. 207 ** （0. 016）
dh	0. 109 * （0. 066）	TBQ	0. 216 *** （0）

注：相关系数下括号中为显著性检验 P 值。*** 表示在 1% 的显著性水平下显著，** 表示在 5% 的显著性水平下显著，* 表示在 10% 的显著性水平下显著。

如表 6 – 8 所示，股权激励比例（jlbl）与研究与开发支出比例（yfbl）的相关系数为 0. 407，为较强的正相关关系，在 1% 的显著性水平下显著，对企业管理层和技能劳动的激励行为在一定程度上激励了企业技术创新和研究开发活动的开展。股权激励比例指标与劳动之间替代弹性（anh 和 snh）的相关系数均是负数，分别在 5% 和 10% 的显著性水平下显著。股权激励与替代弹性呈反向变动关系，两类劳动之间的替代弹性为负数，表现为互补关系，激励比例越高，劳动要素之间的互补关系就越强，替代关系就越弱。股权激励与技能劳动错配程度的相关系数为正数，在 10% 的显著性水平下显著，股权激励能够在一定程度上促进技能劳动要素配置的改善和要素之间的协调和配合。股权激励比例与生产效率（全要素生产率 TFP）的相关系数为正数，在 1% 的显著性水平下显著；股权激励比例与企业绩效变量之间也是正向的相关关系，分别在 1% 和 5% 的显著性水平下显著，相关系数均大于 0. 2，相关关系相对较强。股权激励比例与托宾 Q 值（可以表示企业市场价值）的相关系数为正数，在 1% 的显著性水平下显著。股权激励与两类要素 8 个变量的相关系数绝对值在 0. 1 ~ 0. 41，适合进行回归分析等实证分析。

对不同类别股权激励标的样本之间的上述 8 个变量是否存在显著差

别进行独立样本均值 t 检验分析，结果如表 6 - 9、表 6 - 10 所示。

表 6 - 9 股权激励标的不同相关变量的均值

变量	分类	均值	标准差
tfp	限制性股票	8.651	6.805
	股票期权	8.386	8.028
yfbl	限制性股票	4.292	4.251
	股票期权	3.670	3.486
roe	限制性股票	11.993	8.830
	股票期权	11.145	9.833
roa	限制性股票	6.592	5.035
	股票期权	5.820	4.620
anh	限制性股票	- 1.171	1.786
	股票期权	- 1.458	2.000
snh	限制性股票	- 0.642	0.741
	股票期权	- 0.827	0.899
dh	限制性股票	2.419	3.663
	股票期权	2.870	4.610
TBQ	限制性股票	2.816	1.599
	股票期权	2.308	1.253

表 6 - 10 股权激励标的不同相关变量的均值 t 检验

变量		方差 Levene 检验		均值方程的 t 检验			
		F	Sig.	t	df	Sig.	均值差值
tfp	假设相等	1.283	0.258	0.431	614.0	0.666	0.264
	假设不相等	—	—	0.442	604.8	0.659	0.264
yfbl	假设相等	1.512	0.219	1.993	614.0	0.047	0.622
	假设不相等	—	—	1.938	499.9	0.053	0.622

变量		方差 Levene 检验		均值方程的 t 检验			
		F	Sig.	t	df	Sig.	均值差值
roe	假设相等	0.160	0.689	1.107	614.0	0.269	0.849
	假设不相等	—	—	1.124	594.4	0.262	0.849
roa	假设相等	4.473	0.035	1.973	614.0	0.049	0.772
	假设不相等	—	—	1.949	539.0	0.052	0.772
anh	假设相等	5.986	0.015	1.845	614.0	0.065	0.287
	假设不相等	—	—	1.875	595.6	0.061	0.287
snh	假设相等	12.340	0	2.722	614.0	0.007	0.185
	假设不相等	—	—	2.797	608.6	0.005	0.185
dh	假设相等	4.430	0.036	−1.878	614.0	0.061	−0.451
	假设不相等	—	—	−1.890	611.9	0.060	−0.451
TBQ	假设相等	21.877	0	4.424	614.0	0	0.508
	假设不相等	—	—	4.275	484.1	0	0.508

如表 6 - 9 所示，不同股权激励标的的企业全要素生产率、研究与开发支出比例、企业绩效、要素间替代关系和要素配置情况等均值之间存在一定程度差异，例如限制性股票激励样本的全要素生产率均值为 8.651，略大于股票期权激励标的样本均值（8.386）；限制性股票激励样本的研发支出比例均值为 4.292，大于股票期权激励标的样本均值（3.670）；除了限制性股票激励样本的技能劳动要素错配程度均值（2.419）小于股票期权激励标的样本均值（2.870）之外，其余指标均是限制性股票激励样本的均值大于股票期权激励标的样本的均值。采用独立样本均值配比 t 检验两类股权激励相关变量差异的显著性。检验结果如表 6 - 10 所示。

如表 6 - 10 所示，以限制性股票为激励标的样本和以股票期权为激励标的样本的全要素生产率进行独立样本均值配比 t 检验，方差方程 Levene 检验的 F 值为 1.283，在 10% 的显著性水平下不显著，接受了两组方差相等的原假设，即接受两类股权激励标的不同样本的方差相等，两组样本均值之差为0.264，t检验值为0.431，在10%的显著性水平下不显著，无法拒绝两样本均值相等的假设，即两组样本全要素生产率可能存在差异，但并不显著。

以限制性股票为激励标的的样本和以股票期权为激励标的的样本的研究与开发支出比例进行独立样本均值配比t检验，方差方程Levene检验的F值为1.512，在10%的显著性水平下不显著，接受了两组方差相等的原假设，两组样本均值之差为0.622，均值方程t检验值为1.993，在5%的显著性水平下不显著，拒绝两样本均值相等的假设，两组样本全要素生产率均值存在显著差异，即以限制性股票为激励标的的样本的研究开发支出比例显著大于以股票期权为激励标的的样本的研究与开发支出比例。

同理，两样本净资产收益率的方差均值相等，均值方程t检验值不显著，即两类样本的净资产收益率均值存在差别但是不显著。而两组股权激励标的不同样本的资产收益率的方差不相等，均值方程t检验显著，即以限制性股票为激励标的的样本的资产收益率显著大于以股票期权为激励标的的样本的资产收益率。

以限制性股票为激励标的的样本和以股票期权为激励标的的样本的非技能劳动与技能劳动的偏替代弹性和影子替代弹性的方差显著不相等，两样本均值t检验分别在10%和1%的显著性水平下显著，即以限制性股票为激励标的样本的两要素替代弹性显著大于以股票期权为激励标的的样本的要素替代弹性，前者样本的两要素互补关系较弱。对比两类样本的技能劳动要素错配程度，其方差存在显著差异，前者的技能劳动错配程度显著小于后者的技能劳动错配程度。

方差方程Levene检验的F值为21.877，并且在1%的显著性水平下显著，以限制性股票为激励标的的样本和以股票期权为激励标的的样本的非技能劳动与技能劳动的托宾Q值的方差显著不相等，两样本均值t检验分别在1%的显著性水平下显著，即以限制性股票为激励标的的样本的托宾Q值显著大于以股票期权为激励标的的样本的托宾Q值，两者之差为 0.508。

同理分析在企业最终控制权不同的情况下，两类股权激励样本 7 个相关变量之间是否存在显著差异，限于篇幅，仅以国有控股企业与民营控股企业进行对比分析，两类企业的相关变量均值的描述性对比结果如表 6 – 11 所示。

表 6 – 11   股权激励主体控制权不同相关变量的均值

变量	分类	均值	标准差
tfp	国有控股	13.701	10.539
	民营控股	7.632	6.384
yfbl	国有控股	3.466	3.723
	民营控股	4.106	3.934
roe	国有控股	11.455	10.340
	民营控股	11.345	9.229
roa	国有控股	5.101	4.951
	民营控股	6.244	4.777
anh	国有控股	− 1.387	2.072
	民营控股	− 1.344	1.955
snh	国有控股	− 0.777	0.943
	民营控股	− 0.750	0.851
dh	国有控股	1.952	3.209
	民营控股	2.847	4.374
TBQ	国有控股	2.171	1.604
	民营控股	2.572	1.410

如表 6 – 11 所示，存在股权激励的国有控股企业的全要素生产率均值（13.701）大于民营控股企业的全要素生产率均值（7.632）；存在股权激励的国有控股企业的研究与开发支出比例、资产收益率、技能劳动错配程度等的均值均小于民营控股企业的均值；而两类存在股权激励

的控制权不同企业的净资产收益率、非技能劳动与技能劳动要素替代弹性等的均值相差较小。下面采用独立样本均值 t 检验对上述变量差异进行显著性检验，结果如表 6 – 12 所示。

表 6 – 12　　　　股权激励主体控制权不同相关变量的均值 t 检验

变量		方差 Levene 检验		均值方程的 t 检验			
		F	Sig.	t	df	Sig.	均值差值
tfp	假设相等	77.969	0	7.407	565.0	0	6.069
	假设不相等	—	—	5.364	105.6	0	6.069
yfbl	假设相等	1.223	0.269	− 1.847	565.0	0.068	− 0.640
	假设不相等	—	—	− 1.901	135.5	0.053	− 0.640
roe	假设相等	1.030	0.311	1.110	565.0	0.267	0.110
	假设不相等	—	—	1.122	122.4	0.261	0.110
roa	假设相等	0.783	0.376	− 2.097	565.0	0.036	− 1.143
	假设不相等	—	—	− 2.048	127.9	0.043	− 1.143
anh	假设相等	0.307	0.580	− 0.195	565.0	0.845	− 0.044
	假设不相等	—	—	− 0.188	126.2	0.851	− 0.044
snh	假设相等	1.828	0.177	− 0.277	565.0	0.782	− 0.027
	假设不相等	—	—	− 0.259	123.1	0.796	− 0.027
dh	假设相等	5.650	0.018	− 1.876	565.0	0.061	− 0.895
	假设不相等	—	—	− 2.302	167.0	0.023	− 0.895
TBQ	假设相等	0.634	0.424	− 1.728	565.0	0.072	− 0.401
	假设不相等	—	—	− 1.719	168.5	0.078	− 0.401

如表 6 – 12 所示，两类控制权不同的股权激励企业的全要素生产率方差显著不相等，均值差异的 t 检验为 5.364，在 1% 的显著性水平下显著，存在股权激励的国有控股企业的全要素生产率均值显著大于民营控股企业的全要素生产率均值，差值为 6.069；两类样本的研究与开发支出比例无法拒绝方差相等的假设，但其样本的均值差异 t 检验显著，即

存在股权激励的国有控股企业的研究与开发支出比例显著小于民营控股企业的均值，差值为 - 0.640；两类样本的资产收益率差异和技能劳动错配程度的差异是显著的；两类样本的非技能劳动与技能劳动的偏替代弹性和影子替代弹性的差异均不显著。两类控制权不同的股权激励企业的托宾 Q 值的方差显著不相等，均值差异的 t 检验为 - 1.719，在 10% 的显著性水平下显著，存在股权激励的国有控股企业的托宾 Q 值的均值显著大于民营控股企业托宾 Q 值的均值，差值为 0.401。

二、股权激励对企业研发、效率、绩效的实证分析

一些专家和学者研究发现，股权激励对企业的研究与开发支出影响较大，认为股权激励能够促进企业的技术创新，并经对技术进步的影响进而影响企业的生产效率、企业绩效、企业价值等。本部分旨在探索股权激励对企业效率和绩效等的影响，考查经研发支出的行为所产生的间接效应的大小，并判定是否存在调节效应或者中介效应。

（一）股权激励对企业生产效率的影响

采用 STATA 软件，将股权激励对企业全要素生产率影响的相关回归模型进行估计，结果如表 6 - 13 所示。

表 6 - 13　　　　　股权激励对企业全要素生产率的实证分析

变量	模型			
	A	B	C	D
	TFP	yfbl	TFP	TFP
cons	—	—	—	9.9787 (14.62)
jlbl	2.0958 *** (16.81)	0.9844 *** (16.07)	1.5993 *** (11.10)	0.2050 (0.98)

变量	模型			
	A	B	C	D
	TFP	yfbl	TFP	TFP
yfbl	—	—	0.5044 *** (6.34)	0.2634 * (1.92)
jlbl × yfbl	—	—	—	0.0044 (0.13)
R^2	0.415	0.396	0.457	0.098
F	282.51 ***	258.34 ***	170.32 ***	5.88 ***

注：*** 表示在 1% 的显著性水平下显著，* 表示在 10% 的显著性水平下显著。

如表 6 - 13 所示，模型 A：实证分析股权激励大小对全要素生产率的单独影响，方程的 F 检验统计量为 282.51，在 1% 的显著性水平下显著，系数为正数，系数的 t 检验也在 1% 的显著性水平下显著，股权激励比例越大，企业的生产效率就越高，股权激励比例每增加 1，则全要素生产率增加 2.0958。

模型 C 和模型 D：模型 C 的 F 检验值为 170.32，数值较大且在 1% 的显著性水平下显著，两个变量的系数检验显著通过，股权激励比例和研究与开发支出的系数均为正数；对于模型 D，关键变量是标准化的，但是两者乘积（jlbl × yfbl）不一定是标准化的变量，多元回归分析加了常数项（cons），模型 D 方程的 F 检验通过，但其 F 统计量仅为 5.88，股权激励比例的系数明显减小，并且统计检验不显著，研发支出的系数减小并且显著性程度降低，交互项（jlbl × yfbl）系数的 t 检验不通过，不适宜调节效应分析，进一步考虑是否存在中介效应。

模型 B 是分析股权激励比例（jlbl）对研发支出比例（yfbl）的影响，方程 F 检验在 1% 的显著性水平下显著，系数为正值 0.9844，t 检验在 1% 的显著性水平下显著，股权激励比例每增加 1，则研发支出比例增加 0.9844，证实了股权激励政策对企业的研究与开发行为的正向激励作用，股权激励后，企业通过研究与开发行动对企业资源进行有效配置和完善、改进企业治理等来促进技术创新推进。

模型 A、模型 B 和模型 C 组成中介效应模型。结合模型 C 进行检验可以看出，研发支出比例的系数 t 检验在 1% 的显著性水平下显著，系数为正值 0.5044，间接效应是显著的；股权激励比例的系数为 1.5993，该系数的 t 检验在 1% 的显著性水平下显著，说明其直接效应也显著，两者存在显著的部分中介效应。

上述关系表示如图 6-1 所示，根据模型 A、模型 B 和模型 C 的中介效应分析，将其相关系数填入图 6-1，发现存在显著的部分中介效应（即间接效应），股权激励比例对全要素生产率影响的系数由 2.0958 降低到 1.5993，降低了 0.4965，即为（0.9844）与（0.5044）的乘积，也就是说股权激励对全要素生产率的直接效应为 1.5993，间接效应为 0.4965，总的影响效应为 2.0958，间接效应影响的比例为 23.7%。经 Sobel 检验，该影响在 1% 的显著性水平下显著。

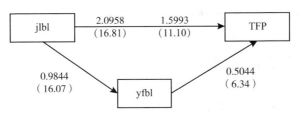

图 6-1　股权激励对全要素生产率的中介效应分析路径

（二）股权激励对企业绩效的影响

对相关指标标准化后，分析股权激励对企业绩效的具体影响程度大小，同时分析研究与开发行为是否存在调节效应或者中介效应。分析结果如表 6-14 所示。

表 6 - 14　　　股权激励对企业研发及其企业绩效的实证分析

变量	模型					
	E	F	G	H	I	J
	roe	roe	roe	roa	roa	roa
cons	—	—	9.6909 (11.41)	—	—	5.3204 (12.14)
jlbl	3.2268 *** (21.75)	2.5963 *** (15.21)	0.9892 *** (3.79)	1.6658 *** (21.17)	1.2512 *** (14.06)	0.3471 ** (2.57)
yfbl	—	0.6405 *** (6.79)	0.0571 (0.34)	—	0.4211 *** (8.57)	0.0763 (0.88)
jlbl × yfbl	—	—	-0.0808 (-1.23)	—	—	-0.0316 (-1.16)
R^2	0.535	0.574	0.079	0.520	0.581	0.091
F	472.91 ***	276.89 ***	6.26 ***	445.32 ***	285.55 ***	2.41 **

注：*** 表示在1%的显著性水平下显著，** 表示在5%的显著性水平下显著。

如表6-14所示，模型E分析股权激励比例对净资产收益率的总影响效应，方程F统计量为472.91，数值较大并且在1%的显著性水平下显著，股权激励比例的系数为正值3.2268，且在1%的显著性水平下显著，股权激励比例每增加1，则净资产收益率提高3.2268，股权激励激发了企业管理人员的积极能动性和技术研发人员的动力，改善了企业的委托代理关系，促进了企业治理完善，优化了资源配置，净资产收益率显著提升。

对比模型F和模型G可以看出，模型F的F统计量远大于模型G的F统计量，模型拟合优度较好，达到了57.4%，模型F的两个解释变量系数的t检验在1%的显著性水平下显著；而模型G对应的相同两个解释变量的显著性降低，研发支出系数的t检验未通过，股权激励比例与研发支出的交互项的系数t检验没有通过，据此可以判断，研发支出对其影响不存在调节效应。综合分析模型 B、模型 E 和模型 F，在股权激励对企业绩效的影响中，研发支出起着中介效应，根据相关系数绘制其路径，如图 6 - 2 所示。

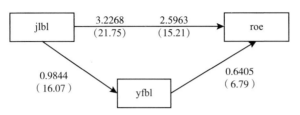

图 6 - 2　股权激励对企业绩效的中介效应分析路径 1

如图 6 - 2 所示，根据模型 B、模型 E 和模型 F 的中介效应分析，股权激励比例对企业绩效（净资产收益率）影响的系数由 3. 2268 降低到 2. 5963，降低了 0. 6305，也就是（0. 9844）与（0. 6405）的乘积，即股权激励比例对净资产收益率的影响总效应为 3. 2268，其中，直接效应为 2. 5963，直接效应影响的比例为 80. 5%，间接效应为 0. 6305，间接效应影响的比例为 19. 5%，经 Sobel 检验，该间接效应的影响在 1% 的显著性水平下显著。

如表 6 - 14 所示，将净资产收益率替换为资产收益率进行稳健性检验，模型 H 为股权激励比例对资产收益率的影响总效应，方程整体的 F 统计量为 445. 32，数值较大且在 1% 的显著性水平下显著，股权激励比例的系数为 1. 6658，其 t 检验在 1% 的显著性水平下显著，股权激励比例每增加 1，资产收益率显著增加 1. 6588。同时考虑股权激励比例和研发支出比例对资产收益率的影响，并对比分析模型 I 和模型 J。模型 I 的 F 检验统计量为 285. 55，明显大于模型 J 的 F 统计量，模型 I 的拟合优度为 0. 581，相对较大，也明显大于模型 J 的拟合优度。模型 I 的两个解释变量的系数的 t 检验均在 1% 的显著性水平下显著，在模型 J 中，同样两个解释变量的系数的 t 检验的显著性明显降低，研发支出比例的系数检验不通过，同时，股权激励比例与研发支出比例的交互项的系数的 t 检验不通过，说明了研发支出不存在调节效应。综合分析模型 B、模型 H 和模型 I，在分析股权激励比例对资产收益率的影响时，研发支出表现为典型的部分中介效应，根据相关系数绘制其路径，如图 6 - 3 所示。

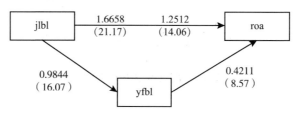

图 6 - 3　股权激励对企业绩效的中介效应分析路径 2

如图 6 - 3 所示，根据模型 B、模型 H 和模型 I 的中介效应分析，股权激励比例对企业绩效（资产收益率）影响的系数由 1.6658 降低到 1.2512，降低了 0.4146，也就是（0.9844）与（0.4211）的乘积，即股权激励比例对净资产收益率的影响总效应为 1.6658，其中，直接效应为 1.2512，直接效应影响的比例为 75.1%，间接效应为 0.4146，间接效应影响的比例为 24.9%，同理经 Sobel 检验，该间接效应的影响在 1% 的显著性水平下显著。

（三）股权激励对企业价值的影响

通过股权激励的作用，生产效应显著提高，企业的绩效显著改善，企业市场价值也随之增加，下面以托宾 Q 值作为企业价值大小的衡量指标，股权激励比例与托宾 Q 值等相关指标的回归分析结果如表 6 - 15 所示。

表 6 – 15　　　　　　　　股权激励对企业研发及其企业价值实证分析

变量	模型			
	K	B	L	M
	TBQ	yfbl	TBQ	TBQl
cons	—	—	—	2.2560 (17.54)
jlbl	0.6277 *** (21.60)	0.9844 *** (16.07)	0.3839 *** (12.38)	– 0.0061 (– 0.25)
yfbl	—	—	0.2477 *** (15.16)	0.0941 *** (3.72)
jlbl × yfbl	—	—	—	– 0.0095 (– 1.08)
R^2	0.531	0.396	0.685	0.140
F	466.39 ***	258.34 ***	474.87 ***	8.5 ***

注：*** 表示在 1% 的显著性水平下显著。

　　如表 6 – 15 所示，模型 K 为股权激励比例对托宾 Q 的影响总效应，方程整体的 F 统计量为 466.39，数值较大且在 1% 的显著性水平下显著，拟合优度为 0.531，方程整体拟合较好，股权激励比例的系数为 0.6277，其 t 检验在 1% 的显著性水平下显著，股权激励比例每增加 1，托宾 Q 值增加 0.6277，企业价值显著增加。探索股权激励比例和研发支出比例对托宾 Q 值的影响，并对比分析模型 L 和模型 M。模型 L 的 F 检验统计量为 474.87，大于模型 M 的 F 统计量，拟合优度为 0.685，方程整体拟合较好，大于模型 M 的拟合优度。模型 L 的两个解释变量的系数的 t 检验均在 1% 的显著性水平下显著，在模型 M 中，同样两个解释变量的系数的 t 检验的显著性明显降低，股权激励比例的系数 t 检验未通过，研发支出比例的系数检验虽然在 1% 的显著性水平下通过，但其 t 检验值为 3.72，远小于模型 M 的 t 检验值，股权激励比例与研发支出比例的交互项的系数的 t 检验未通过，则研发支出不存在调节效应。综合分析模型 B、模型 K 和模型 L，在分析股权激励比例对托宾 Q 值的影响时，研发支出表现为典型的部分中介效应，根据相关系数绘制中介效应路径，如图 6 - 4 所示。

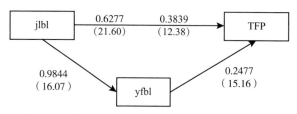

图 6 - 4　股权激励对企业价值的中介效应分析路径

如图 6 - 4 所示，根据模型 B、模型 K 和模型 L 的中介效应分析，股权激励比例对企业价值（TBQ）影响的系数由 0.6277 降低到 0.3839，降低了 0.2438，也就是（0.9844）与（0.2477）的乘积，即股权激励比例对托宾 Q 值的影响总效应为 0.6277，其中，直接效应为 1.2512，直接效应影响的比例为 61.2%，间接效应为 0.2438，间接效应影响的比例为 38.8%，经 Sobel 检验，该间接效应的影响在 1% 的显著性水平下显著。

三、考虑要素替代和要素配置的股权激励中介效应分析

根据前面的理论分析可以发现，股权激励政策对企业研究开发行为的影响较大，并经研发行为对企业生产效率、绩效和价值产生间接效应，同时，股权激励也改变着企业资源的配置和要素之间的互补替代关系。下面探寻股权激励是否能够通过要素配置和替代等对企业生产效率、绩效和价值产生影响。

（一）股权激励对企业生产效率影响的中介效应分析

采用 STATA 软件，分析要素替代弹性和要素配置因素的影响，将股权激励对企业全要素生产率影响的相关回归模型进行估计，选择显著性较高的模型结果如表 6 - 16 所示。

表 6 - 16　　　　　　　股权激励对企业全要素生产率的中介效应分析

变量	模型				
	N	O	P	Q	R
	anh	snh	dh	TFP	TFP
jlbl	− 0. 3040 *** (− 10. 69)	− 0. 1841 *** (− 13. 96)	0. 6841 *** (11. 29)	1. 2633 *** (8. 54)	1. 0521 *** (7. 69)
yfbl	—	—	—	0. 3619 *** (4. 53)	0. 3336 *** (4. 19)
anh	—	—	—	− 0. 8162 *** (− 4. 80)	—
snh	—	—	—	—	− 2. 1934 *** (− 5. 90)
dh	—	—	—	0. 3333 *** (4. 16)	0. 3164 *** (3. 97)
R^2	0. 256	0. 341	0. 272	0. 501	0. 512
F	114. 19 ***	194. 98 ***	128. 07 ***	102. 51 ***	107. 22 ***

注：*** 表示在 1% 的显著性水平下显著。

如表 6 - 16 所示，模型 N 反映股权激励比例对非技能劳动与技能劳动偏替代弹性的影响程度，方程的 F 统计量为 114. 19，其检验在 1% 的显著性水平下显著，股权激励比例的系数为负值 − 0. 3040，系数的 t 检验在 1% 的显著性水平下显著，股权激励比例每增加 1，两类要素偏替代弹性减小 0. 3040。原两类劳动替代弹性为负数，表现为互补关系，股权激励的作用导致两类劳动的互补关系显著增强，技术研发人员和企业管理层等技能劳动者的积极性被激发，从而引致相对较多的非技能劳动者与之配合和协调。模型 P 反映股权激励比例对技能劳动配置的影响程度，方程的 F 统计量为 128. 07，其检验在 1% 的显著性水平下显著，股权激励比例的系数为正数 0. 6841，系数的 t 检验在 1% 的显著性水平下显著，股权激励比例每增加 1，导致技能劳动要素配置增加 0. 6841。模型 Q 反映四个影响全要素生产率的指标的多元回归分析结果，方程的 F 统计值为 102.51，其检验在 1% 的显著性水平下显著，拟合优度为 0.501，整个模型拟合较好，各个解释变量的系数的 t 检验均在 1% 的显著性水平下显著，适合进行经济分析。综合考虑模型 A、模型 B、模型 N、模型 P 和模型 Q，组成典型的中介效应路径分析关系，绘制简单中介效应分析路径（见图 6-5）。需要说明的是，研究与开发支出（yfbl）对全要素生产率产生的间接效应也可以进一步分解为研发支出直接效应和通过对技术资本要素配置及其两类资本之间替代关系的影响的间接效应，具体影响可以参见第五章内容，在此不再展开分析，后面遇到同样问题不再逐一解释。

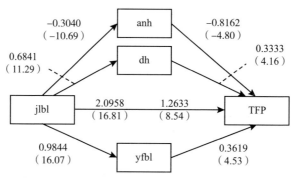

图 6-5　股权激励对企业全要素生产率的中介效应分析路径 A

将非技能劳动与技能劳动的偏替代弹性（anh）替换为影子替代弹性（snh）进行稳健性检验。模型 O 反映股权激励比例对非技能劳动与技能劳动影子替代弹性的影响程度，方程的 F 统计量为 194.98，其检验在 1% 的显著性水平下显著，拟合优度为 0.341，相对较大，方程拟合较好，股权激励比例的系数为负值 -0.1841，系数的 t 检验在 1% 的显著性水平下显著，股权激励比例每增加 1，导致两类要素偏替代弹性减小 0.1841，股权激励的作用导致两类劳动的互补关系显著增强。模型 R 反映四个影响全要素生产率的指标的多元回归分析结果，方程的 F 统计值为 107.22，其检验在 1% 的显著性水平下显著，拟合优度为 0. 512，整个模型拟合较好，各个解释变量的系数的 t 检验均在 1% 的显著性水平下显著，适合进行经济分析，替换解释变量后，结论基本一致，稳健性检验显著。综合考虑模型 A、模型 B、模型 O、模型 P 和模型 R，组成典型的中介效应路径分析关系，绘制简单中介效应分析路径（见图 6 - 5）。

如图 6 - 5 所示，股权激励比例对企业全要素生产率的影响的总效应为 2. 0958，表现为自身的直接效应和通过研发支出行为、要素之间替代互补关系和要素配置的改变等间接效应。股权激励对全要素生产率影响的系数由 2. 0958 降低到 1. 2633，降低了 0. 8325，即降低了 39. 7%，将股权激励的直接和间接效应进行汇总（见表 6 - 17）。

表 6 - 17　　股权激励对全要素生产率的中介效应分析（分解 1）

绩效		TFP	比例（%）
直接效应		1. 2633	60. 3
间接效应	yfbl	$0.9844 \times 0.3619 = 0.3563$	17. 0
	anh	$-0.3040 \times (-0.8162) = 0.2481$	11. 8
	dh	$0.6841 \times 0.3333 = 0.2281$	10. 9
总效应		2. 0958	100. 0

如表 6 - 17 所示，股权激励对企业全要素生产率的影响的直接效应为 1. 2633，占总效应的 60. 3%，通过研究与开发行为产生间接效应影响全要素生产率的数值为 0. 3563，占总效应的 17. 0%；通过改变劳动要素间替代互补关系影响全要素生产率的数值为 0. 2481，占总效应的 11. 8%；通过改变技能劳动要素配置影响全要素生产率的数值为 0. 2281，占总效应的 10. 9%。间接影响效应中，研发行为的影响产生效应的比重较大。

如图 6 - 6 所示，股权激励比例对企业全要素生产率的影响表现为直接影响效应和通过研发支出行为、要素之间替代互补关系、要素配置的改变等间接影响效应，稳健性检验结果与前面结论基本一致。股权激励对全要素生产率影响的系数由 2.0958 降低到 1.1472，降低了 0.9486，即降低了 45.0%。上述模型对比来看，间接效应有所增加，将股权激励的直接效应和间接效应进行汇总（见表 6 - 18）。

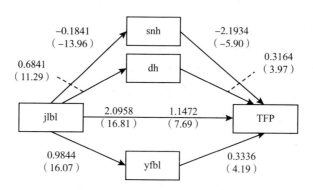

图 6 - 6　股权激励对企业全要素生产率的中介效应分析路径 B

表 6 - 18　　股权激励对全要素生产率的中介效应分析（分解 2）

绩效		TFP	比例（%）
直接效应		1. 1472	55. 0
间接效应	yfbl	0. 9844 × 0. 3336 = 0. 3284	15. 7
	snh	- 0. 1841 × (- 2. 1934) = 0. 4038	19. 3
	dh	0. 6841 × 0. 3164 = 0. 2164	10. 0
总效应		2. 0958	100. 0

如表 6 - 18 所示，在考虑劳动要素影子替代弹性的情况下，股权激励对企业全要素生产率的影响的直接效应为 1.1472，占总效应的 55.0%，通过研究与开发行为产生间接效应影响全要素生产率的数值为 0.3284，占总效应的 15.7%，与上述中介效应模型对比，该间接效应比例减少了 1.3%；通过改变劳动要素间替代互补关系影响全要素生产率的数值为 0.4038，占总效应的 19.3%，与上述中介效应模型对比，该间接效应明显增加了 7.5%，增加幅度较大，从影子替代弹性来看，股

权激励对劳动间要素替代互补关系的改变效应较大；通过改变技能劳动要素配置影响全要素生产率的数值为 0.2164，占总效应的 10.0%，变化较小。间接影响效应中，股权激励对要素间替代互补关系的影响产生效应的比重较大，与上述中介效应模型存在一定差异。

（二）股权激励对企业绩效影响的中介效应分析

同理，基于股权激励对企业绩效影响的相关回归模型进行估计，并考虑到要素替代弹性和要素配置因素的影响，被解释变量分别为净资产收益率和资产收益率，要素间替代弹性分别为偏替代弹性和影子替代弹性，共四个组合模型，相互之间进行稳健性检验。选择显著性相对较高的模型结果列表（见表 6 - 19）。

表 6 - 19　　　　　　　股权激励对企业绩效影响的中介效应分析

变量	模型			
	S	T	U	V
	roe	roe	roa	roa
jlbl	2.2812 *** （12.84）	2.2206 *** （12.23）	1.0807 *** （11.68）	1.0526 *** （11.12）
yfbl	0.5065 *** （5.29）	0.4925 *** （5.12）	0.3486 *** （6.99）	0.3433 *** （6.84）
anh	- 0.5775 *** （ - 2.83）	—	- 0.3608 *** （ - 3.40）	—
snh	—	- 1.4077 *** （ - 3.13）	—	- 0.7992 *** （ - 3.41）
dh	0.3967 *** （4.12）	0.3887 *** （4.03）	0.1931 *** （3.85）	0.1903 *** （3.79）
R^2	0.594	0.598	0.605	0.606
F	151.27 ***	152.14 ***	156.62 ***	156.65 **

注：*** 表示在 1% 的显著性水平下显著，** 表示在 5% 的显著性水平下显著。

如表 6 - 19 所示，模型 S 表示四个影响企业绩效的指标的多元回归分析结果，方程的 F 统计值为 151.27，其检验在 1% 的显著性水平下显著，拟合优度为 0.594，整个模型拟合较好，各个解释变量的系数的 t 检验均在 1% 的显著性水平下显著，适合进行经济分析。综合考虑模型 E、模型 B、模型 N、模型 P 和模型 S，组成典型的股权激励对企业绩效（净资产收益率）影响的中介效应模型和具体路径。限于篇幅，本书不再分别绘制中介效应路径。将股权激励对企业绩效的直接效应和三个指标的间接效应汇总（见表 6 - 20）。将被解释变量有净资产收益率替换为资产收益率进行稳健性检验，得到模型 U，模型 U 整体的 F 检验值较大，统计检验显著，拟合优度为 0.605，方程拟合较好，各个解释变量的系数的 t 检验显著。综合考虑模型 H、模型 B、模型 N、模型 P 和模型 U，组成典型的股权激励对企业绩效（资产收益率）的中介效应模型以及具体路径。将股权激励对企业绩效的直接效应以及三个指标的间接效应汇总同样如表 6 - 20 所示。

表 6 - 20　　股权激励对企业绩效影响的中介效应分析（分解 1）

绩效		roe：模型 E、B、N、P、S	roa：模型 H、B、N、P、U
直接效应		2.2812（70.7%）	1.0807（64.9%）
间接效应	yfbl	$0.9844 \times 0.5065 = 0.4986$	$0.9844 \times 0.3486 = 0.3432$
	anh	$-0.3040 \times (-0.5775) = 0.1756$	$-0.3040 \times (-0.3608) = 0.1098$
	dh	$0.6841 \times 0.3967 = 0.2714$	$0.6841 \times 0.1931 = 0.1321$
总效应		3.2268	1.6658

如表 6 - 20 所示，股权激励对企业绩效（净资产收益率）的影响的总效应为 3.2268，其中，直接效应为 2.2812，占总效应的 70.7%；经研究与开发行为产生间接效应影响企业绩效的数值为 0.4986，占总效应的 15.4%；经改变劳动要素间替代互补关系影响企业绩效的数值为 0.1756，占总效应的 5.4%；经改变技能劳动要素配置影响企业绩效的

数值为 0.2714，占总效应的 8.4%。间接影响效应中，研发行为的影响产生效应的比重较大。股权激励对企业绩效（资产收益率）的影响的总效应为 1.6658，其中，直接效应为 1.0807，占总效应的 64.9%，比采用净资产收益率分析时下降了 5.8%。股权激励经以下三个渠道产生间接效应：经研究与开发行为产生间接效应影响企业绩效的数值为 0.3432，占总效应的 20.6%，影响比例相对较大，比以净资产收益率为被解释变量时的影响比例增加 5.2%；经改变劳动要素间替代互补关系影响企业绩效的数值为 0.1098，占总效应的 6.6%；经改变技能劳动要素配置影响企业绩效的数值为 0.1321，占总效应的 7.9%。间接影响效应中，研发行为的影响产生效应的比重最大。

考虑替换解释变量方法进行稳健性检验，将上述模型 S 和模型 U 的劳动间的偏替代弹性替换为劳动间的影子替代弹性，得到模型 T 和模型 V（见表 6 – 19），两个模型的 F 检验统计量均很大，统计检验显著，拟合优度较高，分别为 0.598 和 0.606，两个模型的各个解释变量系数的 t 检验均在 1% 的显著性水平下显著。综合分析模型 E、模型 B、模型 O、模型 P 和模型 T，构成股权激励比例对净资产收益率的中介效应模型；综合分析模型 H、模型 B、模型 O、模型 P 和模型 V，构成股权激励比例对资产收益率的中介效应模型，将两个中介效应模型的直接效应和间接效应汇总（见表 6 – 21）。

表 6 – 21　　股权激励对企业绩效的中介效应分析（分解 2）

绩效		roe：模型 E、B、O、P、T	roa：模型 H、B、O、P、V
直接效应		2.2206（68.8%）	1.0526（63.2%）
间接效应	yfbl	$0.9844 \times 0.4925 = 0.4848$	$0.9844 \times 0.3433 = 0.3379$
	snh	$-0.1814 \times (-1.4077) = 0.2555$	$-0.1814 \times (-0.7992) = 0.1450$
	dh	$0.6841 \times 0.3887 = 0.2659$	$0.6841 \times 0.1903 = 0.1303$
总效应		3.2268	1.6658

如表6-21所示，将解释变量偏替代弹性替换为影子替代弹性后，股权激励对企业绩效（净资产收益率）的影响的总效应不变，仍旧是3.2286，但其直接效应变为2.2206，占总效应的68.8%，所占比重有所减少。间接效应主要有：经研究与开发行为产生间接效应影响企业绩效的数值为0.4848，占总效应的15.0%，变化不大；经改变劳动要素间替代互补关系影响企业绩效的数值为0.2555，占总效应的8.0%，比替换前的影响比例增加了2.5%；经改变技能劳动要素配置影响企业绩效的数值为0.2659，占总效应的8.2%，变化较小。间接影响效应中，研发行为的影响产生效应的比重较大，直接效应的较少数量主要是因为替代弹性的变化导致了替代弹性的间接效应增加。股权激励对企业绩效（资产收益率）的影响的总效应仍然是1.6658，其中，直接效应为1.0526，占总效应的63.2%，减少了1.7%；经三个渠道产生间接效应：经研究与开发行为产生间接效应影响企业绩效的数值为0.3379，占总效应的20.3%，影响变化不大；经改变劳动要素间替代互补关系（影子替代弹性）影响企业绩效的数值为0.1450，占总效应的8.7%，比偏替代弹性为解释变量时减少了2.1%；经改变技能劳动要素配置影响企业绩效的数值为0.1303，占总效应的7.8%。间接影响效应中，研发行为的影响产生效应的比重最大，解释变量替换后，直接效应的减少主要是由影子替代弹性的间接效应增加所致。

（三）股权激励对企业价值影响的中介效应分析

本部分基于股权激励对企业价值的影响的相关回归模型进行估计，同时考虑要素替代弹性和要素配置因素的影响，其中，替代弹性解释变量分别选择偏替代弹性和影子替代弹性，以便稳健性检验，结果如表6-22所示。

表 6 – 22　　　　　　　股权激励对企业价值影响的中介效应分析

变量	模型	
	W	Z
	托宾 Q 值（TBQ）	托宾 Q 值（TBQ）
jlbl	0. 2956 *** （10. 01）	0. 2735 *** （12. 23）
yfbl	0. 2104 *** （13. 20）	0. 2058 *** （12. 89）
anh	− 0. 2515 *** （− 7. 41）	—
snh	—	− 0. 5776 *** （− 7. 74）
dh	0. 0710 *** （4. 43）	0. 0685 *** （4. 28）
R^2	0. 636	0. 638
F	266. 86 ***	269. 94 ***

注：*** 表示在 1% 的显著性水平下显著。

如表 6 – 22 所示，模型 W 和模型 Z 的 F 检验统计量均很大，分别为 266. 86 和 269. 94，统计检验显著，拟合优度均较高，分别为 0. 636 和 0. 638，两个模型的各个解释变量系数的 t 检验均在 1% 的显著性水平下显著。综合分析模型 K、模型 B、模型 N、模型 P 和模型 W，构成股权激励比例对企业价值的中介效应模型；将劳动间偏替代弹性替换为影子替代弹性，综合分析模型 K、模型 B、模型 O、模型 P 和模型 Z，构成股权激励比例对资产收益率的中介效应模型，限于篇幅，不再绘制中介效应路径，而是将两个中介效应模型的直接效应和间接效应汇总（见表 6 – 23）。

表6－23　　　　　股权激励对企业价值影响的中介效应分析（分解）

绩效		托宾 Q 值（TBQ）	托宾 Q 值（TBQ）
直接效应		0.2955（47.1％）	0.2734（43.6％）
间接效应	yfbl	$0.9844 \times 0.2104 = 0.2071$	$0.9844 \times 0.2058 = 0.2026$
	anh/snh	$-0.3040 \times (-0.2515) = 0.0765$	$-0.1814 \times (-0.5776) = 0.1048$
	dh	$0.6841 \times 0.0710 = 0.0486$	$0.6841 \times 0.0685 = 0.0469$
总效应		0.6277	0.6277

如表6－23所示，股权激励对企业价值（TBQ值）的影响的总效应为0.6277。考虑劳动间的偏替代弹性时，股权激励的直接效应为0.2955，占总效应的47.1％，所占比重小于50％。间接效应主要有：经研究与开发行为产生间接效应影响企业价值的数值为0.2071，占总效应的33.0％；经改变劳动要素间替代互补关系影响企业价值的数值为0.0765，占总效应的12.2％；经改变技能劳动要素配置影响企业价值的数值为0.0486，占总效应的7.7％。间接影响效应中，研发行为的影响产生效应的比重较大。

将劳动间替代弹性替换为影子替代弹性，股权激励的直接效应变为0.2734，占总效应的43.6％，所占比重也小于50％，与上述中介效应模型相比，直接效应减少了3.5％。间接效应表现为：经研究与开发行为产生间接效应影响企业价值的数值为0.2026，占总效应的32.3％；经改变劳动要素间替代互补关系影响企业价值的数值为0.1048，占总效应的16.7％，比上述模型增加效应4.5％；经改变技能劳动要素配置影响企业价值为0.0469，占总效应的7.5％。间接影响效应中，研发行为的影响产生效应的比重同样较大，进行稳健性检验，结论基本一致，只是替代弹性的效应的比例略有较大变化。

四、股权激励标的不同企业之间的效应差异分析

根据理论分析，股权激励的标的和具体激励方式不同，股权激励的

生产效率及其对企业绩效和价值的影响可能存在差异。股票期权本质上是一种看涨期权，激励对象可以经行权获得市场价与行权价之间的差额所带来的收益。限制性股票是指上市公司按照预定的条件授予激励对象一定数量的该公司股票，激励对象必须在满足特定业绩目标等行权条件后，才有权出售该股票并实现获益。

针对不同的激励标的，对比分析企业之间生产效率的差异。下面先对比分析不同激励标的的股权激励对企业生产效应的影响，限于篇幅，不再将其具体估计的模型罗列于表中，仅分析其中介效应路径并汇总计算分析直接效应和间接效应，以及偏替代弹性的影响。中介效应路径分析如图6-7、图6-8所示，中介效应对比分析如表6-24所示。

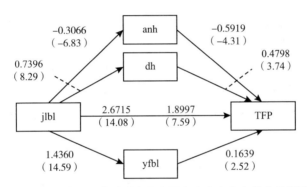

图6-7 限制性股票激励对企业全要素生产率中介效应分析路径

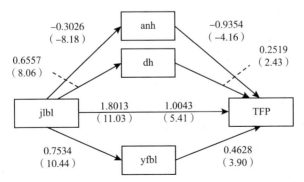

图6-8 股票期权标的对企业全要素生产率中介效应分析路径

表6-24 股权激励标的不同对全要素生产率的中介效应对比分析

样本		全部样本	限制性股票	股票期权
直接效应		1.2633（60.3%）	1.8997（71.1%）	1.0043（55.8%）
间接效应	yfbl	$0.9844 \times 0.3619 = 0.3563$	$1.4360 \times 0.1639 = 0.2354$	$0.7534 \times 0.4628 = 0.3487$
	anh	$-0.3040 \times (-0.8162)$ $= 0.2481$	$-0.3066 \times (-0.5919)$ $= 0.1815$	$-0.3026 \times (-0.9354)$ $= 0.2831$
	dh	$0.6841 \times 0.3333 = 0.2281$	$0.7396 \times 0.4798 = 0.3549$	$0.6557 \times 0.2519 = 0.1652$
总效应		2.0958	2.6715	1.8013

如图6-7所示，当激励标的为限制性股票时，股权激励对全要素生产率的影响总效应为2.6715，大于全部样本的影响总效应（2.0958），以限制性股票为激励标的的效应相对明显，由于间接效应影响，直接效应降为1.8997。

如图6-8所示，当激励标的为股票期权时，股权激励对全要素生产率的影响总效应为1.8013，小于全部样本的影响总效应（2.0958），以股票期权为激励标的的影响相对较小，由于间接效应的影响，直接效应降为1.0043。

如表6-24所示，由于股权激励的标的不同，股权激励对全要素生产率的影响的总效应存在较大差异，除此之外，研究开发行为、劳动要素间替代互补关系、技能劳动配置等对其产生的间接效应也存在差别。限制性股票股权激励的直接效应为1.8997，占总效应比例为71.1%，比全部样本的直接效应比重大10.8%；而股票期权激励的直接效应为1.0043，占总效应比例为55.8%，却比全部样本的直接效应比重小4.5%。从间接效应来看，限制性股票激励经研究开发行为产生的间接效应为0.2354，占总效应的8.8%，明显低于全部样本的间接效应的比例（17.0%），而股票期权激励经研究开发行为产生的间接效应为0.3487，占总效应的19.4%，高于全部样本的比重（17.0%）；限制性股票激励经劳动要素间替代弹性产生的间接效应为0.1815，占总效应的6.8%，明显低于全部样本的间接效应的比例（11.8%），而股票期权激励经劳动要素间替代弹性产生的间接效应为 0.2831，占总效应的 15.7%，高于全部样本的比重（11.8%）；限制性股票激励经技能劳动要素配置产生的间接效应为 0.3549，占总效应的 13.3%，明显高于全部样本的间接效应比例（10.9%），而股票期权激励经技能劳动要素配置产生的间接效应为 0.1652，占总效应的 9.2%，低于全部样本的比重（10.9%）。各样本的间接效应中，均是研究开发行为的效应比例相对较大。

同理，将两种股权激励标的的股权激励对企业绩效的具体影响进行对比分析，限于篇幅，下面只将直接效应和间接效应汇总计算分析，以净资产收益率表示企业绩效，以研发支出、劳动间影子替代弹性等为解释变量，结果如表 6 – 25 所示。

表 6 – 25　　　股权激励标的不同对企业绩效的中介效应对比分析

样本		全部	限制性股票	股票期权
直接效应		2.2206（68.8%）	2.8587（74.4%）	1.9952（68.3%）
间接效应	yfbl	0.9844 × 0.4925 = 0.4848	1.4360 × 0.2156 = 0.3096	0.7534 × 0.6540 = 0.4927
	snh	−0.1814 ×（−1.4077）= 0.2555	−0.1819 ×（−2.4322）= 0.4424	−0.1811 ×（−0.9306）= 0.1685
	dh	0.6841 × 0.3887 = 0.2659	0.7396 × 0.3157 = 0.2335	0.6557 × 0.3877 = 0.2542
总效应		3.2268	3.8444	2.9106

如表 6 – 25 所示，当激励标的为限制性股票时，股权激励对企业绩效的影响总效应为 3.8444，大于全部样本的影响总效应（3.2286），限制性股票激励标的的激励效应相对明显；当激励标的为股票期权时，股权激励对企业绩效的影响总效应为 2.9106，小于全部样本的影响总效应（3.2286），股票期权标的的影响效应相对较小。

限制性股票股权激励的直接效应为 2.8587，占总效应比例为 74.4%，比全部样本的直接效应比重大 5.6%；而股票期权激励的直接效应为 1.9952，占总效应比例 68.3%，比全部样本的直接效应比重小 0.5%。

从间接效应来看，研究开发行为对限制性股票激励的间接效应为

0.3096，占总效应的 8.1%，明显低于全部样本的间接效应比例（15.0%），而研究开发行为对股票期权激励的间接效应为 0.4927，占总效应的 16.9%，高于全部样本的比重（15.0%）；劳动要素间替代弹性对限制性股票激励的间接效应为 0.4425，占总效应的 11.5%，明显高于全部样本的间接效应比例（7.9%），而劳动要素间替代弹性对股票期权激励的间接效应为 0.1685，占总效应的 5.8%，低于全部样本的比重（7.9%）；技能劳动要素配置对限制性股票激励的间接效应为 0.2336，占总效应的 6.1%，高于全部样本的间接效应比例（8.2%），而技能劳动要素配置对股票期权激励的间接效应为 0.2542，占总效应的 8.7%，高于全部样本的比重（8.2%）。各样本的间接效应中，均是研究开发行为的效应比例相对较大。

下面验证不同激励标的的股权激励对企业绩效激励的差异的稳健性，将被解释变量净资产收益率（roe）替换为资产收益率（roa）进行检验，其对比分析结果如表 6 - 26 所示。

表 6 - 26　　　　　　　　股权激励标的不同对企业绩效的

中介效应对比分析稳健性检验

样本		全部	限制性股票	股票期权
直接效应		1.0526（63.2%）	1.4589（70.3%）	0.9106（62.5%）
间接效应	yfbl	$0.9844 \times 0.3433 = 0.3379$	$1.4360 \times 0.1576 = 0.2263$	$0.7534 \times 0.4541 = 0.3421$
	snh	$-0.1814 \times (-0.7992)$ $= 0.1450$	$-0.1819 \times (-1.5149)$ $= 0.2756$	$-0.1811 \times (-0.4613)$ $= 0.0836$
	dh	$0.6841 \times 0.1903 = 0.1303$	$0.7396 \times 0.1541 = 0.1140$	$0.6557 \times 0.1832 = 0.1202$
总效应		1.6658	2.0748	1.4565

如表 6 - 26 所示，当激励标的为限制性股票时，股权激励对企业绩效（资产收益率）的影响总效应为 2.0748，大于全部样本的影响总效应（1.6658），限制性股票激励标的的激励效应相对较为明显；当激励标的为股票期权时，股权激励对企业绩效的影响总效应为 1.4565，小

于全部样本的影响总效应（1.6658），股票期权激励标的的影响效应相对较小。限制性股票股权激励的直接效应为1.4589，占总效应比例为70.3%，比全部样本的直接效应比重大7.1%；而股票期权激励的直接效应为0.9106，占总效应比例为62.5%，却比全部样本的直接效应比重小0.7%。

从间接效应来看，研究开发行为对限制性股票激励的间接效应为0.2263，占总效应的10.9%，明显低于全部样本的间接效应比例（20.2%），而研究开发行为对股票期权激励的间接效应为0.3421，占总效应的23.5%，高于全部样本的比重（20.2%）；劳动要素间替代弹性对限制性股票激励的间接效应为0.2756，占总效应的13.3%，明显高于全部样本的间接效应比例（8.7%），而劳动要素间替代弹性对股票期权激励的间接效应为0.0836，占总效应的5.7%，低于全部样本的比重（8.7%）；技能劳动要素配置对限制性股票激励的间接效应为0.1140，占总效应的5.5%，低于全部样本的间接效应比例（7.8%），而技能劳动要素配置对股票期权激励的间接效应为0.1202，占总效应的8.3%，高于全部样本的比重（7.8%）。可以看出，各类效应对比分析的结论是基本一致的，具有稳健性。

同理，对比分析两种股权激励标的的股权激励对企业价值的具体影响，只将直接效应和间接效应汇总计算分析（见表6-27、表6-28）。

表6-27 股权激励标的不同对企业价值的中介效应对比分析

样本		全部	限制性股票	股票期权
直接效应		0.2955	0.4714	0.2347
间接效应	yfbl	$0.9844 \times 0.2104 = 0.2071$	$1.4360 \times 0.1347 = 0.1934$	$0.7534 \times 0.2520 = 0.1899$
	anh	$-0.3040 \times (-0.2515)$ $= 0.0765$	$-0.3066 \times (-0.3687)$ $= 0.1130$	$-0.3026 \times (-0.1838)$ $= 0.0556$
	dh	$0.6841 \times 0.0710 = 0.0486$	$0.7396 \times 0.1111 = 0.0822$	$0.6557 \times 0.0437 = 0.0287$
总效应		0.6277	0.8600	0.5089

表 6 – 28　　　　　　股权激励标的不同对企业价值的中介效应比例　　　单位：%

样本		全部	限制性股票	股票期权
直接效应		47.1	54.8	46.1
间接效应	yfbl	33.0	22.5	37.3
	anh	12.2	13.1	10.9
	dh	7.7	9.6	5.7
总效应		100.0	100.0	100.0

如表 6 – 27 和表 6 – 28 所示，当激励标的为限制性股票时，股权激励对企业价值（TBQ）的影响总效应为 0.8600，大于全部样本的影响总效应（0.6277），限制性股票激励标的的激励效应相对较为明显；当激励标的为股票期权时，股权激励对企业绩效的影响总效应为 0.5089，小于全部样本的影响总效应（0.6277），股票期权标的的影响效应相对较小。限制性股票股权激励的直接效应为 0.4714，占总效应比例为 54.8%，比全部样本的直接效应比例大 7.7%；而股票期权激励的直接效应为 0.2347，占总效应比例为 46.1%，却比全部样本的直接效应比重小 1.0%。从间接效应来看，研究开发行为对限制性股票激励的间接效应为 0.1934，占总效应的 22.5%，明显低于全部样本的间接效应比例（33.0%），而研究开发行为对股票期权激励的间接效应为 0.1899，占总效应的 37.3%，高于全部样本的比重（33.0%）；劳动要素间替代弹性对限制性股票激励的间接效应为 0.1130，占总效应的 13.1%，高于全部样本的间接效应比例（12.2%），而劳动要素间替代弹性对股票期权激励的间接效应为 0.0556，占总效应的 10.9%，低于全部样本的比重（12.2%）；技能劳动要素配置对限制性股票激励的间接效应为 0.0822，占总效应的 9.6%，高于全部样本的间接效应比例（7.7%），而技能劳动要素配置对股票期权激励的间接效应为 0.0287，占总效应的 5.7%，低于全部样本的比重（7.7%）。

五、不同控股权企业之间的股权激励效应差异分析

股权激励企业的最终控制权不同，可能会影响企业股权激励方案的制定、实施和公司治理，进而影响企业激励作用的发挥。根据所选样本的最终控制权不同，将其分为三类样本，并对比分析不同控制权企业之间的股权激励的生产效应、企业绩效和企业价值。

同样方法构建中介效应模型，分析三种不同控制权样本的股权激励对企业全要素生产率的影响效应，限于篇幅，仅统计分析其效应结果（见表6-29），并计算全部样本和三类样本的各类效应所占比例（见表6-30）。

表6-29　　股权激励企业控制权不同对全要素生产率的中介效应对比分析

样本		国有控股	民营控股	外资控股
直接效应		2.9949	1.0014	1.5427
间接效应	yfbl	$1.3353 \times 0.7617 = 1.0171$	$1.0159 \times 0.2760 = 0.2804$	$0.5892 \times 0.2550 = 0.1502$
	snh	$-0.2636 \times (-2.6142)$ $= 0.6891$	$-0.1826 \times (-2.0510)$ $= 0.3745$	$-0.1301 \times (-1.0509)$ $= 0.1367$
	dh	$0.7500 \times 0.7107 = 0.5330$	$0.6898 \times 0.2909 = 0.2007$	$0.6113 \times 0.3093 = 0.1891$
总效应		5.2341	1.8570	2.0187

表6-30　　股权激励标的不同对企业绩效的中介效应比例　　单位：%

样本		全部	国有控股	民营控股	外资控股
直接效应		55.0	57.2	53.9	76.4
间接效应	yfbl	15.7	19.4	15.1	7.4
	snh	19.3	13.2	20.2	6.8
	dh	10.0	10.2	10.8	9.4
总效应		100.0	100.0	100.0	100.0

如表6-29和表6-30所示，企业最终控制权不同，股权激励对企业生产效应的影响存在一定差异。国有控股企业股权激励对全要素生产率影响的总效应为5.2341，均大于民营控股企业的总效应（1.8570）、外资控股企业的总效应（2.0187）和全部样本的总效应（2.0958），可见股权激励对国有控股企业生产效率的提升和促进作用较大，民营控股企业的作用效果相对较小。

从股权激励对企业生产效应影响的直接效应比例来看，外资控股企业的直接效应比例高达76.4%，高于国有控股企业直接效应比例（57.2%）和民营企业控股的直接效应比例（53.9%）。外资控股中，股权激励直接促进生产效率提升的效果明显；民营控股企业中，股权激励促进生产效率提升的效应相对较低，低于全部样本企业的直接效应比例（55.0%）。

在股权激励对企业生产效率影响的间接效应中，国有控股企业研究开发行为的间接效应比例高达19.4%，相对较高，高于全部样本的比例（15.7%），国有控股企业股权激励决策后，由于对研发支出的投入增加，激励研究开发人员的动力效果相对明显；外资控股企业的研发支出间接效应相对较低，仅为7.4%。民营控股企业的间接效应中，劳动间要素替代互补关系的改变对企业生产效率的作用的间接效应比例相对较高，达到20.2%，其他两类控制类型企业的要素替代互补关系的间接效应比例均低于全部样本比例（19.3%）。民营控股企业股权激励的间接效应主要表现在改善劳动者之间关系、促进非技能劳动和技能劳动的有效协作和效率提高，民营企业的股权激励主要在企业管理阶层。各类控制权企业的技能劳动要素配置状况影响企业生产效率的间接效应比例相差不大，外资控股企业的比例略低于全部样本的效应比例。

同理，构建中介效应模型，分析三种不同控制权样本的股权激励对企业绩效的影响效应，限于篇幅，仅以净资产收益率为被解释变量，劳动间替代弹性选择影子替代弹性，统计分析其效应结果（见表6-31），并计算全部样本和三类样本的各类效应所占比例（见表6-32）。

表 6 – 31　　　　股权激励企业控制权不同对企业绩效的中介效应对比分析

样本		国有控股	民营控股	外资控股
直接效应		2.4590	2.1618	2.6245
间接效应	yfbl	$1.3353 \times 0.5940 = 0.7932$	$1.0159 \times 0.4815 = 0.4892$	$0.5892 \times 0.3517 = 0.2072$
	snh	$-0.2636 \times (-2.1483)$ $= 0.5663$	$-0.1826 \times (-1.1595)$ $= 0.2117$	$-0.1301 \times (-3.0587)$ $= 0.3979$
	dh	$0.7500 \times 0.8739 = 0.6554$	$0.6898 \times 0.3622 = 0.2498$	$0.6113 \times 0.1543 = 0.0943$
总效应		4.4739	3.1125	3.3239

注：在外资控股样本的实证分析中，回归方程的系数的 t 检验显著性水平相对较低。

表 6 – 32　　　　股权激励标的不同对企业价值的中介效应比例　　　单位：%

样本		全部	国有控股	民营控股	外资控股
直接效应		68.8	55.0	69.5	78.9
间接效应	yfbl	15.0	17.7	15.7	6.2
	snh	8.0	12.7	6.8	12.0
	dh	8.2	14.6	8.0	2.9
总效应		100.0	100.0	100.0	100.0

如表 6 – 31 和表 6 – 32 所示，企业最终控制权不同，股权激励对企业绩效的影响便会存在一定差异，国有控股企业股权激励对绩效的影响的总效应为 4.4739，相对较大，大于全部样本股权激励对企业绩效的总效应（3.2268），并且均大于民营控股企业的总效应（3.1125）和外资控股企业的总效应（3.3239），股权激励对国有控股企业生产效率的促进作用较大，进而影响到企业绩效的高低，对民营控股企业绩效的影响效应相对较小。

从股权激励对企业绩效的影响的直接效应比例来看，外资控股企业的直接效应比例高达 78.9%，高于国有控股企业直接效应比例（55.0%）和民营控股企业的直接效应比例（69.5%）。由此可见，外资控股中股权激励直接促进企业绩效提升的效果较为明显，而国有控股企业股权激励绩效的直接效应相对较低，仅为55.0%，低于全部样本企业的直接效应比例（68.8%）。

在股权激励对企业绩效的影响的间接效应中，国有控股企业的间接效应相对较高，合计为45.0%。国有控股企业的研究开发行为的间接效应比例高达17.7%，高于全部样本的比例（15.0%）；外资控股企业的研发支出的间接效应相对较低，仅为6.2%。国有控股企业和外资控股企业的间接效应中，劳动间要素替代互补关系的改变对企业绩效的作用的间接效应比例均相对较高，分别为12.7%和12.0%；民营控股企业的要素替代互补关系的间接效应比例较低，民营企业股权激励的间接效应虽然能够改善劳动者之间的关系，促进生产效率提升，但是提升技能人员或者管理人员的薪酬待遇可能会增加劳动成本，所以企业绩效表现不突出。在技能劳动要素配置状况影响企业绩效的间接效应方面，国有控股企业的比例较大，民营控股企业的比例略低于全部样本的效应比例，而外资控股企业的间接效应比例很低，仅为2.9%。

同理，构建中介效应模型来分析三种不同控制权样本的股权激励对企业价值的作用效果，以托宾Q值表示企业价值，作为被解释变量，统计分析其效应的结果（见表6－33），并计算全部样本和三类样本的各类效应所占比例（见表6－34）。

表6－33　　　　股权激励企业控制权不同对企业价值的中介效应对比分析

样本		国有控股	民营控股	外资控股
直接效应		0.6296	0.2833	0.2138
间接效应	yfbl	$1.3353 \times 0.2137 = 0.2854$	$1.0159 \times 0.2006 = 0.2038$	$0.5892 \times 0.2505 = 0.1476$
	anh	$-0.4352 \times (-0.2089) = 0.0909$	$-0.3066 \times (-0.2473) = 0.0758$	$-0.3026 \times (-0.4740) = 0.1434$
	dh	$0.7500 \times 0.0496 = 0.0372$	$0.6898 \times 0.0788 = 0.0544$	$0.6113 \times 0.0163 = 0.0100$
总效应		1.0431	0.6173	0.5148

注：外资控股企业的技能劳动要素配置系数的t检验显著性较低，t值为1.59。

表 6 – 34　　　　　股权激励标的不同对企业价值的中介效应比例　　　　单位：%

样本		全部	国有控股	民营控股	外资控股
直接效应		47.1	60.4	45.9	41.5
间接 效应	yfbl	33.0	27.4	33.0	28.7
	anh	12.2	8.7	12.3	27.9
	dh	7.7	3.5	8.8	1.9
总效应		100.0	100.0	100.0	100.0

　　如表 6 – 33 和表 6 – 34 所示，由于企业最终控制权不同，股权激励对企业价值的作用效果也存在一定差异。国有控股企业股权激励对企业价值的影响的总效应为 1.0431，相对较大，大于全部样本股权激励对企业价值的总效应（0.6277），并且均大于民营控股企业的总效应（0.6173）和外资控股企业的总效应（0.5148），股权激励对国有控股企业生产效率的促进作用较大，企业绩效较高，最终表现为企业的价值也就较大，股权激励对外资控股企业价值的影响效应相对较小。

　　从股权激励对企业价值作用效果的直接效应比例来看，国有控股企业的直接效应比例高达 60.4%，超过 50%，而民营控股企业的直接效应比例（45.9%）和外资控股企业的直接效应比例（41.5%）均低于50%。在股权激励对企业价值影响的间接效应中，民营控股企业的研究开发行为的间接效应比例较高（33.0%），与全部样本的研发行为的间接效应比例（33.0%）相当，国有控股企业和外资控股企业的研发行为的间接效应比例较低。外资控股企业的劳动间要素替代互补关系的改变对企业价值的作用的间接效应比例均相对较高，达到了 27.9%，民营控股企业的比例与全部样本的效应比例基本一致，而国有控股企业的效应比例明显较小。民营控股企业的技能劳动要素配置状况影响企业绩效的间接效应比例较大（8.8%），而国有控股企业和外资控股企业的比例均低于全部样本的效应比例。

本 章 小 结

首先，本章介绍了技能和技能劳动的基本概念与提升路径，技能劳动提升的路径主要有职业教育、继续教育和在职培训、"干中学"、奖金奖励、荣誉奖励和股权激励等。"干中学"是技能劳动进行技术消化与吸收的方法和途径，本章从经济学的视角分析"干中学"的成本和效益，探寻技术进步和技能提升的有效渠道的绩效效应；分析"干中学"促进技能提升和技术进步的影响因素和实现机制。另外，概述了股权激励的基本概念、方式及激励标的，股权激励的形成和稳妥代理的关系，分析了股权激励的具体效应和作用机制等。

其次，实证分析了"干中学"对要素的替代互补关系的改善和要素配置的完善。"干中学"中经积累成功经验或者总结失败教训，以及向优秀职员的学习借鉴，改变着要素之间的替代互补关系，提高了其工作熟练程度和技能，促进了自身与其他要素之间的协调和配合，以及非技能劳动要素的优化和改善。"干中学"显著促进了全要素生产率的提升和企业绩效的提高。

最后，实证分析了股权激励对研究与开发行为、企业绩效和企业价值的变化，并详细分析了股权激励对生产效率、企业绩效和价值的具体中介效应，充分考虑经研究与开发支出、劳动间要素替代互补关系的改善、对技能劳动要素配置的完善等间接影响企业绩效和价值等的因素。同时，对比分析限制性股票和股票期权等不同激励标的下，以及对企业最终控制权不同时，股权激励对企业生产效率、绩效和价值影响的差异及其显著程度。

第七章

基于制度供给视角的动力结构性分析

第一节 制度供给的动力结构性理论
分析——以税收优惠为例

一、制度供给、供给侧结构性改革与企业创新策略

企业实施供给侧结构性改革，促进并完善技术资本和技能劳动等要素的配置和优化，有利于提高生产效率与绩效，如前面所述，动力结构性供给主要有外商直接投资、研究与开发、"干中学"和股权激励等，除此之外，制度供给也是结构性改革的主要动力和驱动因素。前面所述的要素结构和动力结构等因素，均是从微观主体的角度出发，分析了促进市场要素的更好配置和有效替代互补，促进技术资本和技能劳动要素供给动力等，其本质是经济方面的供给。而制度供给是政治和社会文化方面的，是与政府调控经济密切相关的。在经济发展过程中，不可避免地存在一些制约经济顺利发展的要素，但可以经相关制度安排来缓解制约因素的抑制作用或者打通经济增长的通道。在实质性政府制度改革中，更多依靠市场力量对经济结构进行调整，从而合理地运用市场和政

府结合的力量，确保经济增长方式顺利实现向较高水平的"升级版"转变，并走可持续发展的增长路径，化解制约企业全要素生产率进一步提升的深层制度因素。例如，财政是国家治理的基础和服务经济大局的重要经济支柱，所以就要以合理的财力分配和自身的改革，在全面改革中攻坚克难。

采用制度供给的办法，有利于推进供给侧结构性改革、完善各类资源配置。在供给侧结构性改革中，政府的职能从具体干预企业，转向为企业和市场提供高质量的制度供给，进行以制度创新为核心的职能改革，大力调整政府的管理方式和提高调控能力。例如通过制度规范，激励企业间的收购兼并去消灭"僵尸企业"，或者通过制度规范让它们在竞争中自生自灭，实现市场自动出清。可以通过对产能的补助，转变为对消费者和用户的补贴，以培育市场需求、扩大市场竞争。

供给侧结构性改革中，强化政府的制度创新和制度供给能力，是指要在结构性改革中把制度改革放在重要的地位，为了不断完善行为规则，通过法定程序为社会组织和成员、市场主体等设立并创新行为规则。在结构性改革中制定规则、创新规则、修正规则，就是改革，就是推动经济转型升级。政府的工作须突出制度创新和制度供给，要以更大的决心、力气和精力来全面深化改革，通过改革来解决我们发展中遇到的种种问题和矛盾。在供给侧结构性改革的背景下，政府层面的制度创新和制度供给，需要紧扣转型升级的主线，重点解决发展中存在的结构性、体制性和素质性的矛盾与问题。

根据发展经济学的传统认识，后发优势对于生产效率较低企业均有较强吸引力，这是因为它给"干中学"模仿创新提供了一个确定的技术存量。在大规模工业化阶段，最重要的事情就是通过改革开放和制度设计，捕捉这种存量技术扩散机会，并通过政府直接干预尽可能地放大工业化部门之间的诱致效应，不断增强确定性技术存量的吸收能力。企业利用制度供给优势补偿创新能力的空白，就是从模仿型确定性创新向谋求创新可能性的经济环境过渡，而作为经济调控的政府就应当补偿创新激励制度的空白。

在新经济时代，须重点强化科技创新引领新发展、建设创新驱动国家相关的制度供给。科技创新是实现经济转型升级的主要动力，是企业发展和壮大的内在引擎。在制度供给层面，应完善企业是创新主体的政策体系，加大对具有经济外部性的新技术、新材料、新工艺、新产品的支持扶助力度；结合当前经济政策关键工作，明确扶持的经济主体和经济发展重点，例如，建设美丽中国需要我们把环境保护的倒逼压力，转化为经济转型升级的动力；重点强化与建立产业新体系、调整产业结构相关的制度供给。现代产业体系的建设，是实现供给侧结构性改革这一主线要求的具体行动和方案。

二、以税收优惠政策为例的理论分析

我国政府相继出台的一系列给予研究与开发支持的制度供给，大体上可以分为两类。一类是直接补贴，即政府通过财政资助、政府购买、无息贷款等方式直接支持企业研发活动投入。政府通过财政预算支出直接支持的资金额度，由于政府与企业之间存在信息不对称因素，其对研发支持预算资金的分配容易出现偏差，政府直接投入资金的使用效率可能较低；另外，政府直接补贴对企业约束条件较多，资金从拨付到企业的最终可以使用周期较长，影响了企业申请资助的积极性。另一类是间接扶持，即政府通过采取税收优惠政策（如研发费用加计扣除、固定资产加速折旧、降低所得税税率）来降低企业进行研发活动的成本与风险，间接地支持企业开展创新活动。该类税收优惠依赖于企业和市场本身，比直接补贴政策更具有灵活性，更能有效促进企业的效率提高。

在新经济时代，政府制度供给的主要做法由以往向承载特定政策意图和提高资源配置效率的企业进行直接政府投资的做法，转变为经由税收优惠、财政资助或者补贴等政府支出举措作用于企业层面，间接诱致企业投资、融资和市场策略选择，最终达到协同实现企业利益最大化与政府调控目标的双赢结果。实际上，作为实践性制度安排，科学评价政府财政干预间接激励企业效应，牵涉到财税政策优化和有效区分政府与市场的边界。从税收优惠、财政补贴政策实践角度看，骗取税收优惠和财政补贴等事件经新闻媒体披露，更加剧了公众的非议甚至质疑，造成了政府优化调整税收优惠、财政补贴政策的压力。税收优惠政策是国家通过采取与现行税制基本结构相背离的税收制度给予纳税人的各种优惠性税收待遇，从而使纳税人的税负减轻，进而达到补贴特定纳税人及其活动的目的。

根据经济增长理论分析，技术进步主要依靠企业的技术创新。企业创新存在正的外部性特征，即企业创新所花费的成本代价较高，研发创新周期相对较长，创新成果存在较大的外泄风险，因此为企业带来的收益远远低于社会收益。因此，政府通过适当的经济政策制度干预企业创新行为成为关键的手段。

研发资助或者研发补贴是典型的利用直接补贴的方式来提供制度供给，进而促进企业的研发支出行为。政府对企业的研发资助可以直接提高企业进行自主创新的收益，但在短期内并不一定能够有效促进企业采取自主创新的策略，只有当政府的补贴率达到一定力度时，才能有效激励企业开展自主创新的研发活动。长期来看，潜在进入者通过技术引进选择进入市场的概率会因政府对自主创新企业的补贴而有所下降，但在位企业在选择是否自主创新时，其混合策略的概率并不会受到政府补贴率的影响。

财政资助和补贴政策是政府为实现特定的经济社会发展目标，无偿给予企业的财政性资金。战略新兴产业的财政补贴政策承载着优化资源配置结构、供给结构和需求结构的政策意图。战略新型产业的财政补贴政策在培育经济增长点、促进产业结构调整、保护特定产业及地区经济和加快经济发展等方面可以发挥重要作用。从领取补贴者的角度看，意味着实际收入的增加，经济状况较之前能够有所改善。

加计扣除政策是针对企业所得税实施的一项基于较少税基的优惠政策。国家税务总局于 2008 年颁布《企业研究开发费用税前扣除管理办法（试行）》，对加计扣除对象、研发活动定义、研发费用范围、政策申报资料等进行了详细说明，符合条件的企业可按比例加计扣除研发费用。根据《财政部　国家税务总局关于研究开发费用税前加计扣除有关政策问题的通知》，自 2013 年 1 月开始实施，对《企业研究开发费用税前扣除管理办法（试行）》的规定进行明确规范和拓展：研发人员的"五险一金"，专门用于研发活动的仪器、设备的运行维护、调整、检验、维修等费用，样品，以及试机费用和鉴定费用等可以加计扣除。根据《财政部　国家税务总局　科技部关于完善研究开发费用税前加计扣除政策的通知》，2015 年将适用对象调整为除烟草制造业、住宿和餐饮业、批发和零售业、房地产业、租赁和商务服务业及监管部门规定的其他行业外的所有行业实施研发费加计扣除。根据《财政部　税务总局　科技部关于提高研究开发费用税前加计扣除比例的通知》，2018 年将研发费用扣除率由原来的 50% 上调至 75%。

研发费用加计扣除对企业的主要直接影响就是减少了企业所得税的税基，即应纳税所得额明显减小，企业的额外经营流量就由此减少，或者说企业本应该缴纳的企业所得税减少。间接增加了企业的资金供给后，企业应对风险的能力得到提高，就可以将节约的税金投资于技术的研究与开发，企业的研发动机便加大，企业专利和非专利技术的产出与效率就得到提升。另外，通过研发费用加计扣除可以给企业传达明确的信息，政府对研究开发创新的支持，可以吸引风险投资者或者金融机构加大对其的投资力度，从而解决企业的融资难问题；最为主要的还在于能够帮助企业研发新产品和新技术，拓展更大的销售市场，增加份额，获取更多的利润等。

政府若想有效地促进企业技术创新，首先，加大对企业自主创新的财政支持力度，通过直接补贴、税收减免等措施有针对性地增加对相关企业自主创新的研发支出，使企业选择自主创新策略的动机进一步增强；其次，增加财政公共研发支出，提升社会知识存量，提高企业进行技术创新的基础水平，进而提高企业的技术创新能力；最后，对于创新能力不足的企业，政府与其试图通过补贴等手段激励其进行技术创新，给予扶植，不如取消补贴并鼓励创新能力不足的企业进行技术引进，从而实现政府资源的最优配置。

税收优惠财政补贴政策均是"让渡"部分经济利益给微观市场主体，且从长期看都能够影响企业经营投融资和科技创新决策。研发资助或补贴是事前激励，表现为充实微观市场主体的现金流，增加微观市场主体的收入和利润，补贴收入具有确定性，且政府及其财政部门会指定与引导收入用途；而税收优惠主要是事后激励，能有效降低微观市场主体的税收负担，企业使用的自主性相对较强。

第二节　研发资助奖励制度的效应实证分析

一、是否获得研发资助的效应差异分析

政府为了促进企业技术创新和研发投入，为经济增长注入更多的活力、实施并落实相关财政政策，常见方式是直接研发补贴和税收优惠减免政策等。本节重点分析直接研发补贴（研发资助）对企业研发支出和创新产出的效应，下面研究有无研发资助企业之间的研究开发、技术创新和绩效等是否存在显著差异。

以 921 家样本在 2014 年和 2015 年的研发资助情况作为实证分析对象，其中，2014 年获得研发资助的企业为 227 家，2015 年获得研发资助的企业为 210 家。解释变量为企业是否有研发资助和研发资助金额大小，被解释变量主要有企业研发和技术创新程度，企业生产效率、企业绩效和企业价值等。

创新产出的主要衡量指标为已获得专利数量，分别以比例 0.5、0.3 和 0.2 对企业发明专利、实用新型专利和外观设计专利等数量加权求和，获得加权专利个数（jqs）用对专利加权个数加 1 后取对数（lnjqs）对其衡量。

对所选择的主要变量进行描述性统计分析，结果如表 7 - 1 所示。

表 7 - 1　　　　　　　　有无研发资助企业均值统计

变量	类别	2014 年均值	2014 年标准差	2015 年均值	2015 年标准差
lnjqs	有研发资助	2.461	1.502	2.759	1.536
	无研发资助	2.045	1.717	2.197	1.722
jqs	有研发资助	46.342	64.282	50.362	81.776
	无研发资助	37.805	95.528	46.681	94.941
lnyf	有研发资助	19.039	20.029	19.048	20.112
	无研发资助	18.521	19.131	18.620	19.174
yfbl	有研发资助	3.722	3.773	4.170	3.334
	无研发资助	2.623	3.071	3.037	4.442
tfp	有研发资助	7.646	7.391	7.483	7.110
	无研发资助	6.909	6.392	7.083	7.085
agk	有研发资助	− 13.078	22.066	− 11.345	17.653
	无研发资助	− 13.755	23.307	− 13.505	23.798
sgk	有研发资助	− 3.269	4.296	− 2.640	3.871
	无研发资助	− 3.293	4.611	− 3.180	4.541
dk	有研发资助	− 5.991	23.716	− 4.743	26.347
	无研发资助	− 8.477	25.921	− 10.407	28.713
TBQ	有研发资助	2.313	1.169	3.268	1.778
	无研发资助	2.226	1.314	2.936	1.710
roe	有研发资助	6.524	11.769	4.966	11.557
	无研发资助	4.995	14.388	3.282	15.706
roa	有研发资助	3.434	5.212	2.745	5.017
	无研发资助	2.418	5.642	2.137	6.193

如表 7 - 1 所示，2014 年、2015 年有研发资助的企业专利加权个数均高于无研发资助的企业专利加权个数，具体为 2014 年有研发资助企业的专利加权个数为 2.461，而不享受研发资助企业的专利加权个数为 2.045；2015 年有研发资助企业的专利加权个数为 2.759，而无研发资

助企业的专利加权个数 2.197。对其各企业加权数取对数后的值，同样是有研发资助企业的对数大于无研发资助企业的对数。

从企业研发支出（lnyf）来看，2014 年有研发资助企业研发支出对数的均值（19.039）比无研发资助企业研发支出对数的均值（18.521）大 0.518，而 2015 年有研发资助企业研发支出对数的均值（19.048）比无研发资助企业研发支出对数的均值（18.620）大 0.428。2014 年有研发资助企业的研发支出占营业收入的比例的均值（3.722%）比无研发资助企业研发支出的比例的均值（2.623%）大 1.099%，而 2015 年有研发资助企业的研发支出占营业收入比例的均值（4.170%）比无研发资助企业研发支出比例的均值（3.037%）大 1.133%。

从企业的生产效率来看，2014 年有研发资助企业的全要素生产率（tfp）的均值要大于 2014 年无研发资助企业全要素生产率的均值，而 2015 年有研发资助企业全要素生产率的均值也是大于无研发资助企业全要素生产率的均值。

从企业的要素替代互补关系和要素配置的情况来看，2014 年和 2015 年，有研发资助企业的非技术资本与技术资本要素替代弹性（agk）的均值均要大于无研发资助企业的非技术资本与技术资本要素偏替代弹性的均值，且均为负值，说明两要素之间是互补关系，有研发资助企业的两要素的互补关系较弱；从两要素的影子替代弹性（sgk）来看，2014 年和 2015 年均得到同样的结论。2014 年和 2015 年，有研发资助企业的技术资本要素错配程度（dk）的均值均要大于无研发资助企业的技术资本要素错配程度的均值，且均为负值，可见有研发资助企业的要素配置更为合理。

从企业绩效和价值来看，2014 年和 2015 年，有研发资助企业的价值（TBQ）的均值均大于无研发资助企业的价值的均值；有研发资助企业的净资产收益率（roe）的均值均大于无研发资助企业的净资产收益率的均值；有研发资助企业的资产报酬率（roa）的均值均大于无研发资助企业的资产报酬率的均值。

采用独立样本均值 t 检验有无研发资助企业的相关变量之间有无显著差异，2014 年得到的检验结论如表 7 - 2 所示，2015 年得到的检验结论如表 7 - 3 所示。

表 7 - 2　2014 年有无研发资助企业相关指标独立样本均值 t 检验

变量	方差假设	Levene 检验		均值方程的 t 检验				
		F	Sig.	t	df	Sig.	均值差值	标准误差
lnjqs	假设方差相等	15.238	0	3.709	919.0	0	0.417	0.112
	假设方差不相等	—	—	3.845	778.8	0	0.417	0.108
jqs	假设方差相等	7.677	0.006	1.657	724.0	0.098	8.538	6.386
	假设方差不相等	—	—	1.661	724.0	0.096	8.538	5.931
lnyf	假设方差相等	26.907	0	2.638	919.0	0.008	0.518	2.365
	假设方差不相等	—	—	3.204	845.4	0.001	0.518	2.366
yfbl	假设方差相等	0.851	0.356	4.803	919.0	0	1.099	0.229
	假设方差不相等	—	—	4.548	592.2	0	1.099	0.242
TFP	假设方差相等	7.678	0.006	1.651	919.0	0.100	0.738	0.482
	假设方差不相等	—	—	1.692	785.1	0.092	0.738	0.463

续表

变量	方差假设	Levene 检验		均值方程的 t 检验				
		F	Sig.	t	df	Sig.	均值差值	标准误差
agk	假设方差相等	0.154	0.694	0.433	919.0	0.665	0.677	1.564
	假设方差不相等	—	—	0.439	732.8	0.660	0.677	1.541
sgk	假设方差相等	1.398	0.237	0.077	919.0	0.939	0.024	0.308
	假设方差不相等	—	—	0.078	742.1	0.938	0.024	0.302
dk	假设方差相等	3.889	0.049	1.652	919.0	0.100	2.486	1.720
	假设方差不相等	—	—	1.658	752.8	0.097	2.486	1.679
TBQ	假设方差相等	1.594	0.207	1.008	919.0	0.314	0.087	0.086
	假设方差不相等	—	—	1.039	768.9	0.299	0.087	0.084
roe	假设方差相等	5.006	0.026	1.657	919.0	0.098	1.529	0.923
	假设方差不相等	—	—	1.748	815.8	0.081	1.529	0.875
roa	假设方差相等	0.412	0.521	2.705	919.0	0.007	1.016	0.375
	假设方差不相等	—	—	2.763	747.2	0.006	1.016	0.368

表 7 - 3　2015 年有无研发资助企业相关指标独立样本均值 t 检验

变量	方差假设	Levene 检验		均值方程的 t 检验				
		F	Sig.	t	df	Sig.	均值差值	标准误差
lnjqs	假设方差相等	8.735	0.003	4.257	919.0	0	0.562	0.132
	假设方差不相等	—	—	4.528	377.5	0	0.562	0.124
jqs	假设方差相等	0.089	0.766	1.702	727.0	0.090	3.681	7.766
	假设方差不相等	—	—	1.705	374.7	0.089	3.681	7.227
lnyf	假设方差相等	8.488	0.004	1.701	919.0	0.089	0.428	2.144
	假设方差不相等	—	—	2.597	855.5	0.010	0.428	2.158
yfbl	假设方差相等	0.007	0.935	3.423	919.0	0.001	1.133	0.331
	假设方差不相等	—	—	3.990	449.2	0	1.133	0.284
TFP	假设方差相等	0	0.995	0.718	919.0	0.473	0.400	0.557
	假设方差不相等	—	—	0.717	340.9	0.474	0.400	0.558
agk	假设方差相等	9.018	0.003	1.220	919.0	0.223	2.160	1.771
	假设方差不相等	—	—	1.430	455.0	0.153	2.160	1.510

续表

变量	方差假设	Levene 检验		均值方程的 t 检验				
		F	Sig.	t	df	Sig.	均值差值	标准误差
sgk	假设方差相等	5.498	0.019	1.561	919.0	0.119	0.539	0.345
	假设方差不相等	—	—	1.702	394.3	0.090	0.539	0.317
dk	假设方差相等	5.139	0.024	2.681	919.0	0.007	5.665	2.113
	假设方差不相等	—	—	2.558	320.1	0.011	5.665	2.214
TBQ	假设方差相等	1.469	0.226	2.450	919.0	0.014	0.332	0.136
	假设方差不相等	—	—	2.399	331.5	0.017	0.332	0.138
roe	假设方差相等	11.463	0.001	1.443	919.0	0.149	1.685	1.167
	假设方差不相等	—	—	1.700	459.0	0.090	1.685	0.991
roa	假设方差相等	5.927	0.015	1.303	919.0	0.193	0.609	0.467
	假设方差不相等	—	—	1.460	414.7	0.145	0.609	0.417

如表 7-2 所示，2014 年，对有研发资助企业样本和无研发资助企业样本的创新产出（以专利加权个数加 1 的对数来表示）进行独立样本均值配比 t 检验，方差方程 Levene 检验的 F 值为 15.238，在 1% 的显著性水平下显著，拒绝了两组方差相等的原假设，即两类创新产出的方差是不相等的，两组样本均值之差为 0.417，t 检验值为 3.845，在 1%

的显著性水平下显著，说明两类样本之间的创新产出显著不相等，有研发资助企业的创新产出显著大于无研发资助企业的创新产出。同样用专利加权个数表示创新产出来看，两组样本的方差也是不相等的，两类样本均值之差为 8.538，其 t 检验值为 1.661，在 10% 的显著性水平下显著，有研发资助企业的专利加权个数显著较大。

同理，两类样本研发支出的对数的方差是显著不相等的，均值方程的 t 检验值为 3.204，在 1% 的显著性水平下显著，有研发资助企业的研发支出较大；两类样本的研发支出占营业收入的比例的方差是显著不相等的，均值方程的 t 检验值为 4.548，在 1% 的显著性水平下显著，有研发资助企业的研发支出占营业收入的比例显著较大；两类样本的全要素生产率的方差是也是显著不相等的，均值方程的 t 检验值为 1.692，在 10% 的显著性水平下显著，有研发资助企业的全要素生产率显著较大。

两类样本的非技术资本与技术资本的偏替代弹性的方差无法拒绝是不相等的，均值方程的 t 检验值为 0.433，在 10% 的显著性水平下也不显著，虽然有研发资助企业的两要素的偏替代弹性均值较大，但是不显著；两类样本的两要素的影子替代弹性的方差无法拒绝是不相等，均值方程的 t 检验值为 0.077，P 值为 0.939，认为是不显著的，有研发资助企业的两类要素互补关系相对较弱，并不显著；两类样本的技术资本要素错配程度的方差显著不相等，均值方程的 t 检验值为 1.658，在 5% 的显著性水平下显著，有研发资助企业的技术资本要素错配程度较弱，且较弱程度是比较显著的。

从企业价值和绩效来看两类样本差异的显著性，2014 年，两类样本的企业价值（TBQ）的方差是相等的，均值方程的 t 检验值为 1.008，在 10% 的显著性水平下不显著，有研发资助企业的企业价值较大，但是并不显著；两类样本的净资产收益率的方差是显著不相等的，均值方程的 t 检验值为 1.748，在 10% 的显著性水平下显著，有研发资助企业的净资产收益率的均值较大，但是并不显著；两类样本的资产报酬率的方差是无法拒绝不相等的，均值方程的 t 检验值为 2.705，在 1% 的显著性水平下显著，有研发资助企业的净资产报酬率显著较大。

如表 7-3 所示，将 2015 年有研发资助企业样本和无研发资助企业样本的创新产出进行独立样本均值配比 t 检验，方差方程的 Levene 检验的 F 值为 8.735，在 1% 的显著性水平下显著，拒绝了两组方差相等的原假设，即两类创新产出的方差是不相等的。两组样本均值之差为 0.562，t 检验值为 4.528，在 1% 的显著性水平下显著，说明两类样本之间的创新产出显著不相等，有研发资助企业的创新产出显著大于无研发资助企业的创新产出。用专利加权个数表示创新产出来看，两组样本的方差无法拒绝样本不相等，样本均值之差为 3.681，其 t 检验值为 1.702，在 10% 的显著性水平下显著，有研发资助企业的专利加权个数显著较大。该结论与 2014 年的结论基本一致。

同理，有研发资助企业的研发支出显著较大，研发支出占营业收入的比例也显著较大；但是两类样本的全要素生产率的方差是相等的，均值方程的 t 检验值为 0.718，在 10% 的显著性水平下不显著，有研发资助企业的全要素生产率虽然较大，但是不显著。与 2014 年相比，有关全要素生产率的结论不一致。

两类样本的非技术资本与技术资本的偏替代弹性的方差是不相等的，均值方程的 t 检验值为 1.430，在 10% 的显著性水平下不显著，虽然有研发资助企业的两要素的偏替代弹性均值较大，但是不显著；两类样本的两要素的影子替代弹性的方差是不相等的，均值方程的 t 检验值为 1.702，在 10% 的显著性水平下显著，有研发资助企业的两要素互补关系较弱，并且显著，显著性与 2014 年的结论不一致；两类样本的技术资本要素错配程度的方差也是显著不相等的，均值方程的 t 检验值为 2.558，在 5% 的显著性水平下显著，有研发资助企业的技术资本要素错配程度较弱，且较弱程度是比较显著的。

从企业价值和绩效来看两类样本差异的显著性，2015 年，两类样本的企业价值的方差是相等的，均值方程的 t 检验值为 2.450，在 5% 的显著性水平下不显著，有研发资助企业的企业价值较大，并且显著；两类样本的净资产收益率的方差是显著不相等的，均值方程的 t 检验值为

1.700，在10%的显著性水平下显著，有研发资助企业的净资产收益率的均值较大，并且较为显著；两类样本的资产报酬率的方差是无法拒绝不相等的，均值方程的t检验值为1.460，在10%的显著性水平下不显著，有研发资助企业的净资产报酬率较大，但不显著。

综上所述，有研发资助企业的创新产出和研发支出等显著较大，要素之间的替代弹性的互补性显著较弱，而技术资本要素配置不确定，企业绩效和企业价值较大，但其显著性不易判断。

二、研发资助的效应实证分析

分析研发资助的效应，应从研发资助对企业技术创新和研发支出等作用效果、研发资助对企业要素之间关系影响和对要素配置完善的效果、研发资助对企业绩效和价值效应三个方面考虑，下面采用2014年和2015年中有研发资助的共计437个样本进行实证分析。

首先，分析研发资助对企业创新的作用效果，分别以获得专利数量（以加权个数加1的和的对数表示）、研发支出的对数、全要素生产率为被解释变量，以研发资助的对数为解释变量，并选择资产规模的对数、资产负债率和资本深化等为控制变量进行多元回归分析。选择方程回归分析拟合优度较优的结果汇总（见表7－4）。

表7－4　　　　研发资助对企业技术创新的效果分析结果

变量	lnjqs	lnyf	TFP
cons	－ 1.8524 （ － 1.24）	－ 6.0582 （ － 1.05）	－ 1.4391 （ － 1.22）
lnyfzz	0.1442 *** （4.75）	0.2480 ** （2.19）	0.0568 * （1.63）
lny	0.2141 *** （3.90）	0.4944 ** （2.23）	1.8990 *** （7.47）

变量	lnjqs	lnyf	TFP
alv	—	-2.1396^{*} (-1.62)	-4.9314^{***} (-3.25)
kvl	-0.1433^{*} (-1.66)	0.7658^{**} (2.37)	-2.3150^{***} (-6.26)
F	117.56^{***}	114.79^{***}	223.18^{***}
R^2	0.188	0.134	0.245

注：$***$ 表示在1%的显著性水平下显著，$**$ 表示在5%的显著性水平下显著，$*$ 表示在10%的显著性水平下显著。

如表7－4所示，当被解释变量为专利加权数对数时，方程拟合程度的F检验值为117.56，数值较大，在1%的显著性水平下显著，拟合优度为0.188，资本深化的系数的t检验在10%的显著性水平下显著，研发资助对数和资产规模对数的系数的t检验均在1%的显著性水平下显著，方程的统计检验较为显著，可以进行经济含义分析。研发资助对数的系数为正数0.1442，说明研发资助每增加1%，专利加权个数就增加0.1442%，由此可见，研发资助的财政支持方式可以促进企业开展自主创新活动，获得更多专利。被解释变量为研发支出对数时，方程F检验显著，解释变量和控制变量系数的t检验较为显著，方程拟合较好，可以进行经济含义分析。研发支出对数的系数为正数0.2480，在5%的显著性水平下显著，说明研发资助每增加1%，研发支出就增加0.248%，这表明研发资助可以促进企业加大研究与开发的投资力度。被解释变量为全要素生产率时，同样地，除了常数外，方程和每个变量的系数均显著，检验通过，可以分析其经济含义。研发资助对数的系数为正数0.0568，说明企业得到政府的研发资助每增加1%，企业全要素生产率就增加0.0568%，研发资助是政府给予企业进行研究开发的奖励和支持，有利于激发企业加大研发投资力度，获得技术创新，从而促进生产效率的显著提升。

其次，分析研发资助对企业要素替代互补关系和要素配置的作用效果，分别以非技术资本与技术资本的偏替代弹性、影子替代弹性、技术资本要素错配程度等为被解释变量，以研发资助的对数为解释变量，并选择资产规模的对数和资本深化等为控制变量进行多元回归分析。选择方程回归分析拟合优度较优的结果汇总（见表 7 - 5）。

表 7 - 5　　　　　　研发资助对企业要素供给的影响效应分析

变量	agk	sgk	dk
cons	- 18. 5297 *** (- 5. 69)	- 12. 3253 *** (- 3. 01)	1. 0258 *** (3. 57)
lnyfzz	0. 1387 * (1. 79)	0. 1517 * (1. 82)	- 0. 6073 *** (- 6. 40)
lny	- 2. 4587 *** (- 3. 49)	- 0. 5058 ** (- 3. 35)	—
kvl	11. 6738 *** (10. 54)	1. 4509 *** (6. 11)	—
F	39. 16 ***	14. 75 ***	40. 91 ***
R^2	0. 207	0. 108	0. 170

注：*** 表示在 1% 的显著性水平下显著，** 表示在 5% 的显著性水平下显著，* 表示在 10% 的显著性水平下显著。

如表 7 - 5 所示，当被解释变量为非技术资本与技术资本的偏替代弹性时，方程拟合程度的 F 检验值为 39. 16，数值较大，在 1% 的显著性水平下显著，拟合优度为 0. 207，常数项、资产规模对数、资本深化的系数的 t 检验在 1% 的显著性水平下显著，研发资助对数的系数的 t 检验在 10% 的显著性水平下显著，方程的统计检验较为显著，可以进行经济含义分析。研发资助对数的系数为正数 0. 1387，说明研发资助每增加 1%，两要素的偏替代弹性就增加 0. 1387，两要素之间的关系为互补关系，均值为负数，若增加 0. 1387 后，两要素的偏替代弹性仍为负数，但其绝对值减少，互补关系减弱，或负数变为正数，两要素之间的较弱互补关系就会转变为较弱的替代关系。综合来看，研发资助增加促进了技术资本的研发投入增加，技术资本与非技术资本的互补关系减弱，这可能导致原本的互补关系变为替代关系，技术资本逐步替代其设备和厂房等非技术资本投资。当被解释变量为非技术资本与技术资本的影子替代弹性时，方程的 F 检验显著，常数项和控制变量的系数 t 检验显著性水平较高，研发资助对数的系数为正数 0.1517，在 10% 的显著性水平下显著，检验基本通过。这说明研发资助每增加 1%，两要素影子替代弹性就增加 0.1517，同样表现为两要素的互补关系减弱，甚至转为替代关系，这与对偏替代弹性的解释是一致的。研发资助对数对技术资本错配程度的单独解释的 F 统计检验和系数的 t 检验均在1% 的显著性水平下显著，系数为负值 - 0.6073，说明研发资助每增加 1%，技术资本错配程度就减小 0.6073，即技术资本错配程度加强了 0.6073。我国技术市场本来就存在一定程度的技术资本错配现象，而通过直接补贴或者其他的政府财政支持则更加大了技术资本的错配程度。

最后，分析研发资助对企业绩效和企业价值的作用效果，分别以托宾 Q 值、净资产收益率和资产报酬率等为被解释变量，以研发资助的对数为解释变量，并选择资产规模的对数、资产负债率和资本深化等为控制变量进行多元回归分析。选择方程回归分析拟合优度较优的结果汇总（见表 7 - 6）。

表 7 - 6　　　　　　　研发资助对企业绩效等的影响效果分析

变量	TBQ	roe	roa
cons	11. 9078 *** （14. 28）	- 15. 1453 *** （ - 2. 86）	- 12. 4520 *** （ - 2. 80）
lnyfzz	0. 0338 * （1. 78）	0. 5568 *** （2. 61）	0. 2445 *** （2. 79）
lny	- 0. 5655 *** （ - 10. 98）	3. 8527 *** （9. 19）	1. 7831 *** （10. 37）

变量	TBQ	roe	roa
alv	− 1. 0620 *** (− 3. 46)	− 2. 1955 *** (− 8. 78)	− 1. 3376 *** (− 13. 04)
kvl	− 0. 2721 *** (− 3. 63)	− 3. 3503 *** (− 5. 50)	− 1. 5514 *** (− 6. 21)
F	161. 24 ***	140. 00 ***	170. 63 ***
R^2	0. 311	0. 245	0. 357

注：*** 表示在 1% 的显著性水平下显著，* 表示在 10% 的显著性水平下显著。

如表 7 − 6 所示，当被解释变量为以托宾 Q 值表示的企业价值时，方程拟合程度的 F 检验值为 161. 24，数值较大，在 1% 的显著性水平下显著，拟合优度为 0. 311，研发资助对数的系数的 t 检验在 10% 的显著性水平下显著，控制变量的系数和常数项的 t 检验均在 1% 的显著性水平下显著，方程的统计检验较为显著，可以进行经济含义分析。研发资助对数的系数为正值 0. 0338，说明研发资助每增加 1%，企业价值就增加 0. 0338，由此可见，研发资助的财政支持方式促进了企业开展自主创新活动，获得更多专利，获取一定垄断利润，有利于推动企业加大企业投资和生产效率提升，企业价值从而得到提高。当被解释变量为净资产收益率和资产报酬率时，方程 F 检验均显著，解释变量和控制变量系数的 t 检验均在 1% 的显著性水平下显著，方程拟合较好，拟合优度分别为 0. 245 和 0. 357，经济含义显著。研发资助对企业绩效的促进的系数分别为正值 0. 5568 和 0. 2445，说明研发资助每增加 1%，则企业的净资产收益率增加 0. 5568，资产报酬率增加 0. 2445。研发资助是政府给予企业进行研究开发的奖励和支持，有利于激发企业加大经营管理、显著提升效益。

第三节　研发加计扣除的制度供给效应实证分析

一、描述性统计分析

如前所述，2013 年我国全面实施研发费用加计扣除政策，减少企业所得税纳税额，促进了企业研发人员的薪资提升和研究开发的投入。而 2013 年对研发费用加计扣除的修改是否起到上述作用效果，下面采用双重差分模型进行实证分析。

本书选择 2009～2014 年的 921 家企业作为样本，采用双重差分模型进行实证分析，差分后的实际数据为 2010～2014 年数据，即选择加计扣除修订政策前三年数据和修订后两年数据，以便实证分析和稳健性检验。

研发费用加计扣除政策修订的效果体现在研发支出的变化、创新产出和效率的变化等方面。以专利总个数加 1 的对数作为创新产出的指标，符号为 lnzlqh。另外，考虑到创新产出可以分为实质性创新产出和策略性创新产出两类，前者用发明专利的个数加 1 的对数表示，符号为 lnfm，后者用实用新型和外观设计专利的个数和加 1 的对数表示，符号为 lnffm，研发支出的规模大小采用研发支出占营业收入的比例来表示，符号为 yfbl，创新效率采用当年专利总个数除以当年和上一年的研发支出的平均值来计算。企业若实施了加计扣除，tr 变量为 1，视为处理组，未实施加计扣除为对照组，tr 变量为 0；事件年为 2013 年和 2014 年，变量 pe 为 1，2010～2012 年未实施加计扣除修订内容，pe 为 0。此外，实证分析时选择企业相关财务指标作为控制变量，具体有资产负债率、资产规模大小、资本深化、企业价值和净资产收益率等指标，将相关指标汇总（见表 7－7）。

表 7 - 7　　　　　　　双重差分模型涉及的相关指标变量

变量类别	名称	符号	计算和描述
被解释变量	创新产出	lnzlqh	ln(专利总个数 + 1)
	实质性创新产出	lnfm	ln(发明专利总个数 + 1)
	策略性创新产出	lnffm	ln(非发明专利总个数 + 1)
	研发支出占比	yfbl	研发支出与营业收入的比例
	创新效率	yfxl	专利总个数/(本年研发支出 + 上一年研发支出)/2
解释变量	处理组	tr	企业实施了研发加计扣除,则为 1,否则为 0
	事件年	pe	若年度为 2013 及其以后,则为 1,否则为 0
	每一年虚拟变量	t2010 等	2010、2011、2012 每年虚拟变量
控制变量	资产负债率	alv	总负债/总资产
	资本深化	kvl	资本总额/职工人数
	资产的对数	lny	ln(资产总额)
	托宾 Q 值	TBQ	市场价值/重置价值
	资产收益率	roa	净利润/平均资产总额

对涉及的相关变量进行描述性统计分析(见表 7 - 8)。

表 7 - 8　　　　　　　相关指标的描述性统计分析

变量	极小值	极大值	均值	标准差
lnzlqh	0	9.77	2.71	1.95
lnfm	0	9.62	1.50	1.46
lnffm	0	8.34	2.35	1.97
yfbl	0	0.07	0.03	0.02
yfxl	0	190.69	21.71	45.25
alv	0.01	1.00	0.48	0.21
kvl	8.81	14.69	12.64	0.89
lny	14.00	26.13	21.41	1.48
TBQ	0.82	7.22	2.12	1.24

变量	极小值	极大值	均值	标准差
roa	−14.67	17.08	3.56	5.55
zlqh	0	17541.00	96.58	521.81

如表 7 - 8 所示，表示企业创新产出和效率的相关指标，最小值均为 0，由于企业没有发明等相关的专利申请，因此个数加 1 后的对数也就为 0。表示产出为 0 或者效率为 0，专利总个数的对数均值为 2.71，发明专利的对数均值为 1.50，该值较小，而非发明专利个数的对数均值为 2.35，比专利个数的对数均值大 0.85。企业研发支出比例的均值为 3%，相对较低，最大值也仅达到 7%。具体到专利个数总数来看，最小值为 0，而最大值达到 17541 个，标准差较大，说明企业之间的差距也就较大，平均值为 96.58。

计算分析相关指标的相关系数并进行显著性水平检验，以便采用双重差分模型进行实证分析，相关分析结论如表 7 - 9 所示。

表 7 - 9　　　　　　　　　　　主要指标的相关系数分析

变量	lnzlqh	lnfm	lnffm	yfbl	yfxl	alv	kvl	lny	TBQ	roa
lnzlqh	1	0.705 *	0.846 *	0.385 *	0.529 *	−0.173 *	−1.021	0.275 *	−0.140 *	0.127 *
lnfm	0.705 *	1	0.642 *	0.359 *	0.561 *	−0.138 *	0.170 *	0.286 *	−0.199 *	0.195 *
lnffm	0.846 *	0.642 *	1	0.339 *	0.488 *	−0.146 *	−0.160 *	0.258 *	−0.149 *	0.104 *
yfbl	0.385 *	0.359 *	0.339 *	1	0.319 *	−0.137 *	−0.109	0.154 *	−0.107 *	0.144 *
yfxl	0.529 *	0.561 *	0.488 *	0.319 *	1	0.122	0	0.135 *	−0.134 *	0.113
alv	0.173 *	−0.138 *	−0.146 *	−0.137 *	0.122	1	0.160 *	0.314 *	−0.172 *	−0.449 *
kvl	−0.121	0.170 *	−0.160 *	−0.109	0.102	0.160 *	1	0.292 *	−0.253 *	−0.146 *
lny	0.275 *	0.286 *	0.258 **	0.154 *	0.135 *	0.314 *	0.292 *	1	−0.428 *	0.116 *
TBQ	−0.140 *	−0.099 *	−0.149 **	−0.107 *	−0.134 *	−0.172 *	−0.253 *	−0.428 *	1	0.180 *
roa	0.127 *	0.195 *	0.104 **	0.144 *	0.113	−0.449 *	−0.146 *	0.116 *	0.180 *	1

注：** 表示在 5% 的显著性水平下显著，* 表示在 10% 的显著性水平下显著。

如表 7 - 9 所示，表中的相关系数主要分为三部分。一是被解释变量之间的相关系数，即表中左上角五个变量的相关系数，五个变量之间的相关系数在 0.319 ~ 0.846，相关性较强，并且在 5% 的显著性水平下显著。企业研发支出较高，研发创新产出就增加，相对企业的创新效率也就较高。二是控制变量之间的相关系数，即表中右下角五个变量的相关关系，相关系数的绝对值在 0.116 ~ 0.449，且在 5% 的显著性水平下显著，变量之间存在较弱的正向或者反向相关关系。三是被解释变量与控制变量之间的相关系数，两类变量的相关系数的绝对值在 0.116 ~ 0.319 的范围内，并且有的在 5% 的显著性水平下显著，个别相关系数的显著性检验没有通过，相关系数强度较弱，可以进行实证分析。

二、双重差分模型

针对研发支出加计扣除政策涉及的相关年份和具体的加计扣除企业，须明确区分事件年、处理组和对照组，适合构建双重差分模型进行实证分析。以被解释变量 lnzlqh 为例构建模型如下：

$$lnzlqh_{i,t} = \beta_0 + \beta_1 pe_{i,t} \times tr_{i,t} + \beta_2 pe_{i,t} + \beta_3 tr_{i,t}$$
$$+ \beta_4 alv_{i,t} + \beta_5 lny_{i,t} + \beta_6 kvl_{i,t} + \beta_7 roe_{i,t} + \beta_8 TBQ_{i,t} + \mu_{i,t}$$

模型中相关变量的含义已在前面表述。其余四个被解释变量的对应模型是基本一样的，不再列举。根据事件年和处理组，可以将样本分为四组：其一为加计扣除政策修订前处理组，解释变量系数为 $\beta_0 + \beta_3$；其二为加计扣除政策修订后处理组，解释变量系数为 $\beta_0 + \beta_1 + \beta_2 + \beta_3$，政策修订前后的处理组的差分为 $\beta_1 + \beta_2$；其三是加计扣除政策修订前对照组，解释变量系数为 β_0；其四是加计扣除政策修订后对照组，解释变量系数为 $\beta_0 + \beta_2$，政策修订前后的对照组的差分为 β_2，最后对对照组和处理组再进行差分，得到系数为 β_1，即为双重差分系数。如果加计扣除政策修订对企业创新产出和效率的效应是显著的，则 β_1 系数的 t 检验应该是显著的。双重差分模型各参数具体含义如表 7 - 10 所示。

表 7 – 10   双重差分模型各参数的具体含义

组别	$pe = 0$	$pe = 1$	差分
$tr = 1$	$\beta_0 + \beta_3$	$\beta_0 + \beta_1 + \beta_2 + \beta_3$	$\Delta 1 = \beta_1 + \beta_2$
$tr = 0$	β_0	$\beta_0 + \beta_2$	$\Delta 0 = \beta_2$
DID	—	—	$\Delta\Delta = \beta_1$

采用 STATA 统计分析软件对双重差分模型进行实证分析，得到相关估计结果（见表 7 – 11）。

表 7 – 11   研发加计扣除对企业创新的效应分析

变量	lnzlqh	lnzlfm	lnzlffm	yfbl	yfxl
cons	– 2. 7471 *** (– 4. 87)	– 2. 2089 *** (– 11. 71)	– 1. 3236 ** (– 2. 30)	– 0. 0041 (– 1. 28)	– 6. 5121 *** (– 4. 63)
Pe × tr	0. 2074 ** (2. 21)	0. 2551 *** (3. 63)	0. 1430 *** (3. 15)	0. 0073 *** (6. 24)	2. 8944 ** (2. 24)
pe	0. 2122 *** (3. 32)	0. 2590 *** (5. 41)	0. 1768 *** (2. 71)	0. 0025 *** (3. 15)	1. 7965 * (1. 83)
tr	0. 5588 *** (6. 89)	0. 3554 *** (5. 84)	0. 5123 *** (6. 19)	0. 0067 *** (6. 66)	3. 7442 * (1. 85)
alv	– 1. 4522 *** (– 10. 37)	– 0. 8891 *** (– 8. 47)	– 1. 1139 *** (– 7. 98)	– 0. 0190 *** (– 10. 89)	– 6. 1632 * (– 1. 76)
lny	0. 4109 *** (18. 19)	0. 3089 *** (18. 25)	0. 3851 *** (16. 72)	0. 0023 *** (8. 29)	5. 3128 *** (9. 42)
kvl	– 0. 2318 *** (– 7. 29)	– 0. 0132 (– 1. 15)	– 0. 3292 *** (– 10. 16)	– 0. 0132 *** (– 3. 33)	– 2. 1300 *** (– 2. 68)
roe	– 0. 0257 * (– 1. 77)	– 0. 0255 * (– 1. 69)	– 0. 0257 * (– 1. 72)	0. 0078 *** (2. 96)	– 0. 1293 ** (– 2. 42)
TBQ	– 0. 0663 *** (– 2. 73)	0. 03557 ** (1. 96)	– 0. 1074 *** (– 4. 33)	– 0. 0013 *** (– 4. 30)	1. 0703 * (1. 76)
F	106. 45 ***	105. 83 ***	91. 10	99. 97 ***	73. 41 ***
R^2	0. 156	0. 156	0. 137	0. 148	0. 122

注：*** 表示在 1% 的显著性水平下显著，** 表示在 5% 的显著性水平下显著，* 表示在 10% 的显著性水平下显著。

如表 7-11 所示，当被解释变量为专利获得个数对数时，方程 F 检验的统计量为 106.45，数值较大且在 1% 的显著性水平下显著，拟合优度为 0.156；控制变量除了净资产收益率系数的显著性水平较低，但也较为显著之外，其余控制变量系数的 t 检验均在 1% 的显著性水平下检验通过。处理组和事件年交互项的系数为正值 0.2074，t 检验在 5% 的显著性水平下显著，加计扣除政策修订后使得企业创新产出平均增加 0.2074 个，说明加计扣除政策修订后对企业的创新产出的激励效应显著。将被解释变量换为实质性创新产出和策略性创新产出后，控制变量除了只有资本深化的一个系数的 t 检验不显著外，其余控制变量的系数均检验通过，方程 F 检验也通过。处理组和事件年交互项的系数分别为 0.2551 和 0.1430，均在 1% 的显著性水平下显著，加计扣除政策修订对企业两类创新影响均显著，实质性创新产出均值更大。若被解释变量换为研发支出比例，方程 F 检验和除常数项外各个系数的 t 检验均在 1% 的显著性水平下检验通过，处理组和事件年的交互项的系数为正值 0.0073，说明研发加计扣除修订对企业研发支出投入比例起到了激励作用，从而促使研发支出占营业收入比例增加 0.0073 个单位。当被解释变量为创新效率时，方程 F 检验通过，各个变量系数的 t 检验通过，但显著性水平较低，处理组和事件年的交互项的系数为 2.8944，在 5% 的显著性水平下检验通过，说明研发加计扣除修订对企业效率的明显提升，促使研发效率提高了 2.8944 个单位。

三、稳健性检验

构建双重差分模型时，假设存在平行趋势，即对照组和处理组的差异显著性只能体现在研发加计扣除政策修订后，若在政策实施之前，对照组与处理组可能存在一致的变化趋势，为此定义三个年份的虚拟变量为 t2010、t2011 和 t2012，分别表示加计扣除政策修订的前三年，对应将前述双重差分模型的交互项改为三个年份的虚拟变量与处理组的交互项。同样选择被解释变量依次为专利个数对数、发明专利个数对数、非发明专利个数对数、研发支出比例和创新效率，进行实证分析，结果如表 7 - 12 所示。

表 7 - 12 平行趋势假设检验

变量	lnzlqh	lnzlfm	lnzlffm	yfbl	yfxl
cons	- 3. 4326 *** (- 5. 97)	- 5. 6016 *** (- 12. 91)	- 1. 8826 *** (- 3. 23)	- 0. 0163 ** (- 2. 23)	- 6. 6597 *** (- 4. 74)
tr × t2010	0. 0351 (0. 28)	0. 1955 (1. 52)	0. 1248 (0. 99)	0. 0024 (1. 32)	3. 6909 (1. 22)
tr × t2011	0. 2713 (1. 40)	0. 1367 (0. 94)	0. 2333 (1. 47)	0. 0025 (1. 14)	1. 8770 (0. 82)
tr × t2012	0. 1267 (1. 13)	0. 3132 (1. 54)	0. 3093 (1. 34)	0. 0091 (0. 66)	0. 5549 (0. 25)
alv	- 1. 6360 *** (- 11. 49)	- 1. 0525 *** (- 9. 80)	- 1. 2963 *** (- 8. 99)	- 0. 0221 *** (- 12. 17)	- 6. 7237 * (- 1. 93)
lny	0. 4594 *** (20. 10)	0. 3527 *** (20. 45)	0. 4258 *** (18. 38)	0. 0032 *** (10. 92)	5. 4209 *** (9. 70)
kvl	- 0. 2240 *** (- 6. 92)	- 0. 0405 * (- 1. 81)	- 0. 3228 *** (- 9. 83)	- 0. 0112 *** (- 2. 91)	- 2. 0697 *** (- 2. 61)
roe	- 0. 0041 * (- 1. 88)	0. 0406 ** (- 2. 48)	- 0. 0386 * (- 1. 76)	0. 0007 ** (2. 04)	- 0. 1371 *** (- 2. 59)
TBQ	- 0. 0573 ** (- 2. 29)	0. 0476 ** (2. 53)	- 0. 1020 *** (- 4. 03)	- 0. 0011 *** (- 3. 51)	1. 0589 * (1. 73)
F	77. 93 ***	68. 87 ***	71. 00	51. 01 ***	13. 14 ***
R^2	0. 129	0. 117	0. 120	0. 101	0. 027

注： *** 表示在 1% 的显著性水平下显著，** 表示在 5% 的显著性水平下显著，* 表示在 10% 的显著性水平下显著。

如表 7 - 12 所示，五个模型的回归结果方程 F 检验在 1% 的显著性水平下显著，控制变量的系数的显著性检验也显著。但是三个年份的虚拟变量与处理组的交互项的系数均不显著，研发加计扣除政策修订前三年内，处理组和对照组均不存在显著的差别，政策修订前的效果是一致的，平行趋势检验通过。

进一步利用反事实方法进行安慰剂检验，人为设定一个加计扣除政策修订具体点，对其激励效应进行检验，分析其处理组和对照组是否差异显著。将加计扣除政策修订点设为 2012 年，进行稳健性检验，结果如表 7－13 所示。

表 7－13　　　　　　　　　　　安慰剂检验

变量	lnzlqh	lnzlfm	lnzlffm	yfbl	yfxl
cons	－ 2. 7616 *** （－ 4. 89）	－ 4. 9929 *** （－ 11. 79）	－ 1. 3218 ** （2. 30）	－ 0. 0052 （－ 0. 74）	－ 6. 4819 *** （－ 4. 60）
Pe1 × tr	0. 1303 （1. 17）	0. 0768 （0. 92）	0. 1269 （1. 12）	0. 0026 （1. 56）	－ 1. 5103 （－ 0. 54）
Pe1	0. 2074 * （1. 79）	0. 2989 *** （4. 10）	0. 1531 * （1. 81）	0. 0034 * （1. 85）	1. 6946 （0. 82）
tr	0. 6402 *** （8. 16）	0. 4883 （1. 30）	0. 5541 * （1. 77）	0. 0104 *** （3. 21）	2. 4880 （1. 43）
alv	－ 1. 4497 *** （－ 10. 35）	－ 0. 8841 *** （－ 8. 41）	－ 1. 1378 *** （－ 7. 97）	－ 0. 0189 *** （－ 10. 77）	－ 6. 2049 * （－ 1. 77）
lny	0. 4113 *** （18. 20）	0. 3098 *** （18. 27）	0. 3852 *** （16. 72）	0. 0024 *** （8. 34）	5. 3063 *** （9. 41）
kvl	－ 0. 2306 *** （－ 7. 26）	－ 0. 0119 * （－ 1. 75）	－ 0. 3284 *** （－ 10. 14）	－ 0. 0128 *** （－ 3. 21）	－ 2. 1456 *** （－ 2. 70）
roe	－ 0. 0028 * （1. 73）	－ 0. 0028 * （－ 1. 77）	－ 0. 0028 ** （－ 1. 96）	0. 0076 *** （2. 64）	－ 0. 1258 *** （－ 2. 86）
TBQ	－ 0. 0686 *** （－ 2. 82）	0. 0334 ** （1. 98）	－ 0. 1093 *** （－ 4. 41）	－ 0. 0014 *** （－ 4. 51）	1. 0999 * （1. 81）
F	105. 93 ***	104. 01 ***	90. 96 ***	94. 80 ***	13. 26 ***
R^2	0. 157	0. 155	0. 137	0. 141	0. 028

注：*** 表示在 1% 的显著性水平下显著，** 表示在 5% 的显著性水平下显著，* 表示在 10% 的显著性水平下显著。

如表 7 – 13 所示，五个创新产出和效率的解释方程，方程的 F 检验和控制变量检验通过。事件年系数的 t 检验存在较大差异，有的显著性水平较高，有的没有通过检验，处理组的虚拟变量系数的 t 检验也存在类似状况。事件年（2012 年）与处理组交互项的系数在五个方程中的 t 检验均不显著，说明企业创新产出和效率提高不是 2012 年发生事件的原因，也验证了 2013 年结果的可信性。

本 章 小 结

首先，本章从理论角度分析了制度供给结构性改革对企业创新策略的影响，并以税收优惠政策为例进行详细分析，突出分析了研发资助和研发费用加计扣除的效应分析。

其次，从有无研发资助和资助数额大小两方面，实证分析了研发资助奖励制度的效应。基于独立样本均值 t 检验实证分析是否研发资助之间的相关效应差异是否显著，得出结果：与无研发资助的企业相比，获得研发资助企业的创新效应、要素配置和企业绩效等有较为显著的提高或者改善。另外，实证分析了研发资助对企业生产、绩效和要素配置的影响大小。

最后，采用双重差分模型实证分析了研发费用加计扣除的效应。得出结果：研发费用加计扣除政策修订后，对企业的创新产出、创新效率与研发产出大小、实质性创新产出和策略性创新产出的激励效应基本显著，平行趋势检验和安慰剂检验等稳健性检验结论基本一致。

第八章

基于技术资本与技能劳动视角的
供给侧结构性改革的建议

第一节 基于要素供给视角的政策建议

一、提升资本与技能劳动的互补关系，走德国精益制造之路

美国启动和倡导的"先进制造伙伴计划"、德国提出"工业4.0"战略和日本的制造业战略方案等共同特征是促进制造的自动化、数字化和智能化，但在具体路径选择上存在显著的差异。美国的自动化道路目标是要实现大规模定制和敏捷制造，在过程中，强调将其技术内涵镶嵌于先进制造设备，从而淡化了劳动者的技能劳动，以及劳动者的能动性和创造性，这表现为技术资本与技能劳动之间的相互替代性。美国的自动化道路主要表现为模拟技术、数字化技术和机器人生产等，这些都是以减少对技能劳动的依赖为目的，把知识和技术嵌入先进设备中进行资本化。与之相反，德国"工业4.0"战略路径，强调的是精益制造方式，机器设备的自动化和智能化离不开技能劳动的

提升配合和协调，特别强调技能劳动的创造性和能动性，并且认为机器资本与劳动，尤其是资本与技能劳动之间的关系是互补的。知识、技能和技术主要体现在劳动者身上，通过对劳动者的激励，促进其技术创新和技能逐步提升。设备在生产不同产品和完成不同任务时的操作和创新依靠技能劳动者，车间的管理、知识的传播和技术创新在生产过程中尤其重要。

伴随着技术进步，先进设备和软件等的投入，生产制造自动化和智能化水平逐步提升，劳动者需要充分发挥自己的创新性和能动性，提升自己的技能水平并积累经验，创造出更为新颖的工艺和技术等"技能劳动"与先进资本进行匹配互补。在当前先进制造自动化和智能化的过程中，突出强调人机结合，即实现资本和技能的有机配置。自动化和智能化仅仅是相对而言，自动化的程序和智能化处理命令需要技能劳动者编写和下达，若没有劳动，特别是技能劳动的参与，仅经技能劳动者的信息分析与经验积累，先进设备和软件便只是在重复人为设定好的程序和过程，难以实现本质化的创新和突破，无法满足未来社会的多样化和个性化需求。在我国自动化和智能化制造的进程中，非技能劳动与技能劳动之间也应当保持一定的互补关系，这并不意味着技能劳动在未来将会替代非技能劳动，虽然技术进步促进了整体劳动水平和效率的提高，但也有劳动分工的存在，也需要非技能劳动者的"干中学"的经验积累，需要非技能劳动者和技能劳动者在互补中协同共进，提升自己的水平和能力。

在经济生产和社会发展中，投入要素的互补替代关系也能反映出要素拥有者的内部权力关系，以及在经济社会中表现出的社会关系，即生产要素的关系在生产力和生产关系中均有必然的表现。若生产要素是替代的，作为资本的所有者和劳动者之间必然是竞争的和对抗的，特别是资本与劳动的分配不公与贫富差距的凸显，一定程度上会引起社会阶层的出现和对立，激化社会矛盾。若生产要素是互补的，资本所有者和劳动者之间就是合作协作的关系，在生产制造和经济社会发展过程中就不易形成对立面，反而会和谐合作、共同创造社会价值。在我国制造业的未来发展路径中，有必要保持这种互补关系的存在和持续，从而促进生产制造良性发展与社会和谐共存。2015年，我国推进制造强国战略，目标是让中国制造产生品牌效应，在世界立于不败之地，这就要求必须走精益制造之路，所以就需要维系和调节好各要素之间的互补关系，绝不能像美国先进制造伙伴计划那样，突出技术与技能的替代关系，激化资本所有者和劳动者的矛盾。

二、培养技能劳动，激励非技能劳动，促进制造业劳动协作

我国技能劳动者的数量相对较少，技能水平相对较低，技术在劳动者中转换为生产的能力较低，这是不争的事实。多数企业，特别是中小型企业，仅有少部分企业激励劳动者提高其技术水平和技能经验，以及出台鼓励研发和创新的措施，这就导致很多的技能劳动者不能得到合理的报酬，与非技能劳动者同工同酬，降低了其技术创新和技能积累的总结和发挥的积极性，阻碍了劳动者技能逐步提高的步伐。

通过前面的实证分析可以看到，根据当前我国制造业发展现状，资本与技能劳动是互补的，资本投入增加的同时，需要相应技能劳动者与其配合，进一步激发劳动者的能动性进行研究开发和技术创新；同时，存在技能溢价效应。这种情况下，在企业的生产决策和日常管理中，可以从知识和技术培训、技能竞赛、技术研发创新激励、工薪待遇等方面加强培养技能劳动者。另外，强化对技能劳动的评价机制，对能力和努力程度进行科学测度，比如大学生毕业能力强弱的评价，不能仅依靠一张毕业证来评价其知识和创造性，而应对大学生学习能力、基本技能掌握、现有技术基础、个人性格特征等建立全面的评价机制，促进大学生恰当选择就业岗位，提升其技能劳动水平；进一步建立社会对职业技能的评价机制，让技能劳动者得到认可。国家应出台具体措施积极推进职业教育的规模和层次，以减少甚至消除大学生"毕业即失业"的现象，解决大学生就业难的问题。企业在技能劳动水平的提升过程中，不能仅依靠劳动力市场的招聘去满足其对技能劳动的需求，新引进的技能劳动

者是否适合该企业的生产经营和技术水平，还是个不确定的因素；此外，企业雇佣劳动者时不能唯学历论和名校论。

从前面的实证分析结果可以看出，非技能劳动、技能劳动、自有资本均是互补的。非技能劳动者需要得到激励和从事一种活动的长久性，从而使其处于不断学习积累的过程，通过"干中学"积累丰富的经验，并启发改进工作的活动。但在当前社会中，一些非技能劳动者，特别是生产者、销售人员、大部分农民工，存在着现在和以前不在同一个单位或者不在同一个岗位工作的现象，这减弱了其对经验的积累和可能创新的机会。这也是前几年出现在南方的"民工荒"现象的主要表现极其原因体现，企业可以给予职员发展基金或者职业年薪，以激励职员在原有岗位上坚持工作、积累经验，主动进行创新改造。

根据前面的理论分析和实证验证，制造业劳动者之间应该且必须是互补协同关系，研发者和技术工作者应做好研发创新和技术升级换代，而生产者则在同一岗位积累丰富工作经验，减少甚至杜绝错误，生产高质量产品或者提供高质量服务。政府相关部门应制定相关政策，鼓励企业对员工进行培训，例如，在税收优惠方面，计算所得税时可以对企业的员工培训支出加计50%费用扣除。

三、促进技术与技能匹配，引导技术进步偏向

企业通过直接购买、"干中学"和研究开发三种技术进步方式，可以促进企业技术更新改造与技术创新。各种方式是否能够促进生产技术与技能劳动的高效结合与匹配是企业运营的关键，关系到技术效率的高低，以及企业技术进步的偏向性的引导作用大小。企业引进技术资本时，应考虑该技术所需资本与后续资本投入与劳动的关系，两者是互补还是替代？若是互补，则需要相应的技能劳动和非技能劳动与其匹配，考虑现有的劳动中是否满足新引进技术和设备的需要、是否需要技术培训等问题；相反地，若是替代关系，则应考虑劳动的进一步优化，甚至涉及裁员的可能。企业在引进技术时，不能盲目追求技术的先进程度与

高端高新技术，在未来生产制造中，由于相应的技术服务和技能人才缺乏，可能导致技术不能有效发挥作用，无法充分利用设备，难以实现投资的应有收益。

　　企业在经营决策、考虑要素之间配置时，应明确资本与劳动之间是否匹配，要素间的互补或替代确保顺畅，防止阻碍企业效率和绩效的发挥。我国的制造业应当走德国的精益制造之路，要素之间互补，资本与劳动、非技能劳动和技能劳动相互协作，从而促进企业业务的持续增加，并确保生产效率的提升和互补效应的凸显。通过自身学习和经验积累，以及技术消化吸收基础上的自主创新过程，技术更容易与技能劳动恰当匹配。企业不能总体偏好求稳守成，习惯于花钱买技术、买设备，而是应充分挖掘劳动者的积极能动性，激励职工研发创新。研发创新不等于技术研制或者申请专利，在企业的各个环节、生产和销售的每一个方面均可以创新，创新也不仅是研发人员的活动。

第二节　基于动力供给视角的建议：促进技术
资本增加与技能劳动提升

一、改善外商投资环境，吸引先进技术资本投入

　　只有继续深化对外开放，深化供给侧结构性改革，充分发挥我国超大规模的市场优势和内需潜力，构建国内国际双循环相互促进的新发展格局，促进资本的自由流动，才能进一步完善资本市场、建立完善的外商投资机制、营造良好的外商投资环境；改善不同地区和产业之间因吸引外资（包含技术资本）进入而产生的政策扭曲，完善技术资本要素配置环境，建立完善的外商投资机制，进而改善内部金融市场环境；强化对外开放，特别是资本账户开放，外商直接投资的进入能够缓解高生产率企业的融资约束，从而有效提高全要素生产率。

鼓励内外资企业之间加强研究开发和合作项目的开展，有效提高行业内技术溢出效应；优先审批中外技术资本投资项目，为促进行业内的技术溢出提供更为广泛的空间和渠道；通过企业之间的技术项目研发和合作，整合外资企业先进的技术优势、高效的管理模式与国内企业的市场渠道，开发拓展国内市场，有效配置国内各类资本和资源。

在企业选择合作项目时，有目的地、选择性地吸引资本技术密集型外商直接投资，充分利用其技术外溢效应增加高素质劳动力的供给总量，并有效提高低素质劳动力的技能水平，以便缓解"招工难"和"民工荒"压力，加速技术密集型产业结构的优化升级。技术密集型行业外资的劳动力，特别是具备高素质的科研技术人才和一线的技术熟练工人，是能够推进技术创新和发展的关键要素，以内含一定技术的设备作为表现的外资资本在产出中的作用十分显著，在推进高技术行业结构升级的过程中，资本供给效果相对显著。

二、加强研究与开发投资，为供给侧结构性改革加速

目前我国上市公司的研究与开发和研发人员的投入相对较少，实质性技术创新专利比例相对较低，专利结构发展不均衡，导致了知识产权类无形资产代表的创新产出存量整体水平也就明显较低。企业应尽可能最大化发明专利的产出，注重对知识和能力的吸收和积累，避免重增量和轻存量，有效提升企业绩效，最大化创新投入的经济效益；分析自身具有的资源状况，在绩效明显上升时期，利用资源优势加大研发投入以加快绩效提升，在利润空间缩小时期，认清形势，积极调整研发资源投入策略以减缓利润的下滑。

应重视研究与开发经费投入的科学增量问题，与创新主体的创新能力、创新环境、创新资源等相匹配，只追求研究与开发经费投入总量或者研发强度，会形成创新资源的浪费和创新行为的低效。此外，研发支出经费配置结构中的政府资金比例对创新绩效并没有尤为突出的作用，并未有效刺激企业研发创新，政府资金正在被低值消耗。因此，应考虑

拓宽研究与开发经费融资渠道，刺激企业研发积极性，从而提升研究与开发创新绩效。

可以考虑放宽外资研发单位准入条件，清除外资研发经费准入壁垒，多方位刺激和吸引外资研发资本的进入，提高外资研发投入水平，构建国内外企业研发交流平台，促成国内外研发的协同创新，并完善现代科技服务功能，提升科技服务水平；培育研究与开发市场，增加研究与开发供给，特别是区域性研发市场的供给；在政策环境优越、产业结构合理与市场发育良好的区域设立技术研发中心，综合考虑建设有利于技术研发的创新环境系统。在优化产业结构方面支持现代化工业发展及研发技术，比如专利的积累等。

要打破现存的市场准入、税务与融资等方面带有歧视性的政策制度，遵循高效率企业进入、低效率企业退出的优胜劣汰竞争原则，让研究与开发资源在不同生产率企业之间更有效地流动和配置，充分发挥研发资源对生产率的提升作用，进而释放资源错配所束缚的生产率增长潜力。

三、通过"干中学"提升技能劳动的策略

提倡团队学习和创新，实现知识技能共享。学习型组织是以个人成长为发展而形成的组织，坚持为组织成员实现个人的自我超越提供组织氛围，帮助他们不断树立个人理想以保持创造性的动力和活力，将个人目标与组织和整体的终极目标高度关联。学习型组织的基本学习形式就是团队学习，是发展成员整体搭配与实现共同目标能力的过程。团队比个人更有洞察力、更为聪明，而且团队的智慧远大于个人，这种潜力是惊人的。因此，要充分发挥集体智慧，提高组织思考和行动的能力。

学习型组织是通过培养弥漫于整个组织共同学习的气氛来充分发挥员工的创造性系统思考能力，从而建立一种人性化的、高度柔性的、不断创新和进步的、能持续发展的组织。组织成员以不断突破自己的能力

上限来创造真心向往的结果，从而培养全新、前瞻而开阔的思考方式，全力实现共同的抱负，构建学习型组织的目标不仅是"干中学"，更是通过学习来寻找并提高企业不断适应变革的能力和整体思考能力，充分发挥技能劳动者能力和知识资本的作用。

提倡有效沟通和系统性思考，可以促进开放和组织整合。个人的学习、企业的投入经常达不到预期效果，新的想法经常不能付诸实施，其主要原因在于深植于人们心中的一些根深蒂固的心智模式阻碍了人们的思考与行动，导致人们的看法和行动与周遭世界的真实运作存在不和谐现象。经常反思个人和组织的心智和运行模式，直到习以为常的假设公开接受检验，才能使正确的想法和行动产生理想的效果，这可以有效提高人们的学习效果。发展团队力量，使团队力量超越个人力量的总和；在实际工作中，职员应抛弃旧的思维方式和常规程序，同事之间互相坦率沟通，同心协力实现组织的目标。

在企业员工中，与"干中学"结合最紧密的是技能劳动者，主要是技能工人和技术研发人员等。技能劳动者的累积存量影响着一国或地区对新技术的吸收能力。因此，要设法创新各种激励机制，促进"干中学"效果发挥。例如技能薪酬制，它是指组织依据员工技能和知识的存量而支付薪酬的薪资制度，主要是为了适应企业内部和外部形式的变化，通过报酬机制，鼓励员工自觉掌握新的工作技能和知识。技能薪酬制度以技能的投入为关注点，以员工为完成岗位工作所投入的知识、技能和能力作为测量报酬的依据，体现了人本管理的思想。该制度注重员工培训，重视员工的成长和发展，有利于提高员工胜任不同工作的能力和沟通水平，能够改变员工的行为，激励员工学习和掌握新知识和新技能。技能薪酬制的特性与员工的个性因素通过作用于员工的态度、主观规范和对行为控制的认知，来影响员工学习和掌握技能的意图进而对其行为产生影响。技能薪酬计划中影响到员工技能学习意图的特性则包括：加薪幅度、工作活动的内在激励水平、培训、技能块的内容和水平、技术寻求机会、薪酬计划信息的公开性等。

四、股权激励对技能劳动提升的建议分析

股权激励方案设计的好坏直接关系到激励效果的大与小。具体设计股权激励方案时，考虑到具体决策过程、激励的具体对象、相关价格和激励数量等存在一定的问题需要解决，因此需要完善方案，顾及各个方面的细节问题，提升激励方案的科学性。在决策时，对于激励方案设计到实际控制人的公司，需要考虑实际控制人在股东大会表决时，决定的方案是否通过，由于中小投资者甚至不属于股东的被激励对象无法表达自己意见，建议将实际控制人参与股权激励和普通高管参与股权激励区别对待，分别交由股东大会审议等。在定价问题方面，需要综合考虑股权激励授予时的股票市价和股市指数，行权价格根据股指的变化作相应的调整，这样才可以在相当程度下消除影响公司股价的不可控因素，在当前股票市场大起大落的情况下才有实际意义。在授予数量上，我国现在大多数公司股权激励的规模数量普遍过小，与其说是激励性质，不如说是给激励对象的一项福利，达不到留住技术研发人员和管理者并激发他们积极性等的最初目的，具体效果较弱，特别是在现有国有控股的企业中更是如此。具体设计方案时，须关注上市公司授予股权激励的数量是否适度，同时考虑在确定股权激励的授予数量时，对经营者的基本年薪、效益年薪、股权激励等全部经济收入予以整体分析研究。

股权激励制度本意是激励经营者努力工作，如果没有有效监督经营者日常经营，股权激励的效果就很难得以实现。有效监督经营意味着加强企业的内部控制，促进企业各环节和部门分监督，以及充分利用外部各方面的监督措施，防范激励可能出现的不利影响。内部监督和约束机制的健全问题主要在于公司治理结构的优化，重点关注的领域是股权结构、独立董事和监事和薪酬委员会等。股权激励将管理层的长期激励和约束与市价相挂钩，激励过程可以概括为"付出决定绩效，绩效决定股价，股价决定报酬"，效果发挥作用的重要条件就是付出程度、公司绩效、股票价格、管理层报酬四者之间的相关性较强，并且相关性越强，

其股权激励效果越明显，同时考虑提升我国证券市场的有效性。

股权激励的推进需要政府的政策支持。在设计和实施股权激励方案时，不可避免会涉及税收缴纳、费用处理、信息披露等。我国现有的相关制度，除了对股票交易行为征收证券交易印花税，还对获得激励所得的个人征收工资薪金所得税及其股息和红利的个人所得税，甚至还有财产转让所得税。这减弱了对被激励者的激励效果，因此可以借鉴其他国家的做法，给予被激励者在行权时一定程度的税收优惠，适当降低涉及股权激励收益的纳税税率，节约激励对象的部分税负；建议将资本利得税税率同激励对象行权继续持有股票的时间挂钩，时间越长，税率也就越低，以鼓励激励对象长期持有公司股票；建议将我国股权激励支出与公司税后利润相联系，股权激励是一种特殊的奖励和分配手段，理应与企业的增量资本或税后利润相关联。

第三节　基于制度供给视角的政策建议

为实现生产要素的优化配置，推进供给侧结构性改革，要求政府在市场配置资源的基础上积极发挥财政政策引导功能，以解决外部性问题，改善企业研究与开发活动风险承担行为。政府通过特定政策间接影响微观经济主体的行为以实现特定的政策目标，主要表现在财政方面的税收或补贴政策。税收或补贴政策通过影响微观经济主体所面临的激励条件而间接影响企业行为。税收优惠随着企业收益增加，资助力度越大，这比直接资助更能刺激企业承担高风险性的项目。

为更好发挥监管约束的作用以推进供给侧结构性改革，要求政府"放管结合"，在放开竞争性领域经济性监管的同时，加强社会性监管，并建立健全现代监管体系，加强市场准入、价格、投资、成本、服务质量和市场交易规则等方面的系统性监管职能，实现精细化管理。优化生产要素流动和配置，健全产业体系，迫切要求政府加强基础信息方面的公共服务，加强主导以整合各种资源，加强基础信息数据统计收集整理、建设国家大数据，市场监测预警，战略决策支撑，以及公共服务。另外，还需要强化对地方政府补贴支出过程的监管机制，构建更加公开、透明的补贴资格审查制度，消除由于寻租和腐败导致的虚假补贴和信息不对称造成的研究与开发资源错配。

合理采用政策组合方式，实施有差异化的资助政策，避免政府资源配置的低效率。政策组合并不总是优于单一政策，而是根据企业的不同创新行为存在差异化影响，政府从而更加精准有效地实施定向调控。若为提升企业共性技术项目承担，则应采用税收优惠的方式进行激励，若为企业采取外部技术获取模式，则应采用直接资助和政策组合的方式，不同的政策组合可以有效提升不同企业创新行为。由于企业的异质性，政府实施差异化的资助政策激励了其创新行为。对中小企业，主要针对其研发投入与外部技术获取，可以采用直接资助和政策组合的方式；对大企业，针对共性技术项目研发，则采用税收优惠的方式等。

本 章 小 结

本章基于技术资本和技能劳动的视角提出供给侧结构性具体改革建议和措施，主要从要素供给、动力结构供给与制度供给三个方面具体分析了促进技术资本增加和技能劳动提升的相关措施和建议。

参 考 文 献

［1］白俊红，刘宇英．对外直接投资能否改善中国的资源错配［J］．中国工业经济，2018（01）：60－78．

［2］白重恩，钱震杰．国民收入的要素分配：统计数据背后的故事［J］．经济研究，2009，44（03）：27－41．

［3］白重恩，钱震杰，武康平．中国工业部门要素分配份额决定因素研究［J］．经济研究，2008（08）：16－28．

［4］蔡昉．遵循经济发展大逻辑　深化农业供给侧结构性改革［N］．中国社会科学报，2016－11－16（008）．

［5］柴志贤，黄祖辉．集聚经济与中国工业生产率的增长——基于DEA的实证分析［J］．数量经济技术经济研究，2008，25（11）：3－15．

［6］常建新．企业要素错配、技术错配与全要素生产率［D］．西安：西北大学，2015．

［7］陈斌开，金箫，欧阳涤非．住房价格、资源错配与中国工业企业生产率［J］．世界经济，2015，38（04）：77－98．

［8］陈晓玲，连玉君．资本－劳动替代弹性与地区经济增长——德拉格兰德维尔假说的检验［J］．经济学（季刊），2013，12（01）：93－118．

［9］陈晓玲，徐舒，连玉君．要素替代弹性、有偏技术进步对我国工业能源强度的影响［J］．数量经济技术经济研究，2015，32（03）：58－76．

［10］陈永伟，胡伟民．价格扭曲、要素错配和效率损失：理论和

应用 [J]. 经济学（季刊），2011，10（04）：1401－1422.

[11] 陈永伟. 资源错配：问题、成因和对策 [D]. 北京：北京大学，2013.

[12] 陈勇兵，陈小鸿，曹亮，等. 中国进口需求弹性的估算 [J]. 世界经济，2014，37（02）：28－49.

[13] 程惠芳，陆嘉俊. 知识资本对工业企业全要素生产率影响的实证分析 [J]. 经济研究，2014，49（05）：174－187.

[14] 迟福林. "十三五"：经济转型与结构性改革 [J]. 行政管理改革，2016（05）：4－12.

[15] 戴天仕，徐现祥. 中国的技术进步方向 [J]. 世界经济，2010，33（11）：54－70.

[16] 戴小勇. 要素错配、企业研发决策与全要素生产率损失 [D]. 大连：大连理工大学，2016.

[17] 董直庆，蔡啸，王林辉. 技能溢价：基于技术进步方向的解释 [J]. 中国社会科学，2014（10）：22－40＋205－206.

[18] 董直庆，陈锐，张桂莲. 我国出口贸易技术结构优化了吗？——基于 UNC 数据的实证检验 [J]. 吉林大学社会科学学报，2011，51（06）：118－125.

[19] 董直庆，王芳玲，高庆昆. 技能溢价源于技术进步偏向性吗？[J]. 统计研究，2013，30（06）：37－44.

[20] 董直庆，王林辉. 资本体现式技术进步与经济增长周期波动关联效应 [J]. 求是学刊，2011，38（02）：63－68.

[21] 范必. 供给侧改革应着重打破供给约束 [J]. 宏观经济管理，2016（06）：11－18.

[22] 方晋. 财政政策要在供给侧改革中发力 [N]. 中国经济时报，2016－02－19（005）.

[23] 冯忠良. 关于智育心理学问题 [J]. 北京师范大学学报，1981（01）：47－53.

[24] 盖庆恩，朱喜，史清华. 劳动力市场扭曲、结构转变和中国

劳动生产率 [J]. 经济研究, 2013, 48 (05): 87 - 97 + 111.

[25] 龚关, 胡关亮, 陈磊. 国有与非国有制造业全要素生产率差异分析——基于资源配置效率与平均生产率 [J]. 产业经济研究, 2015 (01): 93 - 100.

[26] 郭田勇. 引导与支撑: 金融在供给侧改革中的作用 [N]. 金融时报, 2016 - 06 - 09 (002).

[27] 郝枫. 超越对数函数要素替代弹性公式修正与估计方法比较 [J]. 数量经济技术经济研究, 2015, 32 (04): 88 - 105 + 122.

[28] 郝枫. 价格体系对中国要素收入分配影响研究——基于三角分配模型之政策模拟 [J]. 经济学 (季刊), 2014, 13 (01): 175 - 206.

[29] 郝枫, 盛卫燕. 中国要素替代弹性估计 [J]. 统计研究, 2014, 31 (07): 12 - 21.

[30] 郝枫, 盛卫燕. 中国要素替代弹性之"索洛猜想"检验 [J]. 商业经济与管理, 2015 (03): 85 - 96.

[31] 洪银兴. 中国特色社会主义政治经济学范畴与《资本论》原理的内在联系——以创新发展理念的理论溯源为例 [J]. 当代经济研究, 2017 (12): 24 - 30 + 97.

[32] 黄群慧. "新常态"、工业化后期与工业增长新动力 [J]. 中国工业经济, 2014 (10): 5 - 19.

[33] 贾康. 供给侧改革: 理论、实践与思考 [M]. 北京: 商务印书馆, 2016. 05.

[34] 简泽. 企业间的生产率差异、资源再配置与制造业部门的生产率 [J]. 管理世界, 2011 (05): 11 - 23.

[35] 雷钦礼. 偏向性技术进步的测算与分析 [J]. 统计研究, 2013, 30 (04): 83 - 91.

[36] 李稻葵. "十三五"时期需要什么样的供给侧改革 [N]. 人民政协报, 2015 - 12 - 08 (005).

[37] 李静, 楠玉. 人力资本匹配、产业技术选择与产业动态比较优势转化 [J]. 宏观质量研究, 2017, 5 (04): 31 - 41.

［38］李胜文，李大胜．中国工业全要素生产率的波动：1986～2005——基于细分行业的三投入随机前沿生产函数分析［J］．数量经济技术经济研究，2008（05）：43－54．

［39］李雪冬，江可申，夏海力．供给侧改革引领下双三角异质性制造业要素扭曲及生产率比较研究［J］．数量经济技术经济研究，2018，35（05）：23－39．

［40］林伯强，杜克锐．要素市场扭曲对能源效率的影响［J］．经济研究，2013，48（09）：125－136．

［41］林卫斌，苏剑．供给侧改革的性质及其实现方式［J］．价格理论与实践，2016.03．

［42］刘志雄．新形势下我国能源安全保障、环境保护与经济稳定增长研究［M］．北京：人民出版社，2019.06．

［43］刘竹青，佟家栋．要素市场扭曲、异质性因素与中国企业的出口－生产率关系［J］．世界经济，2017，40（12）：76－97．

［44］卢雄鹰．中国上市公司股权激励问题研究［D］．上海：华东师范大学，2013．

［45］鲁晓东，连玉君．中国工业企业全要素生产率估计：1999—2007［J］．经济学（季刊），2012，11（02）：541－558．

［46］罗福凯．论技术资本：社会经济的第四种资本［J］．山东大学学报（哲学社会科学版），2014（01）：63－73．

［47］罗福凯．要素资本平衡表：一种新的内部资产负债表［J］．中国工业经济，2010（02）：89－99．

［48］罗福凯，周红根．股东特质与企业技术资本存量的效应分析——来自我国高端装备制造业上市公司证据［J］．东岳论丛，2014，35（09）：90－94．

［49］罗良文，张万里．资源错配与制造业技术创新［J］．财政监督，2018（09）：109－116．

［50］马红旗，徐植．中国物质资本与异质劳动之间的替代：理论分析与经验估计［J］．经济评论，2016（01）：3－12．

[51] 马振华. 我国技能型人力资本的形成与积累研究 [D]. 天津：天津大学，2007.

[52] 毛其淋，盛斌. 中国制造业企业的进入退出与生产率动态演化 [J]. 经济研究，2013，48 (04)：16-29.

[53] 倪旭君. 劳动报酬份额的影响因素研究 [D]. 北京：中央财经大学，2017.

[54] 聂辉华，贾瑞雪. 中国制造业企业生产率与资源误置 [J]. 世界经济，2011，34 (07)：27-42.

[55] 欧阳慧，阳国亮，程皓. 供给侧结构性改革与企业创新活力研究 [J]. 广西师范学院学报（哲学社会科学版），2016，37 (05)：110-115.

[56] 潘士远. 内生无效制度——对进入壁垒和贸易保护的思考 [J]. 经济研究，2008，43 (09)：96-105.

[57] 钱颖一. 警惕滑入坏的市场经济——论市场与法治 [J]. 经营管理者，2001 (02)：10-12.

[58] 邵敏，刘重力. 外资进入与技能溢价——兼论我国 FDI 技术外溢的偏向性 [J]. 世界经济研究，2011 (01)：67-74+89.

[59] 申广军. "资本—技能互补"假说：理论、验证及其应用 [J]. 经济学（季刊），2016，15 (04)：1653-1682.

[60] 沈坤荣，李剑. 企业间技术外溢的测度 [J]. 经济研究，2009，44 (04)：77-89.

[61] 史宇鹏，丁彦超. 企业创新性的若干表征：自制造业观察 [J]. 改革，2010 (04)：111-114.

[62] 宋冬林，王林辉，董直庆. 技能偏向型技术进步存在吗？——来自中国的经验证据 [J]. 经济研究，2010，45 (05)：68-81.

[63] 宋琪. 试论技术资本的属性 [J]. 科学技术与辩证法，2004 (02)：51-53.

[64] 孙海鹰. 技术资本化是高新技术产业发展的重要支撑和保障 [J]. 适用技术市场，2001 (05)：6-7.

［65］唐未兵，傅元海，王展祥．技术创新、技术引进与经济增长方式转变［J］．经济研究，2014，49（07）：31－43．

［66］滕泰．新供给主义经济学［M］．北京：东方出版社，2017（03）．

［67］涂正革，肖耿．中国的工业生产力革命——用随机前沿生产模型对中国大中型工业企业全要素生产率增长的分解及分析［J］．经济研究，2005（03）：4－15．

［68］王林辉，董直庆．资本体现式技术进步、技术合意结构和我国生产率增长来源［J］．数量经济技术经济研究，2012，29（05）：3－18．

［69］王林辉，高庆昆．要素错配水平及其对全要素生产率作用效应的研究［J］．经济学动态，2013（06）：61－67．

［70］王林辉，袁礼．资本错配会诱发全要素生产率损失吗［J］．统计研究，2014，31（08）：11－18．

［71］王文，孙早，牛泽东．资源配置与中国非农部门全要素生产率——基于制造业和服务业之间资源错配的分析［J］．经济理论与经济管理，2015（07）：87－99．

［72］王湘君．土地资源错配、政府补助与企业创新关系研究——基于沪深两市A股上市公司的实证分析［J］．中国物价，2018（09）：24－26．

［73］王永进，盛丹．要素积累、偏向型技术进步与劳动收入占比［J］．世界经济文汇，2010（04）：33－50．

［74］夏良科．人力资本与R&D如何影响全要素生产率——基于中国大中型工业企业的经验分析［J］．数量经济技术经济研究，2010，27（04）：78－94．

［75］肖林．新供给经济学［M］．上海：格致出版社，2016（04）：1－58．

［76］谢千里，罗斯基，张轶凡．中国工业生产率的增长与收敛［J］．经济学（季刊），2008（03）：809－826．

［77］徐欣，唐清泉．R&D活动、创新专利对企业价值的影响——

来自中国上市公司的研究 [J]. 研究与发展管理, 2010, 22 (04): 20-29.

[78] 许秀梅. 技术资本、高管团队异质性与企业成长——国有与民营企业的对比分析 [J]. 中国科技论坛, 2016 (02): 81-85+139.

[79] 许秀梅. 技术资本、人力资本与企业价值——异质性视角的微观检验 [J]. 山西财经大学学报, 2016 (04): 12.

[80] 鄢萍. 资本误配置的影响因素初探 [J]. 经济学 (季刊), 2012, 11 (02): 489-520.

[81] 杨中东. 对我国制造业的能源替代关系研究 [J]. 当代经济科学, 2007 (03): 1-6+123.

[82] 姚先国, 周礼, 来君. 技术进步、技能需求与就业结构——基于制造业微观数据的技能偏态假说检验 [J]. 中国人口科学, 2005 (05): 47-53+95-96.

[83] 姚战琪. 生产率增长与要素再配置效应: 中国的经验研究 [J]. 经济研究, 2009, 44 (11): 130-143.

[84] [英] 威廉·配第著, 陈冬野译, 政治算术 [M]. 北京: 商务印书馆, 1978, 10-20.

[85] 油永华. 基于微观面板数据的中国制造业要素替代弹性估计 [J]. 统计与决策, 2017 (05): 130-134.

[86] 油永华. 基于微观数据的中国制造业要素替代弹性研究 [D]. 天津: 天津财经大学, 2017.

[87] 油永华. 替代弹性、技术进步方式与技术进步偏向性 [J]. 演化与创新经济学评论, 2019 (01): 99-114.

[88] 油永华. 银行贷款规模歧视与中小企业信贷融资——基于山东省上市公司的实证分析 [J]. 系统工程, 2012, 30 (07): 68-73.

[89] 油永华. 中国制造业要素替代弹性增长效应分析——基于微观视角的德拉格兰德维尔假说检验 [J]. 产业组织评论, 2018, 12 (01): 96-111.

[90] 余泳泽, 宋晨晨, 容开建. 土地资源错配与环境污染 [J].

财经问题研究，2018（09）：43-51.

[91] 袁堂军. 中国企业全要素生产率水平研究 [J]. 经济研究，2009，44（06）：52-64.

[92] 袁志刚，解栋栋. 中国劳动力错配对 TFP 的影响分析 [J]. 经济研究，2011，46（07）：4-17.

[93] 曾宪奎. 供给侧结构性改革中政府市场关系研究 [J]. 经济研究参考，2016（58）：80-84.

[94] 张杰. 中国制造业要素配置效率的测算、变化机制与政府干预效应 [J]. 统计研究，2016，33（03）：72-79.

[95] 张明海. 中国经济的增长和要素配置的市场化：1978-1999 [J]. 世界经济文汇，2002（03）：20-29.

[96] 张佩，马弘. 借贷约束与资源错配——来自中国的经验证据 [J]. 清华大学学报（自然科学版），2012，52（09）：1303-1308.

[97] 郑猛. 有偏技术进步下要素替代增长效应研究 [J]. 数量经济技术经济研究，2016，33（11）：94-110.

[98] 钟世川. 要素替代弹性、技术进步偏向与我国工业行业经济增长 [J]. 当代经济科学，2014，36（01）：74-81+126-127.

[99] 钟廷勇，周磊，安烨. 技术效率、技术进步与文化产业全要素生产率分析 [J]. 商业研究，2014（09）：14-20.

[100] 周晶，王磊，金茜. 中国工业行业能源 CES 生产函数的适用性研究及非线性计量估算 [J]. 统计研究，2015，32（04）：51-58.

[101] 周新苗，钱欢欢. 资源错配与效率损失：基于制造业行业层面的研究 [J]. 中国软科学，2017（01）：183-192.

[102] 朱喜，史清华，盖庆恩. 要素配置扭曲与农业全要素生产率 [J]. 经济研究，2011，46（05）：86-98.

[103] 祝华军，田志宏，魏勤芳. 农业技术的要素替代特性及我国工厂化农业技术的发展方向 [J]. 农业现代化研究，2003（06）：413-417.

[104] 祝树金，赵玉龙. 资源错配与企业的出口行为——基于中国

工业企业数据的经验研究 [J]. 金融研究, 2017 (11)：49 - 64.

[105] Acemoglu D. Directed Technical Change [J]. Review of Economic Studies, 2003, 69 (04)：781 - 809.

[106] Acemoglu D. Technical Change, Inequality, and the Labor Market [J]. Journal of Economic Literature, 2002b, 40 (01)：7 - 72.

[107] Acemoglu D. When Does Labor Scarcity Encourage Innovation? [J]. Journal of Political Economy, 2010, 118 (06)：1037 - 1078.

[108] Acemoglu D. Why Do New Technologies Complement Skills? Directed Technical Change and Wage Inequality [J]. Quarterly Journal of Economics, 1998, 113：1055 - 1089.

[109] Adam S. An Inquiry into the Nature and Causes of the Wealth of Nations [M]. Oxford：Oxford University Press, 1776：15 - 68.

[110] Aghion P, Howitt P. A Model of Growth Through Creative Destruction [J]. Econometrics, 1992, 60 (02)：324 - 351.

[111] Allen R G D. Mathematical Analysis for Economists [M]. London：Macmillan, 1938.

[112] Arrow K, Chenery H B, Minhas B S, et al. Capital-Labor Substitution and Economic Efficiency [J]. Review of Economics and Statistics, 1961 (43)：225 - 250.

[113] Autor D H, Katz L F, Krueger A B. Computing Inequality：Have Computers Changed the Labor Market? [J]. Quarterly Journal of Economics, 1998, 113 (04)：1169 - 1214.

[114] Baily M N, Hulten C, Campbell D, et al. Productivity Dynamics in Manufacturing Plants [J]. Brookings Papers on Economic Activity Microeconomics, 1992：187 - 267.

[115] Banerjee A, Duflo E. The Economic Lives of the Poor [J]. Journal of Economic Perspectives, 2005, 21 (01)：141 - 167.

[116] Berndt E R. Reconciling Alternative Estimates of the Elasticity of Substitution [J]. Review of Economics and Statistics, 1975 (58)：59 - 68.

[117] Bratti M, Matteucci N. Is there Skilled-Biased Technological Change in Italian Manufacturing: Evidence from Firm-Level Data [J]. Working Paper, 2004: 202.

[118] Caselli F, Coleman W J. The World Technology Frontier [J]. CEPR Discussion Papers, 2000.

[119] Cazzavillan G, Olszewskik K. Interaction between Foreign Financial Services and Foreign Direct Investment in Transition Economies: An Empirical Analysis with Focus on the Manufacturing Sector [J]. Research in Economics, 2009 (01).

[120] Chirinko R S. σ: The Long and Short of It [J]. Journal of Macroeconomics, 2008, 30 (02): 671 – 686.

[121] Duffy J, Papageorgiou C, Sebastian F P. Capital-Skill Complementarity? Evidence from a Panel of Countries [J]. Review of Economics and Statistics, 2004, 86 (01): 327 – 344.

[122] Ellen R M, Edward C P. Openness, Technology Capital, and Development [J]. Journal of Economic Theory, 2009, 144 (06): 2151 – 2176.

[123] Griliches Z. Capital-Skill Complementarity [J]. The Review of Economics and Statistics, 1969, 51 (04): 465 – 468.

[124] Grossman M, Helpman E. Trade Wars and Trade Talks [J]. Journal of Political Economy, 103 (August 1995), 675 – 745.

[125] Hamermesh Daniel S. Labor Demand [M]. Princeton: Princeton University Press, 1993.

[126] Hicks J R. The Theory of Wages [M]. London: Macmillan, 1932 (02).

[127] Hsieh C, Klenow P J. Misallocation and Manufacturing TFP in China and India [J]. Quarterly Journal of Economics, 2009 (124): 1403 – 1448.

[128] Katz L, Murphy K M. Changes in Relative Wages, 1963 – 1987:

Supply and Demand Factors [J]. The Quarterly Journal of Economics, 1992, 107 (01): 35 – 78.

[129] Leon-Ledesma M A, Mcadam P, Willman A. Identifying the E-lasticity of Substitution with Biased Technical Change [J]. American Economic Review, 2010, 10 (04): 1330 – 1357.

[130] Malthus T R. An Essay on the Principle of Population [M]. London Printed for J. Johnson, in St. Paul's Church-Yard, 1798: 20 – 85.

[131] McFadden D. Constant Elasticity of Substitution Production Functions [J]. The Review of Economic Studies, 1963, 30 (02): 73 – 83.

[132] Meeusen W, van den Broeck J. Efficiency Estimation from Cobb-Douglas Production Functions with Composed Error [J]. International Economic Review, 1977 (18): 435 – 444.

[133] Oliver D L G. In Quest of the Slushy Diamond [J]. American Economic Review, 1989, 79 (03): 468 – 481.

[134] Robert E E, Keith O F. Technology Capital: The Price of Admission to the Growth Club [J]. Journal of Productivity Analysis, 2010, 33 (03): 173 – 190.

[135] Romer P M. Increasing Returns and Long-Run Growth [M]. Journal of Political Economy, 1986 (94): 1002 – 1037.

[136] Rosenberg N. Technology and American Economic Growth [M]. New York: Harper & Row, 1974 (01).

[137] Sato R, Morita T. Quantity or Quality: The Impact of Labor Saving Innovation on US and Japanese Growth Rates, 1960 – 2004 [J]. Japanese Economic Review, 2009 (60): 407 – 434.

[138] Schultz T W. Human Capital Investment and Urban Competitive-ness [J]. American Economic Review, 1990 (30): 1 – 17.

[139] Schultz W. Investment in Human Capital [J]. The American Economic Review, 1961 (05): 259 – 294.

[140] Schumpeter J. The Theory of Economic Development, Cambridge

[J]. MA, US: Harvard University Press, 1932: 102 – 135.

[141] Sismondi S D. New Principles of Political Economy of Wealth in Its Relation to Population [M]. Beijing: The Commercial Press, 1997: 15 – 98.

[142] Solow R M. Growth Theory: An Exposition. 2nd ed [M]. New York, NY: Oxford University Press, 2000.

[143] Solow R M. Technical Change and Aggregate Production Function [J]. Review of Economic and Statistics, 1957 (39): 312 – 320.

[144] Syrquin M. Industrialization and Growth: A Comparative Study [M]. Oxford: Oxford University Press, 1986: 214 – 254.

[145] Veblen B T. The Theory of the Leisure Class: An Economic Study of Institutions [J]. Mentor, 1899 (11): 102 – 258.

[146] Xue J, Yip C. Factor Substitution and Economic Growth: A Unified Approach [J]. Macroeconomic Dynamics, 2012, 16 (04): 625 – 656.

[147] Young A T U S. Elasticity's of Substitution and Factor Augmentation at the Industry Level [J]. Macroeconomic Dynamics, 2013, 17 (04): 861 – 897.

[148] Yuhn K. Economic Growth, Technical Change Biases, and the Elasticity of Substitution: A Test of the De La Grandville Hypothesis [J]. The Review of Economics and Statistics, 1991, 73 (02): 340 – 346.